500만 독자 여러분께
감사드립니다!

세상이 아무리 바쁘게 돌아가더라도
책까지 아무렇게나 빨리 만들 수는 없습니다.

길벗은 독자 여러분이
가장 쉽게, 가장 빨리 배울 수 있는 책을
한 권 한 권 정성을 다해 만들겠습니다.

독자의 1초를 아껴주는
정성을 만나보세요.

미리 책을 읽고 따라해 본 2만 베타테스터 여러분과
무따기 체험단, 길벗스쿨 엄마 2% 기획단,
시나공 평가단, 토익 배틀, 대학생 기자단까지!
믿을 수 있는 책을 함께 만들어주신 독자 여러분께 감사드립니다.

혼자서도 척척!

초등학생을 위한

디지털 드로잉

무작정 따라하기

초등학교 선생님 권동균, 김수민 지음

길벗

초등학생을 위한
디지털 드로잉 무작정 따라하기

The Cakewalk Series - Digital Drawing for Elementary School Students

초판 발행 · 2023년 11월 27일
초판 2쇄 발행 · 2025년 1월 10일

지은이 · 권동균, 김수민
발행인 · 이종원
발행처 · ㈜도서출판 길벗
출판사 등록일 · 1990년 12월 24일
주소 · 서울시 마포구 월드컵로 10길 56(서교동)
대표 전화 · 02)332-0931 | **팩스** · 02)322-0586
홈페이지 · www.gilbut.co.kr | **이메일** · gilbut@gilbut.co.kr

기획 및 책임 편집 · 연정모(yeon333718@gilbut.co.kr)
디자인 · 박상희 | **제작** · 이준호, 손일순, 이진혁
영업마케팅 · 전선하, 차명환, 박민영 | **영업관리** · 김명자 | **유통혁신** · 한준희 | **독자지원** · 윤정아

편집진행 · 김정미 | **CTP 출력 및 인쇄** · 상지사 | **제본** · 상지사

- 잘못된 책은 구입한 서점에서 바꿔 드립니다.
- 이 책은 저작권법에 따라 보호받는 저작물이므로 무단전재와 무단복제를 금합니다.
  이 책의 전부 또는 일부를 이용하려면 반드시 사전에 저작권자와 (주)도서출판 길벗의 서면 동의를 받아야 합니다.

ⓒ 권동균, 김수민, 2023

ISBN 979-11-407-0722-5 73000
(길벗 도서코드 007182)

정가 20,000원

사용하는 태블릿 PC 기종 및 메디방 페인트 앱 업데이트 상황에 따라 화면 모양이 다를 수 있으나 학습에는 무리가 없습니다.
이 책은 갤럭시 탭을 이용하여 캡처했습니다.

독자의 1초를 아껴주는 정성 길벗출판사

㈜도서출판 길벗 · IT단행본, IT교육서, 교양&실용서, 경제경영서 ▶ www.gilbut.co.kr
길벗스쿨 · 어린이학습, 어린이어학 ▶ www.gilbutschool.co.kr

페이스북 ▶ www.facebook.com/gilbutzigy
네이버 포스트 ▶ post.naver.com/gilbutzigy

학교 수업시간에
방과후 숙제를 할 때
든든한 학습 도우미가 된 태블릿 PC!

조금 더 재미나고 유용하게 사용하는 방법은 없을까요?

그림 그리기가 취미인 친구도,
그림 실력에 자신이 없는 친구도
누구나 쉽고 즐겁게 시작할 수 있는
디지털 드로잉의 세계에 빠져 보세요!

선생님의 친절한 가이드와 함께라면
전문가 못지 않은 그림을 뚝딱 완성할 수 있어요.

자, 그럼 지금부터
그림으로 나의 일상을 소중하게 남겨 볼까요?

저자의 말

DIGITAL DRAWING

디지털 드로잉을 통해 창의력을 쑥쑥 길러요!

안녕하세요, 디지털 드로잉의 세계에 오신 여러분! 디지털 드로잉의 놀라운 가능성을 탐구하는 여정에 함께하게 되어 기쁩니다. 디지털 드로잉은 창의력을 향상시키고 예술 실력을 개발하는 좋은 방법 중 하나입니다. 이 책을 통해 여러분에게 디지털 드로잉의 즐거움을 소개할게요. 앞으로의 과정을 따라 하며 태블릿으로 나만의 작품을 만들고 실력을 키울 수 있습니다.

디지털 드로잉은 무한한 창작 가능성을 제공합니다. 종이와 연필을 이용해 그릴 때보다 더 다양한 색상, 레이어, 효과 등을 활용할 수 있습니다. 무엇보다도, 디지털 드로잉은 실수를 두려워하지 않고 실험할 수 있는 환경을 제공합니다. 그림을 그리면서 어떤 것을 익힐지, 어떤 스타일로 그림을 그릴지 자유롭게 결정해 보세요.

또한 디지털 드로잉을 통해 태블릿 PC를 좀 더 유익하게 활용할 수 있습니다. 그림을 그리는 동안 태블릿과 친해지며 디지털 미디어에 더욱 익숙해질 수 있습니다. 이러한 과정은 미래에 여러분이 다양한 분야에서 활약하는 데 중요한 밑거름이 될 수 있겠지요.

이 책은 디지털 드로잉에 입문하는 초보자를 위해 단계별로 가이드를 제시하며, 다양한 예제 및 연습 과제를 제공합니다. 각각의 단계에서 창의력과 그림 실력을 향상시킬 수 있는 흥미로운 주제를 다룰 것입니다. 디지털 드로잉을 통해 여러분의 무한한 가능성을 탐색하고 태블릿 PC를 더욱 유용하게 활용해 보세요.

이 책을 통해 꿈을 펼쳐가는 즐거움을 느끼길 바라며, 이제부터 디지털 드로잉의 세계로 멋진 여행을 떠나 봅시다!

글쓴이 소개

권동균 선생님 학생들을 위해 부단히 교육법을 연구하고 창의성을 개발하기 위해 끊임없이 노력하는 초등교사입니다. 현재 각 시도 교육청, 교육연수원, 단위학교에서 교사들을 대상으로 콘텐츠 제작 강의 및 컴퓨터/태블릿PC를 활용한 에듀테크 강의를 진행하고 있습니다. 또한 디지털 드로잉을 통해 제작한 콘텐츠를 다양한 교육 현장에 적용하고 있습니다.

김수민 선생님 학생들과 함께 대화하고 호흡하며 성장하는 것이 즐거운 초등교사입니다. 기술의 발전에 따른 수업 방식의 다양화에 관심이 많아 꾸준히 연구하고 있습니다. 특히 디지털 드로잉을 활용한 학급 경영을 다년간 해왔으며, 태블릿 PC의 다양한 활용 방법을 학생들에게 알려주기 위해 여러 교과에 적용하고 있습니다.

길벗출판사가 함께 합니다   DIGITAL DRAWING

길벗출판사 홈페이지(www.gilbut.co.kr)에서는 출간한 도서에 대한 정보와 학습에 필요한 자료도 제공합니다. 또한 책을 읽다 모르는 내용이 있다면 언제든지 홈페이지의 도서 게시판에 문의하세요. 저자와 길벗 독자지원센터에서 신속하고 친절하게 답해 드립니다.

01 | 책에 대해 찾아보세요!

길벗출판사 홈페이지에 접속한 후 검색창에 '초등학생을 위한 디지털 드로잉 무작정 따라하기'를 입력해 해당 도서 페이지로 이동하세요. 책 정보를 알아볼 수 있습니다.

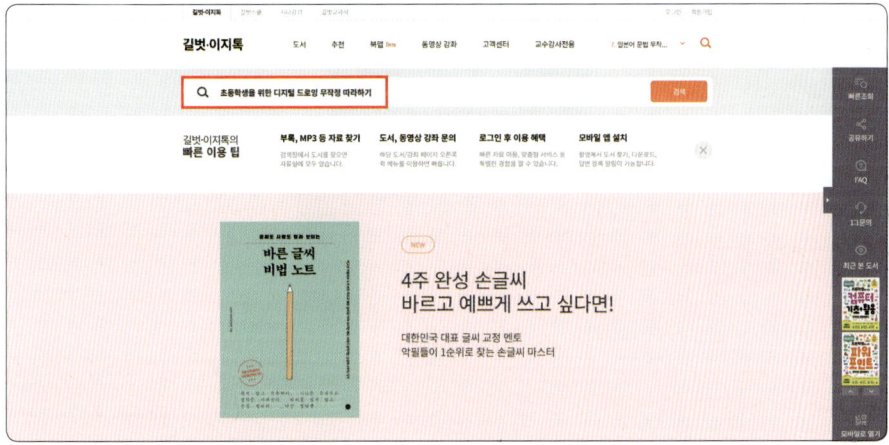

02 | 무엇이든 물어 보세요!

홈페이지 화면의 오른쪽에 보이는 퀵 메뉴를 이용해 빠르게 도서 문의를 할 수 있습니다.

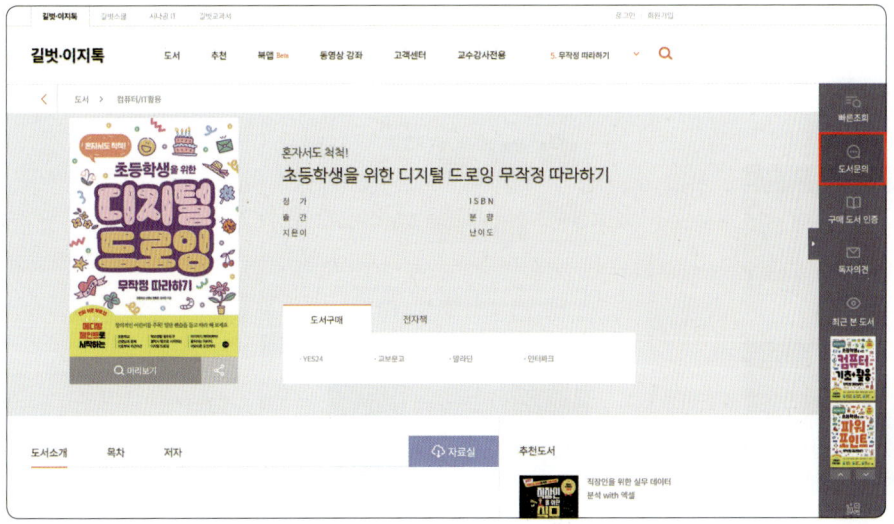

미리보기

01 | 디지털 드로잉과 메디방 페인트

디지털 드로잉에 대해 설명하고, 디지털 드로잉을 시작하기 위해 필요한 준비물과 사용할 수 있는 앱을 소개합니다. 메디방 페인트의 기본 기능과 브러시, 레이어 사용법부터 차근차근 익혀 봐요!

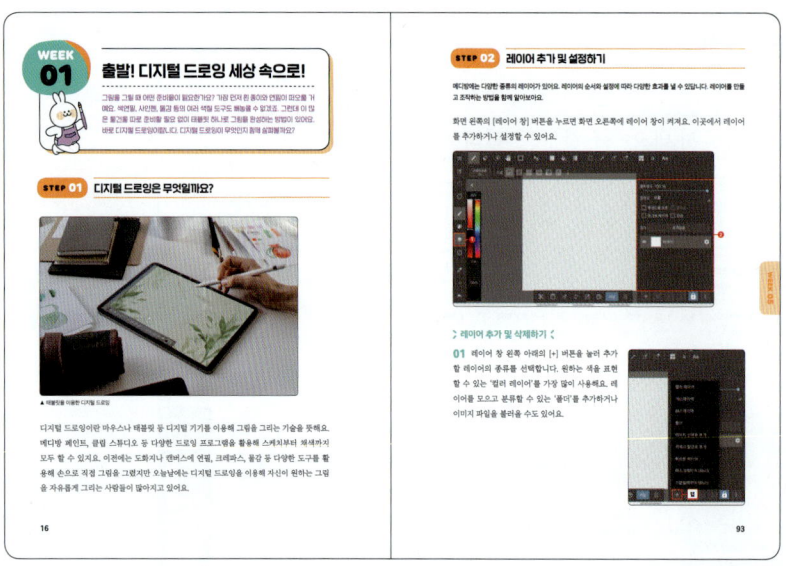

02 | 기초 드로잉부터 차근차근

그림 그리기의 기초인 선 그리기부터 기본 도형을 응용해 그림 그리는 방법까지 차근차근 알려주며 초보자도 쉽게 드로잉을 익힐 수 있도록 도와 줍니다.

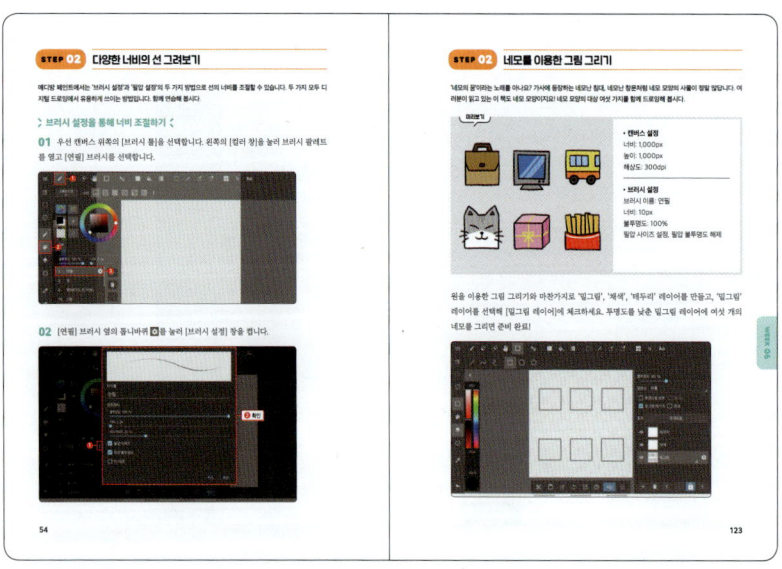

DIGITAL DRAWING

03 | 귀여운 동물, 캐릭터부터 멋진 풍경까지

음식, 동물, 움직이는 인물 등 일상의 여러 요소를 그려 보며 드로잉 자신감을 얻습니다. 한 단계씩 따라 하다 보면 멋진 작품이 뚝딱!

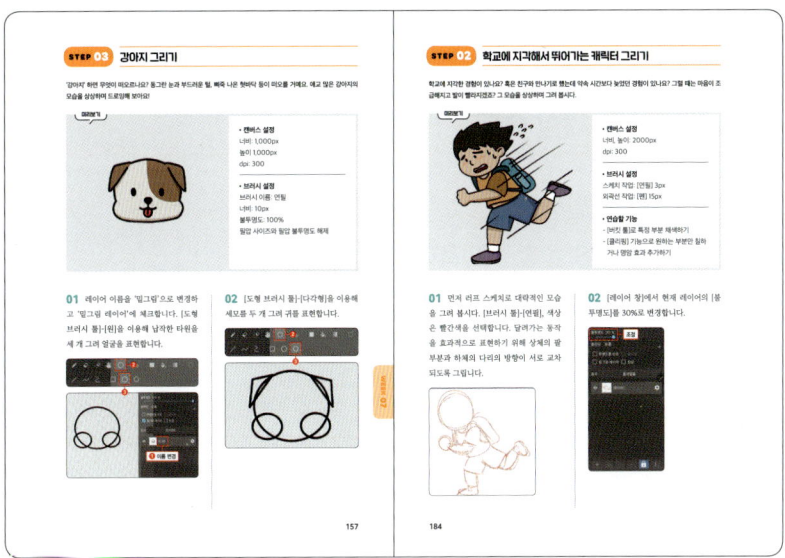

04 | 이모티콘 제작, 움직이는 그림도 문제 없어요!

디지털 드로잉 실력을 키웠다면 나만의 배경화면, 이모티콘 제작에도 도전해 봅시다. 카카오 이모티콘에 제안하는 법까지 알려줍니다.

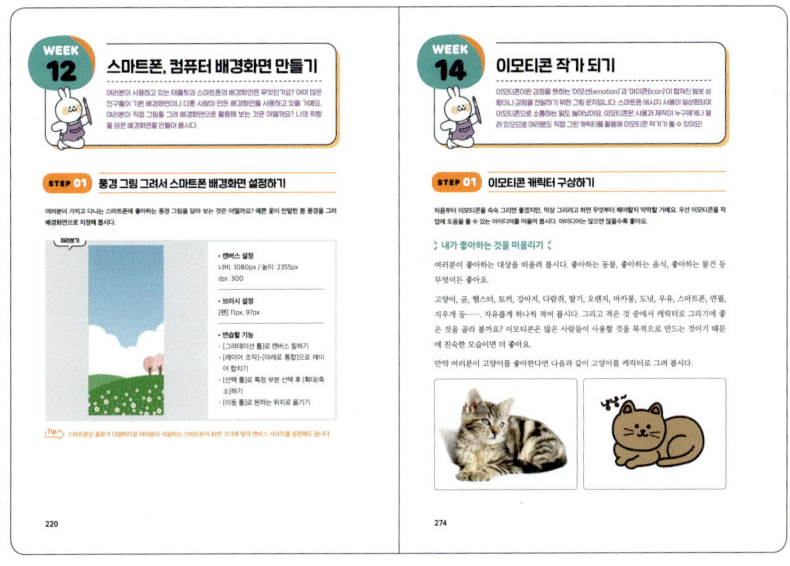

목차

첫째 마당
핵심쏙쏙! 디지털 드로잉과 친해지기

WEEK 01 출발! 디지털 드로잉 세상 속으로!

- 01 디지털 드로잉은 무엇일까요? ·········· 016
- 02 디지털 드로잉으로 무엇을 할 수 있을까요? ·········· 017
- 03 디지털 드로잉에는 무엇이 필요할까요? ·········· 020
- 04 디지털 드로잉 프로그램에는 어떤 것이 있나요? ·········· 022

WEEK 02 메디방 페인트와 친해지기

- 01 메디방 페인트 설치하기 ·········· 024
- 02 메디방 페인트 메뉴 살펴보기 ·········· 026
- 03 유용한 설정과 기능 알아보기 ·········· 043

DIGITAL DRAWING

둘째마당
기초 튼튼! 디지털 드로잉 따라하기

WEEK 03 메디방 페인트 시작하기
- 01 신규 캔버스 생성하기 ·········· 050
- 02 다양한 너비의 선 그려보기 ·········· 054
- 03 선 연습과 손떨림 보정하기 ·········· 063

WEEK 04 메디방 페인트로 채색하기
- 01 버킷 툴, 자동선택 툴 활용해 색 채우기 ·········· 068
- 02 그라데이션 채우기 ·········· 073
- 03 명암 표현하기 ·········· 080

WEEK 05 레이어와 친해지기
- 01 레이어란 무엇인가요? ·········· 092
- 02 레이어 추가 및 설정하기 ·········· 093
- 03 클리핑 레이어 알아보기 ·········· 100
- 04 레이어 활용 드로잉 따라하기 ·········· 103

WEEK 06 기초 드로잉 따라 하기
- 01 원을 이용한 그림 그리기 ·········· 110
- 02 네모를 이용한 그림 그리기 ·········· 123
- 03 세모를 이용한 그림 그리기 ·········· 135

목차

셋째 마당
실력 쑥쑥! 디지털 드로잉 시작하기

WEEK 07 귀여운 동물 그리기

- 01 오리 그리기 ········ 150
- 02 토끼 그리기 ········ 154
- 03 강아지 그리기 ········ 157
- 04 원숭이 그리기 ········ 160

WEEK 08 맛있는 음식 그리기

- 01 쿠키 그리기 ········ 164
- 02 아이스크림 그리기 ········ 165
- 03 케이크 그리기 ········ 172
- 04 초밥 그리기 ········ 175

WEEK 09 인물 캐릭터 다양하게 그리기

- 01 책상에 앉아서 독서하는 모습 그리기 ········ 180
- 02 학교에 지각해서 뛰어가는 캐릭터 그리기 ········ 184
- 03 자료를 활용해 발표하는 캐릭터 그리기 ········ 187

WEEK 10 아름다운 풍경 그리기

- 01 바다가 보이는 풍경 그리기 ········ 192
- 02 눈 내리는 마을 풍경 그리기 ········ 200

DIGITAL DRAWING

WEEK 11 라인드로잉으로 그림 그리기

- 01 라인드로잉으로 도넛 따라 그리기 ············ 206
- 02 라인드로잉으로 인물 따라 그리기 ············ 213

넷째 마당
도전! 디지털 드로잉 전문가!

WEEK 12 스마트폰, 컴퓨터 배경화면 만들기

- 01 풍경 그림 그려서 스마트폰 배경화면 설정하기 ············ 220
- 02 내가 그린 캐릭터로 컴퓨터 배경화면 만들기 ············ 239

WEEK 13 상상력을 발휘해 웹툰 그리기

- 01 칸 분할 만들기 ············ 257
- 02 러프스케치하기 ············ 262
- 03 라인 작업하기 ············ 264
- 04 채색하기 ············ 266
- 05 텍스트 삽입하기 ············ 270
- 06 파일로 내보내기 ············ 272

목차

DIGITAL DRAWING

WEEK 14 이모티콘 작가 되기

- 01 이모티콘 캐릭터 구상하기 ········ 274
- 02 이모티콘 내용 구성하기 ········ 278
- 03 이모티콘 밑그림 그리기 ········ 280
- 04 이모티콘 라인 완성하기 ········ 283
- 05 이모티콘 채색하기 ········ 286
- 06 이모티콘에 텍스트 넣기 ········ 290
- 07 이모티콘 내보내기 및 저장하기 ········ 295
- 08 이모티콘 제안하기 ········ 298

WEEK 15 움직이는 그림 만들기

- 01 움직이는 그림의 원리 이해하기 ········ 302
- 02 꼬리 흔드는 강아지 그리기 ········ 304
- 03 눈을 빛내는 캐릭터 그리기 ········ 311

기적의 공부방에서 함께 공부해요!   DIGITAL DRAWING

길벗스쿨 공식 카페 『기적의 공부방』에 방문해 보세요. 책 기획 과정 참여부터 꾸준한 학습 관리까지 엄마표 학습을 위한 다양한 노하우와 학습 자료를 제공합니다.

길벗스쿨 공식 카페

기적의 공부방 ▶ http://cafe.naver.com/gilbutschool

지금 가입하면 누릴 수 있는 3가지!

1. 꾸준한 학습이 가능해요!

스케줄 관리를 통해 책 한 권을 끝낼 수 있는 **학습단**에 참여해 보세요!

도서 관련 **학습 자료**와 **선배 엄마들의 노하우**를 확인할 수 있어요!

궁금한 것이 있다면 **Q&A 서비스**를 통해 카페지기와 선배 엄마들의 답변을 들을 수 있어요.

2. 책 기획 과정에 참여해요!

독자기획단을 통해 전문 편집자와 함께 아이템 선정부터 책의 목차, 책의 구성 등을 함께 만들어가요!

출간 전 도서를 체험해 보는 **베타테스트**를 통해 도서의 장/단점을 파악하여 더 나은 도서를 만드는 데 기여해요!

3. 재미와 선물이 팡팡 터져요!

매일 새로운 주제로 엄마들과 **댓글 이야기**를 나누고 간식도 받아요!

매주 카페 **활동왕**을 선정하여 푸짐한 상품을 드려요!

사진 콘테스트 등 매번 색다른 **친목 이벤트**로 재미와 선물을 동시에 잡아요!

기적의 공부방은 엄마표 학습을 응원합니다!

| WEEK 01 | 출발! 디지털 드로잉 세상 속으로 |

| WEEK 02 | 메디방 페인트와 친해지기 |

핵심쏙쏙! 디지털 드로잉과 친해지기

WEEK 01 출발! 디지털 드로잉 세상 속으로!

그림을 그릴 때 어떤 준비물이 필요한가요? 가장 먼저 흰 종이와 연필이 떠오를 거예요. 색연필, 사인펜, 물감 등의 여러 색칠 도구도 빼놓을 수 없겠죠. 그런데 이 많은 물건을 따로 준비할 필요 없이 태블릿 하나로 그림을 완성하는 방법이 있어요. 바로 디지털 드로잉이랍니다. 디지털 드로잉이 무엇인지 함께 살펴볼까요?

STEP 01 디지털 드로잉은 무엇일까요?

▲ 태블릿을 이용한 디지털 드로잉

디지털 드로잉이란 마우스나 태블릿 등 디지털 기기를 이용해 그림을 그리는 기술을 뜻해요. 메디방 페인트, 클립 스튜디오 등 다양한 드로잉 프로그램을 활용해 스케치부터 채색까지 모두 할 수 있지요. 이전에는 도화지나 캔버스에 연필, 크레파스, 물감 등 다양한 도구를 활용해 손으로 직접 그림을 그렸지만 오늘날에는 디지털 드로잉을 이용해 자신이 원하는 그림을 자유롭게 그리는 사람들이 많아지고 있어요.

그렇다면 디지털 드로잉의 장점은 무엇일까요?

첫째, 준비물이 간단해 어디서든 그림을 그릴 수 있습니다. 미술 시간을 떠올려 보세요. 그림을 한 장 그리기 위해 종이, 연필과 지우개, 각종 색칠 도구들을 모두 준비했을 거예요. 하지만 디지털 드로잉은 태블릿과 펜슬, 드로잉 프로그램만 있으면 충분해요. 덕분에 시간과 장소에 크게 구애받지 않고 간편하게 그림을 그릴 수 있답니다.

둘째, 그림을 그리는 과정이 쉽고, 실패에 대한 부담이 적습니다. 대부분의 드로잉 프로그램은 다양한 툴과 레이어 등 드로잉에 도움이 되는 여러 기능을 제공하고 있어요. 따라서 훨씬 빠른 속도로 멋진 작품을 만들 수 있답니다. 또, 실수하더라도 이전 상태로 되돌릴 수 있기 때문에 그림 실력에 자신이 없는 친구들도 부담 없이 그림을 그릴 수 있지요.

셋째, 완성한 작품을 공유하고 활용하기 편합니다. 디지털 드로잉에서는 완성한 작품을 이미지 파일로 저장할 수 있어요. 이렇게 저장한 파일을 SNS에 게시해 다른 사람들과 공유할 수도 있고, 인쇄하거나 새로운 상품을 만드는 등 다양한 방식으로 활용할 수 있지요. 디지털 드로잉으로 무엇을 할 수 있는지 다음 장에서 자세히 살펴보아요!

STEP 02 디지털 드로잉으로 무엇을 할 수 있을까요?

이 책을 읽고 있는 대부분의 친구들은 그림 그리기를 좋아하고, 미술 수업을 즐길 거라고 생각해요. 그런 여러분에게 디지털 드로잉은 훌륭한 취미생활이 된답니다.

원래 손그림을 자주 그렸다면 내가 그린 손그림을 디지털로 옮겨 드로잉할 수도 있어요. 또, 일상 속 소중한 순간이나 여행 경험을 그림일기로 남긴다면 시간이 흐른 뒤 다시 되돌아볼 수 있는 의미있는 기록이 되겠지요.

▲ 여행을 기록한 라인드로잉

내가 그린 그림을 활용해 다양한 굿즈(상품)를 만들 수도 있어요. 디지털 드로잉으로 만들 수 있는 굿즈는 뱃지, 스티커, 마스킹테이프, 엽서, 핸드폰 케이스 등 종류가 다양하답니다. 내가 좋아하는 것이나 나에게 의미 있는 것을 그려 굿즈로 만들면 소중한 기념품이 되지요. 직접 만든 굿즈를 친구들과 나누며 추억을 쌓아도 좋겠죠? 여러분이 제작한 굿즈가 너무 예뻐서 누군가 사기를 원한다면 굿즈를 판매해 수익을 낼 수도 있답니다.

▲ 디지털 드로잉 결과물로 제작한 뱃지

단순한 취미 활동을 넘어서 디지털 드로잉을 전문적으로 배운다면 관련 직업을 얻을 수도 있답니다. 현재 디지털 드로잉은 영화, 만화, 게임, 광고 등 여러 분야에서 활발하게 사용되고 있어요. 따라서 관련된 직업도 매우 다양하지요.

책이나 신문, 웹사이트, 광고 등에 들어갈 이미지를 그리는 일러스트레이터부터 시작해서 인터넷에 연재되는 웹툰을 그리는 웹툰 작가, 귀여운 이모티콘을 만드는 이모티콘 작가, 만화 영화를 그리거나 제작하는 애니메이터, 게임에 필요한 다양한 이미지를 만드는 게임 그래픽 디자이너 등 디지털 드로잉을 활용하는 직업은 무궁무진하답니다. 디지털 드로잉에 흥미가 생겼다면 앞서 소개된 직업에 관심을 가져 보는 것은 어떨까요?

▲ 디지털 드로잉과 관련된 직업(일러스트레이터)

STEP 03 디지털 드로잉에는 무엇이 필요할까요?

〉 태블릿PC(태블릿) 〈

▲ 삼성 갤럭시탭 S9(출처: 삼성 홈페이지)

▲ 애플 아이패드 10세대(출처: 애플 홈페이지)

태블릿 PC, 또는 태블릿은 키보드 없이 손가락이나 터치 펜을 이용해 화면을 조작하고 여러 프로그램을 실행할 수 있는 도구예요. 들고 다니기에 무겁지 않은 무게인 데다가 손그림과 가장 비슷한 방식으로 디지털 드로잉을 할 수 있기 때문에 많은 사람들이 사용하고 있어요.

대표적인 태블릿으로는 애플의 아이패드와 삼성의 갤럭시탭이 있습니다. 각 태블릿은 가격, 운영 체제, 필기감, 사용 가능 프로그램 등에서 차이가 있으니 자세히 살펴보고 자신에게 맞는 태블릿을 사용하기 바랍니다.

〉 터치 펜 〈

▲ 삼성 S펜(출처: 삼성 홈페이지)

▲ 애플 펜슬(출처: 애플 홈페이지)

터치 펜은 스마트폰이나 태블릿 PC 화면을 조작할 때 사용하는 도구예요. 손가락만으로도 태블릿 PC를 조작할 수는 있지만, 디지털 드로잉을 할 때는 세밀한 작업이 필요한 경우가 많기 때문에 터치 펜을 사용하는 것이 좋아요.

갤럭시탭에는 기본 S펜이 포함되어 있어 펜을 따로 살 필요가 없어요. 기본 S펜 말고도 다양한 종류의 S펜이 있으니 취향에 따라 추가로 구매해 사용할 수도 있지요. 아이패드에는 애플펜슬이 포함되어 있지 않게 때문에 따로 펜슬을 구매해야 해요.

〉 타블렛 〈

▲ 타블렛 기기 사용 사진(출처: 와콤 홈페이지)

타블렛은 전자펜과 펜을 인식할 수 있는 판으로 구성된 도구예요. 태블릿 PC와는 다르게 단독으로 프로그램을 실행시킬 수 없어서 컴퓨터, 노트북, 휴대폰 등 다른 기기와 연결해서 사용해야 해요.

단순히 펜의 움직임만을 인식하는 펜 타블렛과 화면이 비쳐 보이는 액정 타블렛으로 구분되는데, 펜 타블렛의 경우 눈은 화면을 보고 손은 타블렛을 조작해야 하므로 익숙해지는 데 시간이 필요해요. 태블릿 PC에 비해 가격이 저렴하기 때문에 태블릿 PC를 준비하기 어려운 경우 타블렛을 이용해 디지털 드로잉을 할 수 있어요.

STEP 04 디지털 드로잉 프로그램에는 어떤 것이 있나요?

〉 메디방 페인트 〈

메디방 페인트는 메디방이라는 회사에서 제공하는 드로잉 프로그램이에요. 무료 프로그램이기 때문에 추가 결제를 하지 않아도 대부분의 기능을 사용할 수 있지만 프로그램 사용 중 광고가 등장해요. 추가 결제를 하면 광고를 제거하거나 추가 기능을 사용할 수도 있답니다. PC 버전(컴퓨터, 노트북)과 모바일 버전(태블릿, 휴대폰) 모두 무료로 사용 가능해요.

메디방 페인트는 그림을 그리는 데 필요한 다양한 기능과 브러시, 만화를 그리는 데 필요한 칸 나누기, 소재 기능 등을 지원해요. 화면 구성이 단순해서 디지털 드로잉을 처음 시작하는 친구들도 쉽게 사용할 수 있답니다.

〉 클립 스튜디오 〈

클립 스튜디오는 CELSYS라는 회사에서 제공하는 드로잉 프로그램이에요. 체험용 버전인 DEBUT, 일부 기능이 제한된 PRO, 모든 기능을 사용할 수 있는 EX로 구분되어 있어요. 컴퓨터나 노트북에서 사용할 때는 한 번 결제하면 평생 사용 가능한 일시불 방식과 달마다 결제하는 월정액 방식 중 선택할 수 있지만, 태블릿과 휴대폰의 모바일 버전에서는 월정액 방식만 가능해요. 클립 스튜디오는 전문가에게 적합한 풍부한 기능을 제공합니다. 그래서 디지털 드로잉에 익숙하지 않은 친구들에게는 다소 복잡하게 느껴질 수 있어요.

〉 스케치북 〈

스케치북은 스케치북이라는 회사에서 제공하는 드로잉 프로그램이에요. PC 버전과 모바일 버전을 모두 제공하고 있어요. 모바일 버전은 무료로 대부분의 기능을 사용할 수 있지만 PC 버전은 사용하려면 결제가 필요해요.

스케치북은 화면 구성이 매우 단순해서 그림을 그릴 공간이 넓고, 디지털 드로잉을 처음 시작하는 친구들도 쉽게 사용할 수 있어요. 그림을 그리는 데 필요한 다양한 기능과 브러시를 제공하지만 드로잉에서 많이 사용되는 '클리핑 레이어' 기능을 제공하지 않아요.

이 책에서는 여러 드로잉 프로그램 중 메디방 페인트를 사용할 거예요. 메디방 페인트는 PC 버전과 모바일 버전 모두 무료로 제공되어 다양한 기기에서 사용 가능하면서도 디지털 드로잉에 필요한 여러 기능을 충분히 갖추고 있어요. 또한 사용 방법이 쉬운 편이기 때문에 여러분과 함께 사용할 드로잉 프로그램으로 적절하답니다. 이제 메디방 페인트의 설치 방법부터 메뉴 구성, 기본 기능들의 사용 방법까지 함께 알아 보아요!

WEEK 02 메디방 페인트와 친해지기

이제 우리가 사용할 메디방 페인트 프로그램을 기기에 설치하고 어떤 메뉴로 구성되어 있는지 살펴봅시다. 태블릿, 스마트폰, 컴퓨터에 설치하는 방법을 모두 알아볼 거예요. 자신이 가진 기기에 알맞은 방식으로 프로그램을 설치한 뒤, 메디방 페인트를 탐색해 보세요.

STEP 01 메디방 페인트 설치하기

› 태블릿, 스마트폰에 설치하기 ‹

앱을 설치할 기기에 맞게 구글 플레이스토어 또는 애플 앱스토어를 실행하고 '메디방페인트'를 검색합니다.

> **Tip** 삼성의 갤럭시와 같은 안드로이드 기기라면 구글 플레이스토어를, 애플의 아이폰, 아이패드와 같은 iOS 기기라면 앱스토어를 통해 앱을 다운로드하면 됩니다.

아래 사진과 같이 '메디방페인트' 혹은 'MediBang Paint'라는 이름의 앱을 찾아 설치합니다. 애플 앱스토어의 경우 아이폰용(MediBang Paint)과 아이패드용(MediBang Paint for iPad)이 구분되어 있으니 알맞은 앱을 설치하면 됩니다.

▲ 구글 플레이스토어 화면

 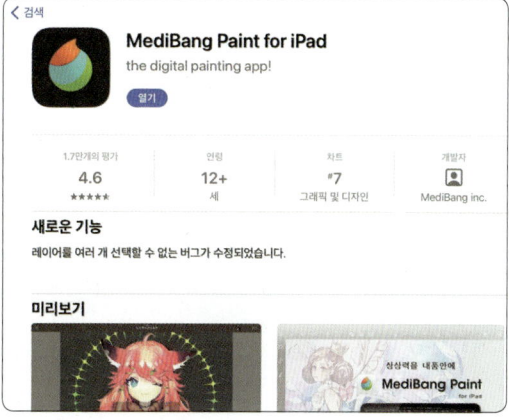

▲ 애플 앱스토어 화면

〉 컴퓨터에 설치하기 〈

인터넷 검색창에 '메디방페인트'를 검색하고 다운로드 사이트에 접속합니다. 자신의 컴퓨터에 맞게 'MediBang Paint Pro'를 설치합니다.

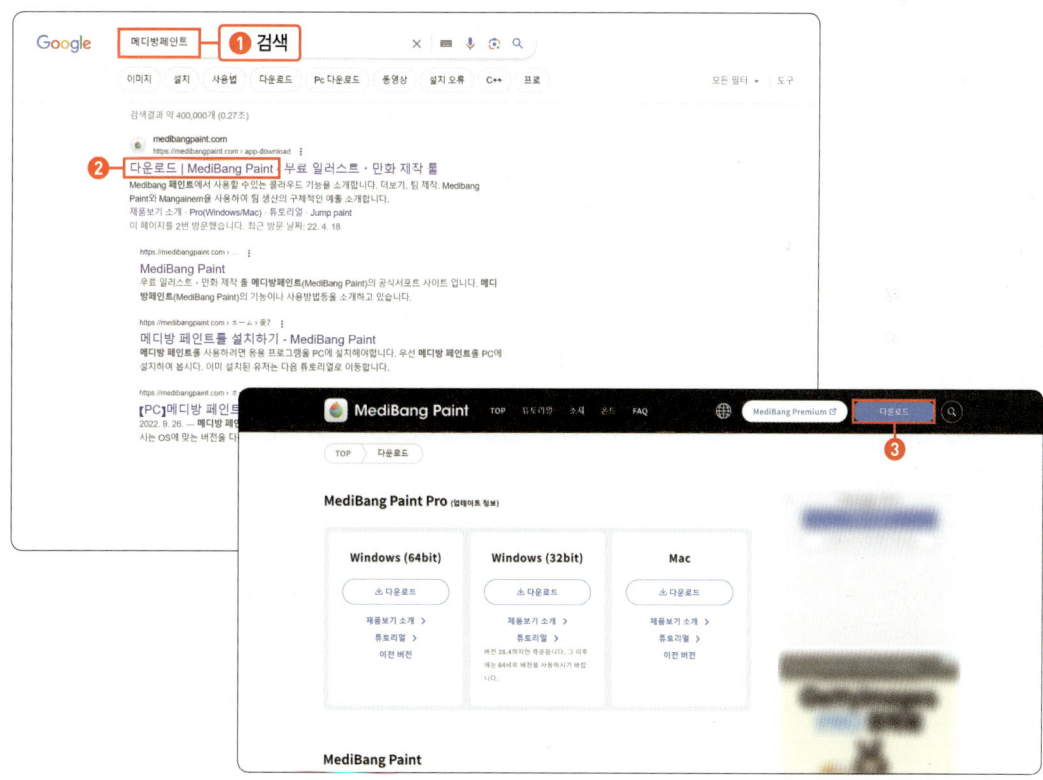

STEP 02 메디방 페인트 메뉴 살펴보기

〉 기본 메뉴 살펴보기 〈

앱을 실행하면 가장 먼저 보이는 기본 화면의 메뉴를 살펴보겠습니다.

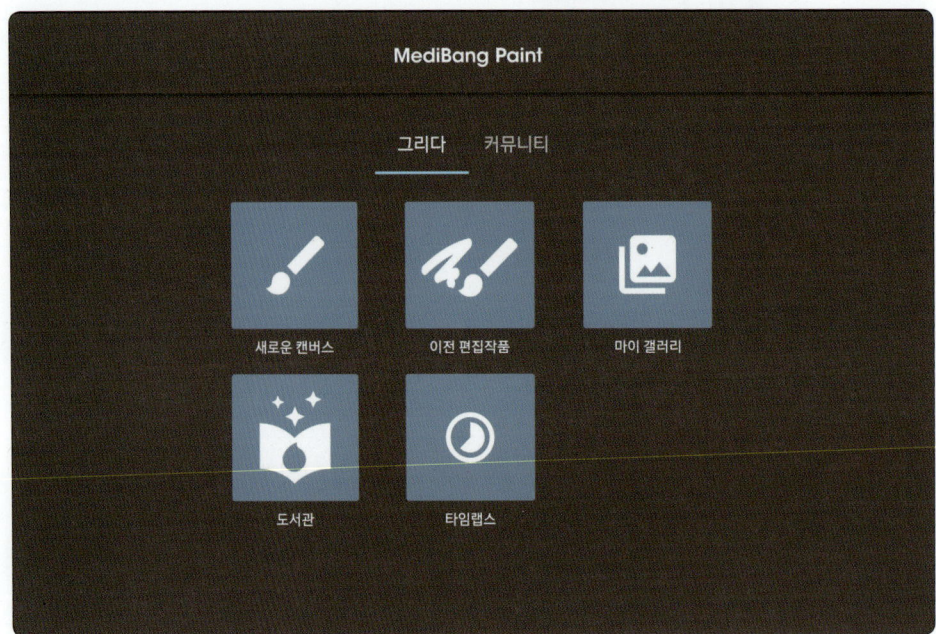

❶ **새로운 캔버스**: 그림을 그리기 위해 새로운 캔버스를 만듭니다.

❷ **이전 편집작품**: 마지막으로 그리고 있던 작품을 이어서 그립니다.

❸ **마이 갤러리**: 지금까지 메디방 페인트로 그렸던 작품들과 자동 백업(저장)된 내용을 볼 수 있습니다.

❹ **도서관**: 메디방 페인트 초보자를 위한 다양한 이용 방법과 연습용 콘텐츠를 확인할 수 있습니다.

❺ **타임랩스**: 타임랩스는 과정을 실제보다 빠르게 보여주는 영상을 말합니다. 그림을 그리는 동안 저장된 타임랩스를 볼 수 있습니다.

〉 캔버스 메뉴 살펴보기 〈

실제로 그림을 그릴 캔버스 화면을 왼쪽 메뉴/위쪽 툴바/아래쪽 단축바의 세 부분으로 나누어 살펴보겠습니다. [새로운 캔버스]-[작성하기]를 눌러 캔버스 화면을 켜 봅시다.

● 왼쪽 메뉴

❶ 메뉴 버튼 : 저장하기, 내보내기, 설정 등 기본적인 메뉴를 확인할 수 있습니다.

❷ 편집 메뉴 : 복사, 붙여넣기, 회전 등 캔버스에 그려진 그림에 대한 조작을 할 수 있습니다.

❸ **선택 메뉴** ▣ : 캔버스 중 일부분을 선택할 때, 선택 범위를 조작할 수 있습니다.

❹ **표시 메뉴** ◐ : 화면에 보이는 캔버스를 회전시키거나 반전시킬 수 있습니다. 이 메뉴에서 조작한 내용은 실제 그림에는 반영되지 않습니다.

❺ 툴 : 현재 선택 중인 툴이 표시됩니다. 툴 버튼을 눌러 화면 위쪽의 툴 메뉴를 켜고 끌 수 있습니다.

❻ 컬러 창 : 색상 팔레트(원형, 사각형)를 이용해 색을 바꾸고 자주 사용하는 색상을 내 팔레트에 등록할 수 있습니다. 또, 색상 팔레트 아래의 브러시 팔레트에서 브러시 종류를 선택할 수 있습니다.

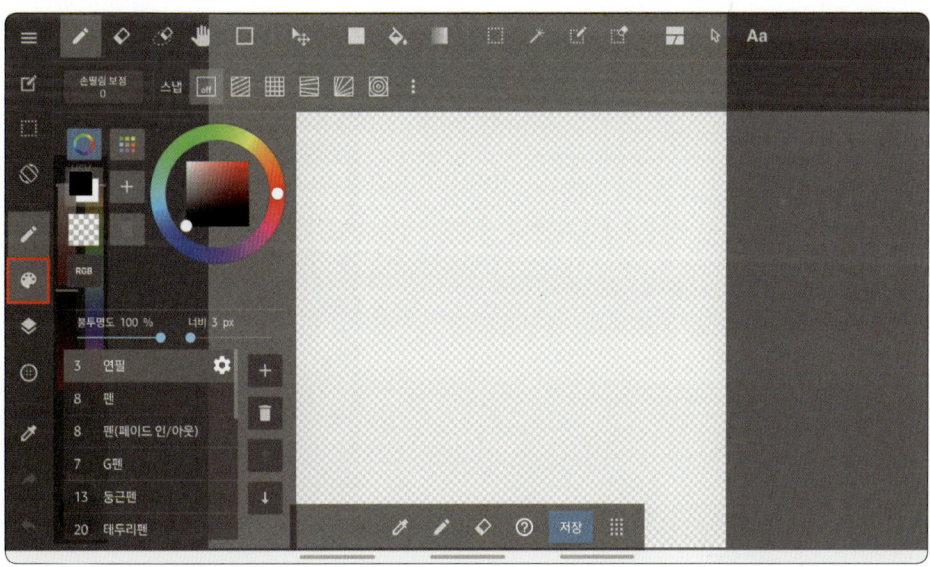

❼ **레이어 창** : 레이어를 만들고 여러 설정을 할 수 있습니다.

❽ **소재 창** : 소재 윈도우가 표시됩니다. 타일/톤/아이템의 소재 3종류를 추가하거나 다운로드받아 드로잉에 활용할 수 있습니다.

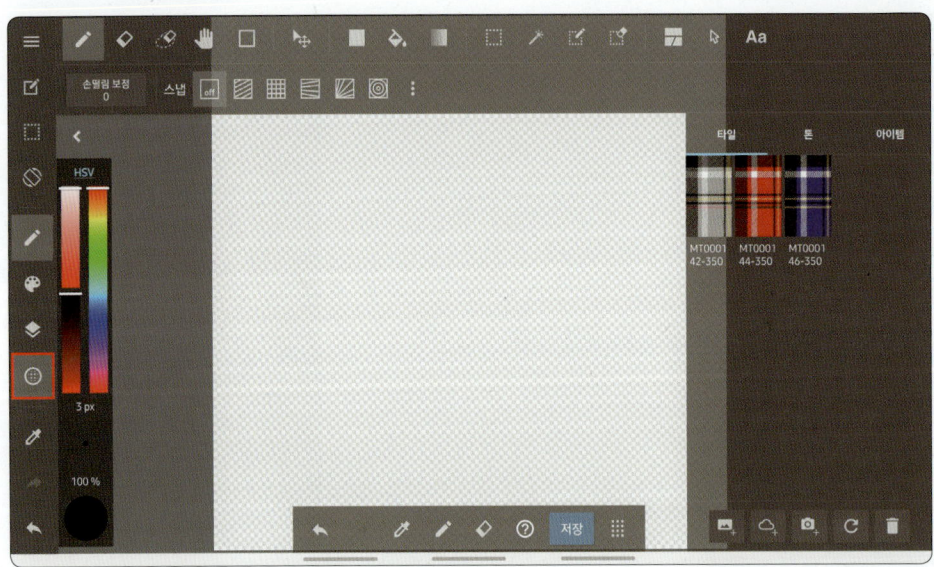

❾ **스포이트 툴** : 그림에서 원하는 색을 추출해 사용할 수 있는 도구입니다.

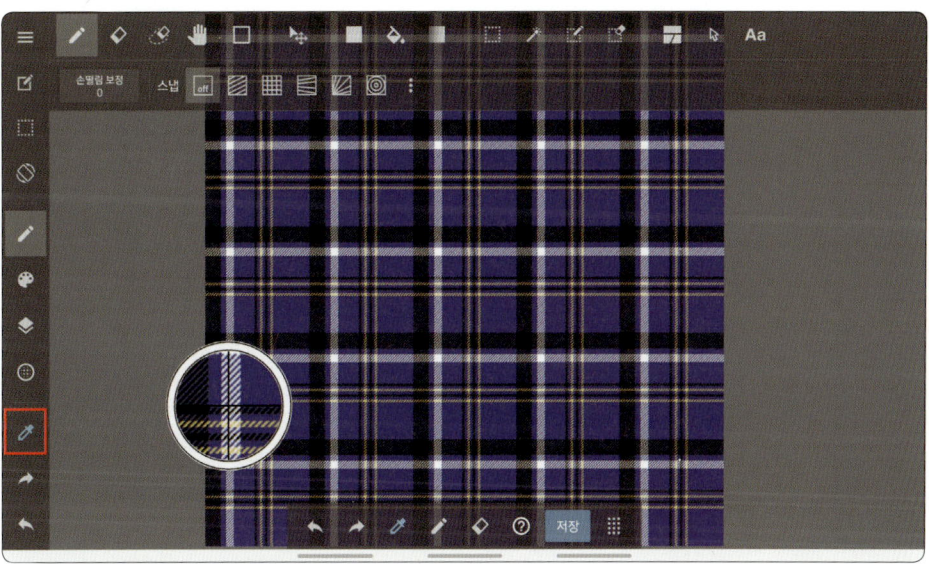

❿ **원래대로** /**다시하기** : 직전의 작업을 취소하거나 다시 되돌리는 기능입니다.

⓫ **HSV바**: 컬러 창을 열지 않고 브러시의 색, 너비, 투명도를 조절할 수 있습니다.

● 위쪽 툴바

❶ 브러시 툴 : 캔버스에 다양한 종류의 선을 긋습니다. [컬러 창] 버튼을 눌러 브러시 팔레트를 켠 뒤, 브러시의 종류/색/너비/투명도 등을 원하는 대로 설정합니다.

> ✦ **잠깐만요!** 여러 가지 브러시 알아보기
>
> 메디방 페인트에는 여러 종류의 브러시가 있습니다. 브러시 팔레트의 [+] 버튼을 눌러 원하는 브러시를 추가할 수도 있습니다.
>
>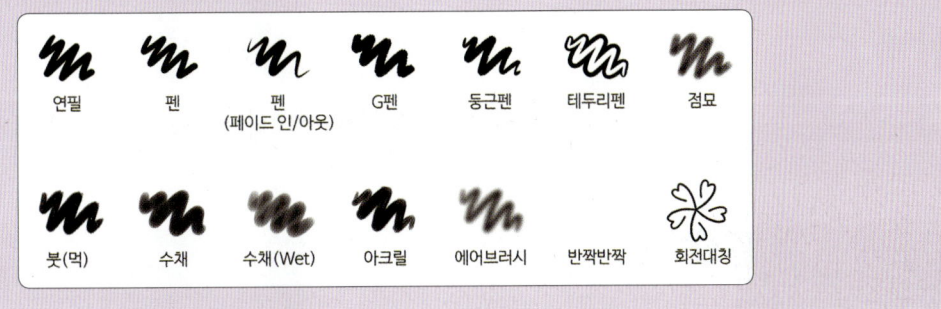

❷ **지우개 툴** : 캔버스에 그려진 내용을 지웁니다. [HSV바] 또는 [컬러 창]을 이용해 지우개의 너비와 투명도를 조절할 수 있고, [레이어 클리어] 버튼으로 레이어에 그려진 모든 내용을 지울 수 있습니다.

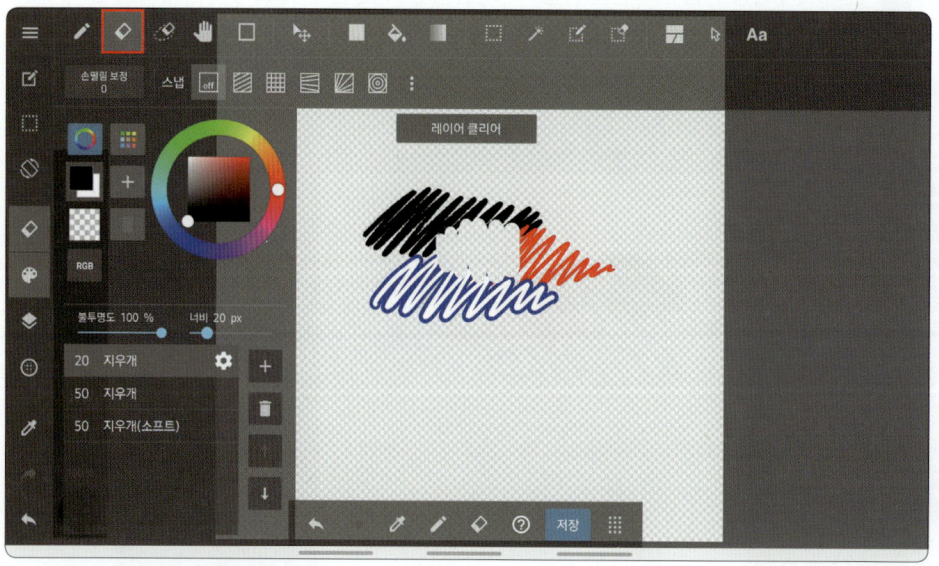

❸ **지우개(올가미) 툴** : 올가미로 둘러싸인 부분을 한꺼번에 지울 수 있습니다. [모든 레이어 관통] 버튼을 이용해 특정 레이어의 그림만 지울지, 모든 레이어의 그림을 지울지 정할 수 있습니다.

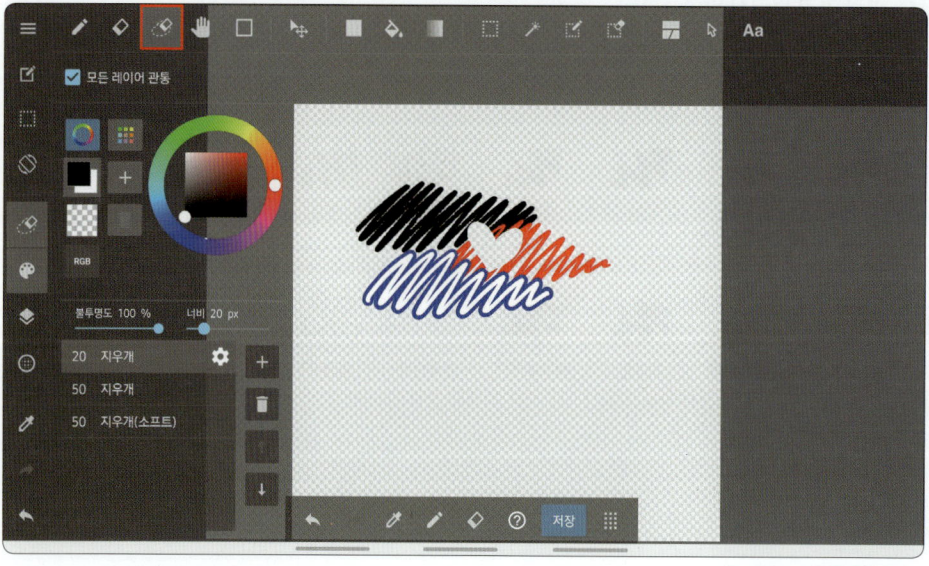

❹ **손바닥 툴** ✋ : 캔버스를 밀어 옮깁니다. 그림에는 변화가 없으며 화면 속 캔버스의 위치만 달라집니다.

❺ **도형 브러시 툴** : 직선, 곡선, 사각형, 삼각형 등의 다양한 도형을 그립니다. [컬러 창] 버튼으로 브러시 팔레트를 열어 브러시 설정을 조절할 수 있습니다.

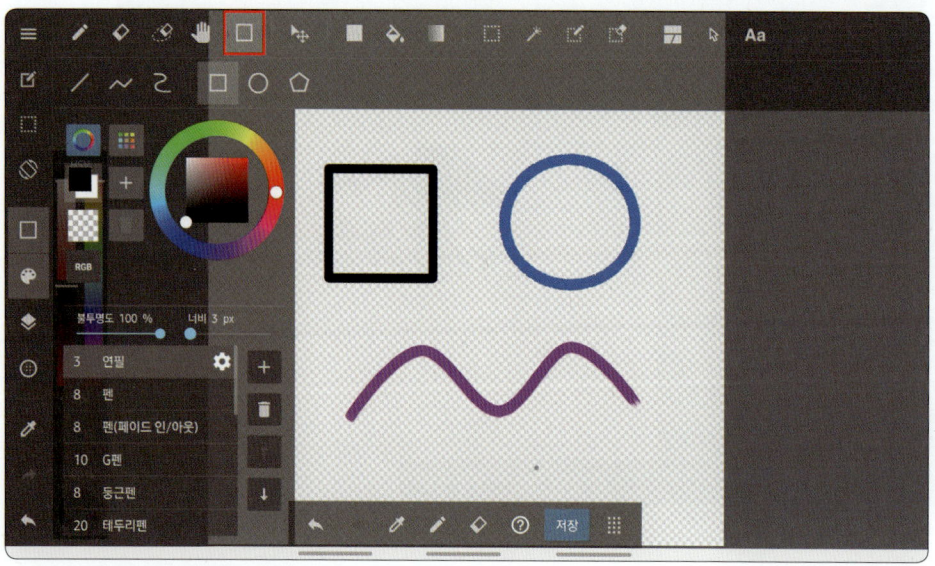

❻ **이동 툴** : 캔버스에 그려진 그림의 위치를 옮깁니다. 특정 레이어의 그림만 옮길 수도 있고, 모든 레이어의 그림을 옮길 수도 있습니다.

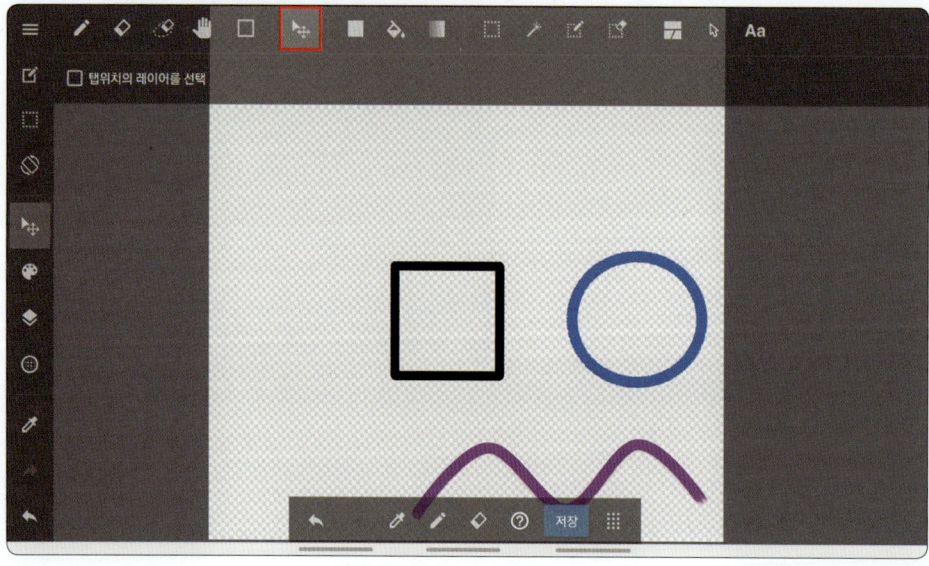

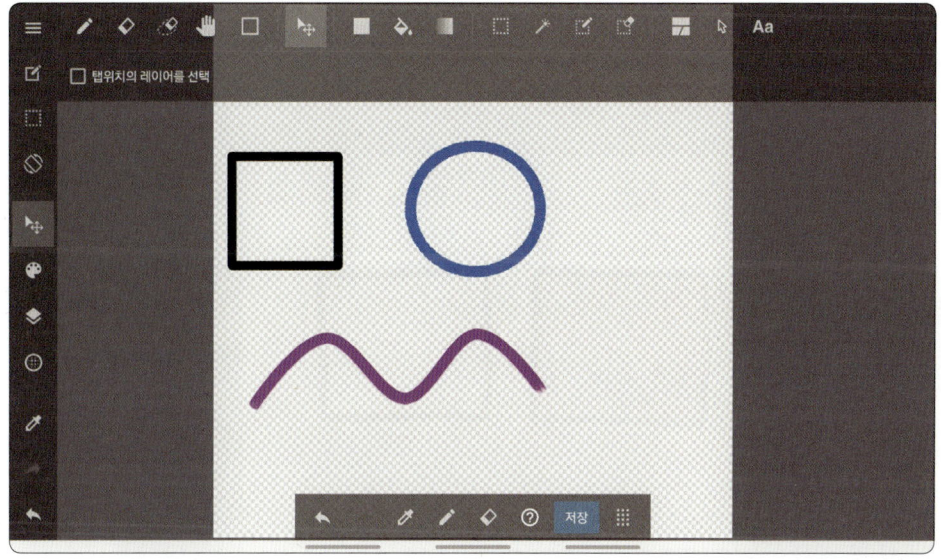

❼ **채우기 툴** ▪ : 색이 채워진 도형을 그립니다. 도형의 불투명도와 가장자리의 둥근 정도를 조절할 수 있습니다.

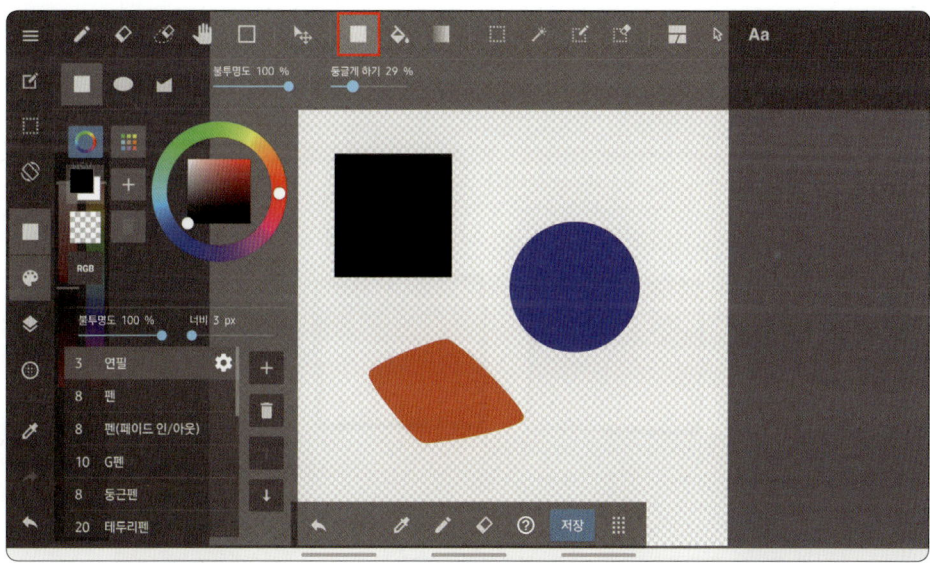

❽ **버킷 툴** : 테두리로 둘러싸인 공간을 한 가지 색으로 채웁니다.

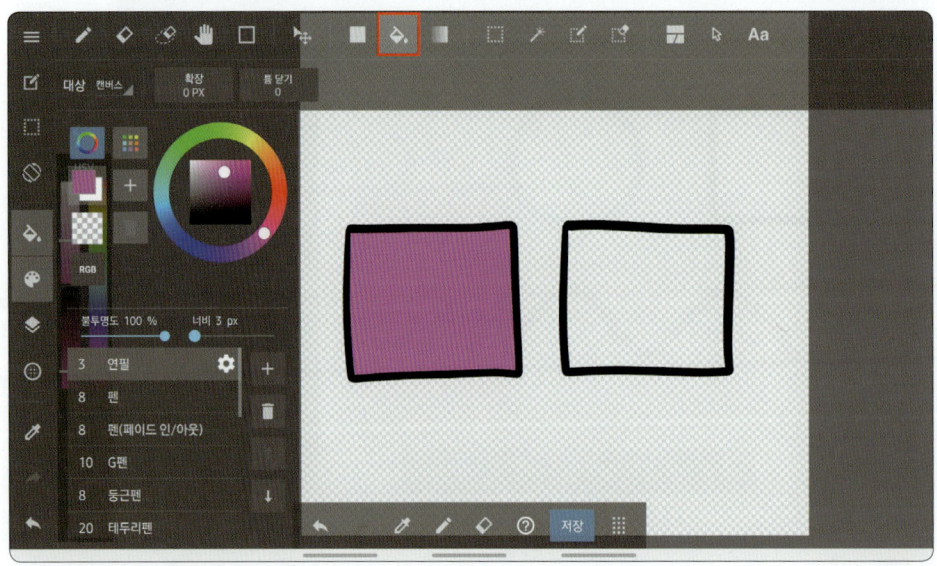

❾ **그라데이션 툴** : 두 가지 색으로 그라데이션을 칠합니다. [컬러 창]을 열어 그라데이션의 시작 색과 끝 색을 지정하고 색을 입힙니다. 주로 [선택 툴]과 함께 사용합니다.

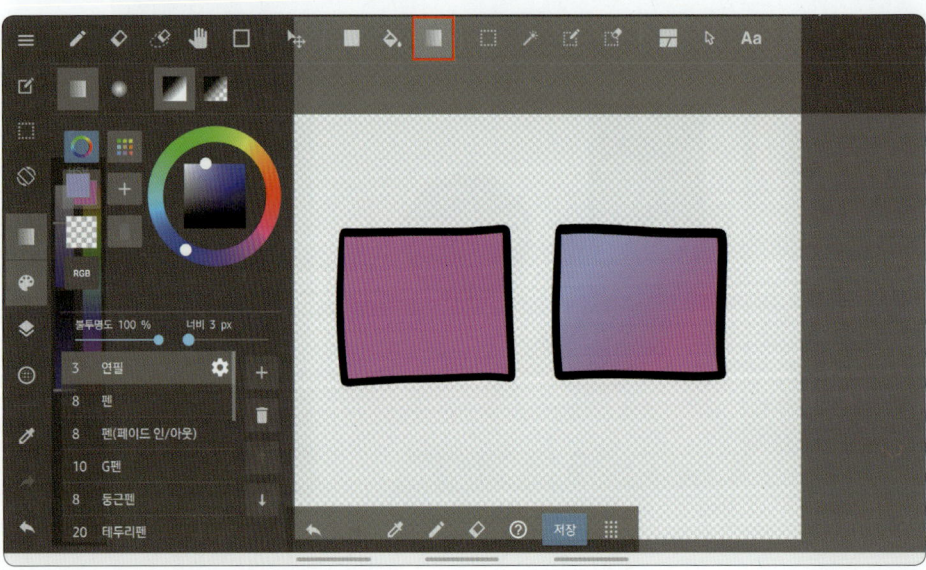

❿ **선택 툴** : 특정 부분만 선택해 그림을 그립니다. 선택되지 않은 부분은 파랗게 표시됩니다. 화면 위쪽의
, 를 이용해 동시에 여러 구역을 선택하거나 해제할 수 있습니다.

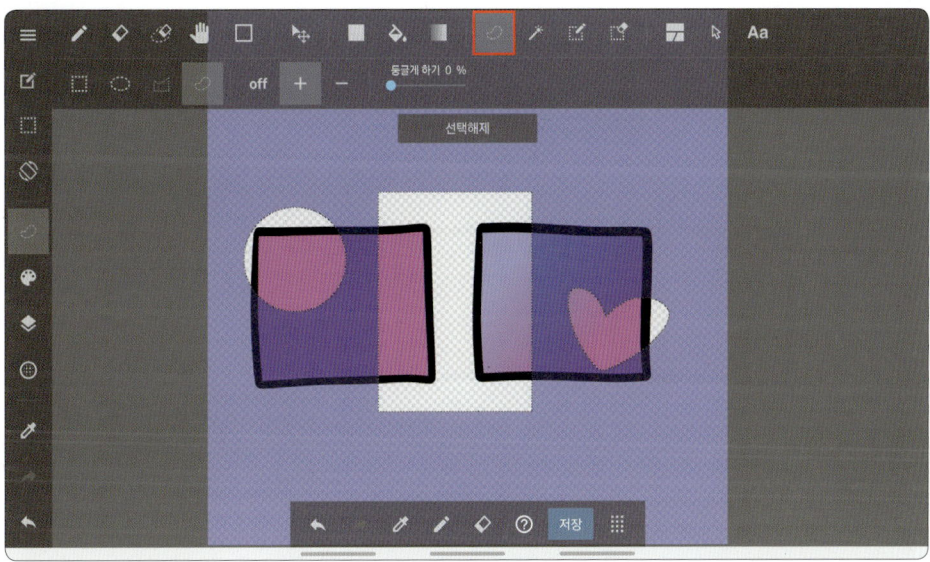

⓫ **자동선택 툴** : 테두리로 둘러싸인 공간을 자동으로 선택합니다. 선택되지 않은 부분은 파랗게 표시됩니다.

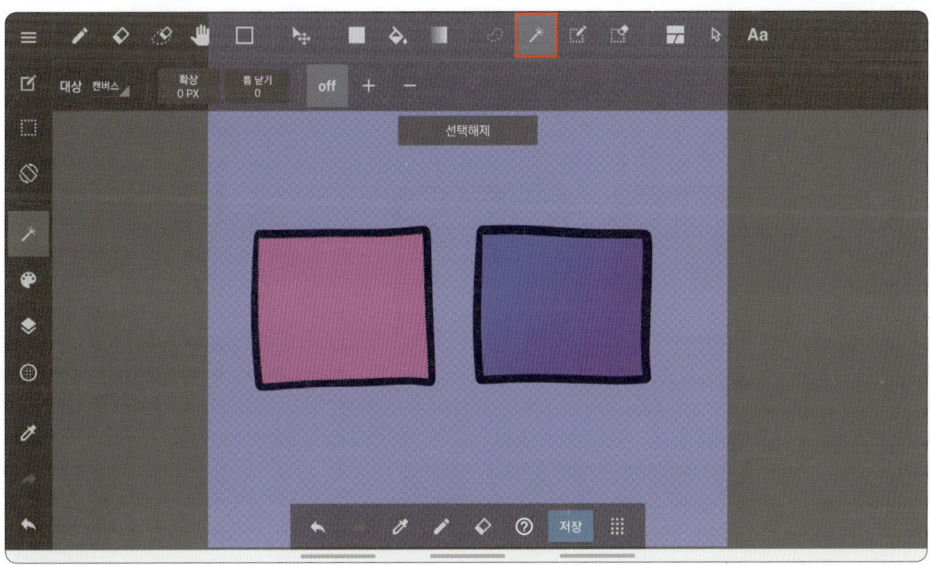

⓬ **선택 펜 툴** : 펜으로 그린 부분을 선택합니다. [선택 툴]은 펜으로 그린 테두리의 안쪽을 선택하지만, [선택 펜 툴]은 펜으로 그린 부분만을 선택하며, 선택된 부분이 빨간색으로 표시됩니다.

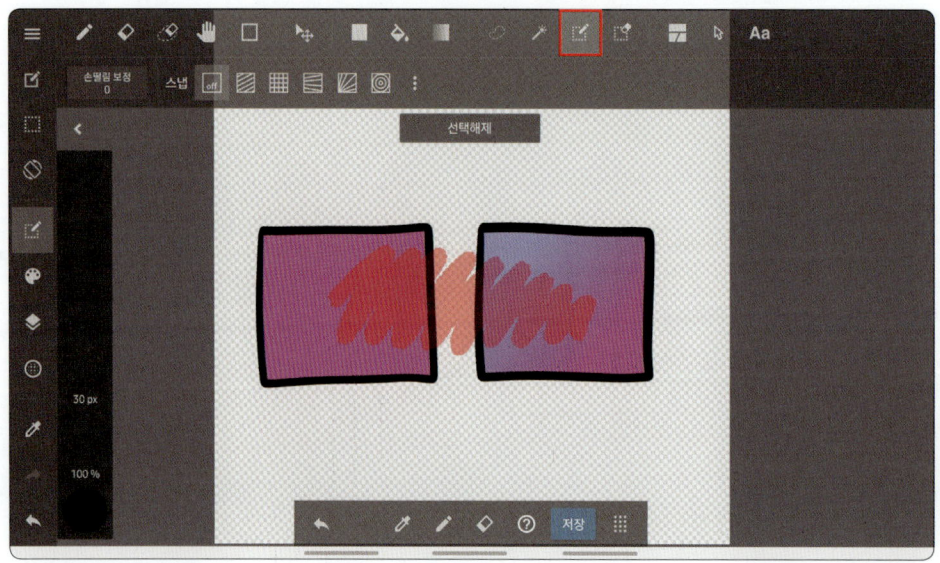

⓭ **선택 지우개 툴** : 선택된 부분을 지울 수 있습니다.

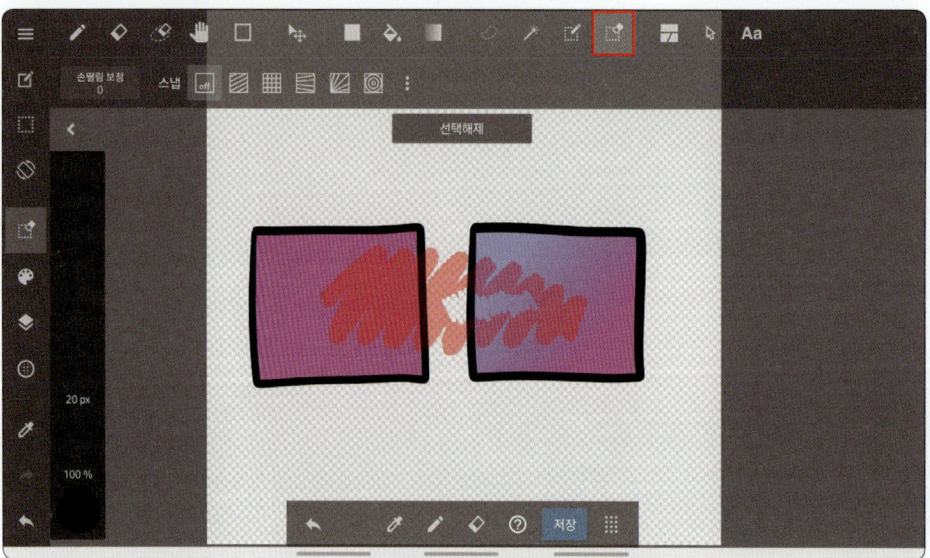

⓮ **칸 분할 툴** : 캔버스 안에 만화용 칸을 만듭니다. 원하는 만큼 칸을 나누고, 칸의 너비를 설정할 수 있습니다.

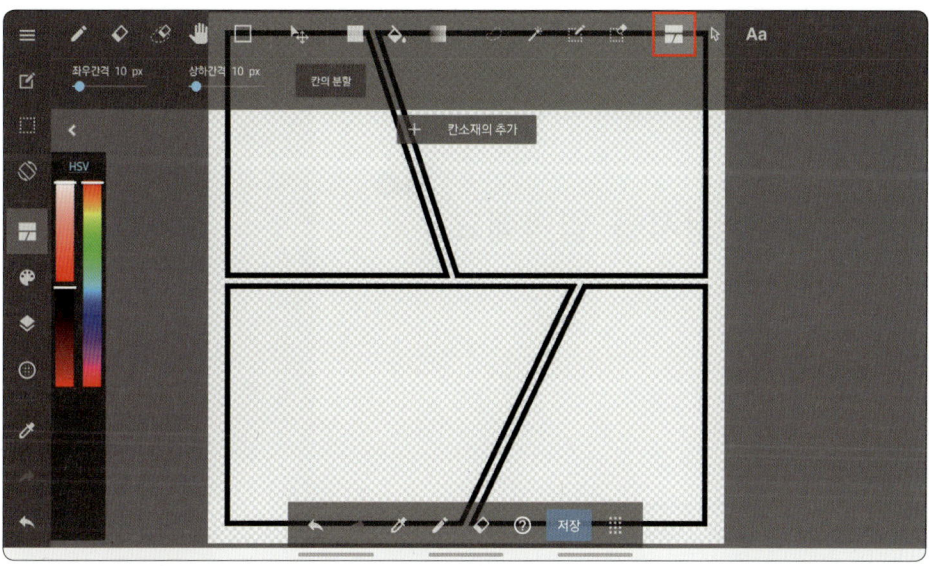

⓯ **조작 툴** : [칸 나누기 툴]로 만든 칸을 조작할 수 있습니다.

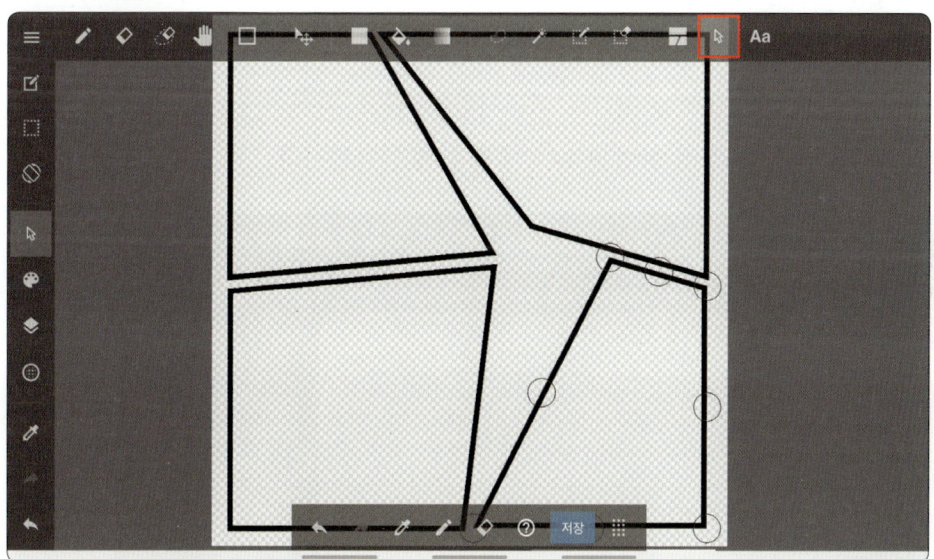

⓰ **텍스트 툴** Aa : 캔버스 안에 텍스트(글자)를 입력합니다. 화면을 눌러 폰트, 크기, 간격 등을 설정하고 입력합니다.

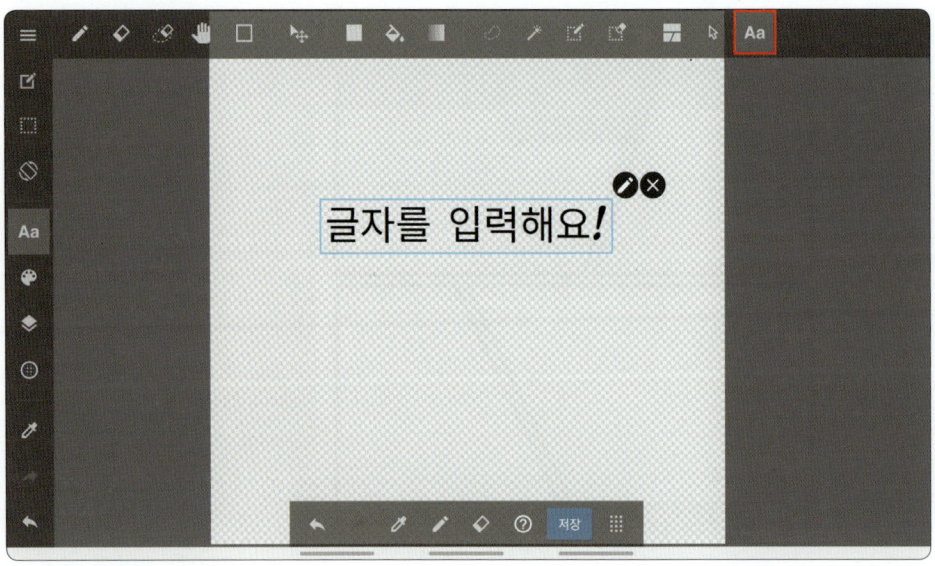

● **아래쪽 단축바**

캔버스 화면 아래쪽에는 자주 사용하는 기능을 간편하게 쓸 수 있도록 단축키를 모아둔 단축바가 있습니다. 단축바는 원하는 곳으로 이동시킬 수 있고, 자신이 원하는 대로 단축키를 정할 수 있습니다. 단축바의 설정 방법은 44쪽에서 함께 알아봅시다.

STEP 03 유용한 설정과 기능 알아보기

〉기본 설정하기 〈

메디방 페인트에서의 편리한 드로잉을 위해 몇 가지 간단한 설정을 변경해 봅시다. 여러분이 사용하는 기기와 그림 취향에 맞게 바꾸어도 괜찮아요. [새로운 캔버스]-[작성하기]를 눌러 캔버스 화면을 켜고, 왼쪽의 [메뉴]-[설정]을 선택합니다.

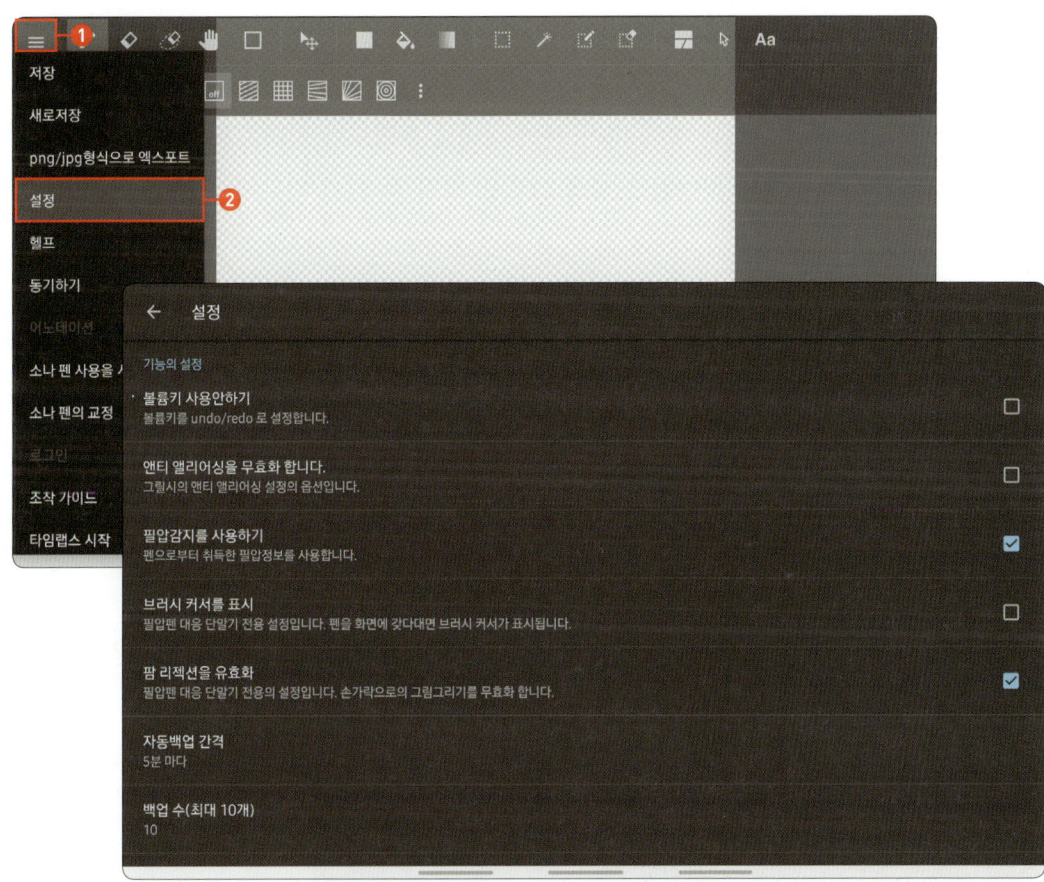

● 필압감지를 사용하기

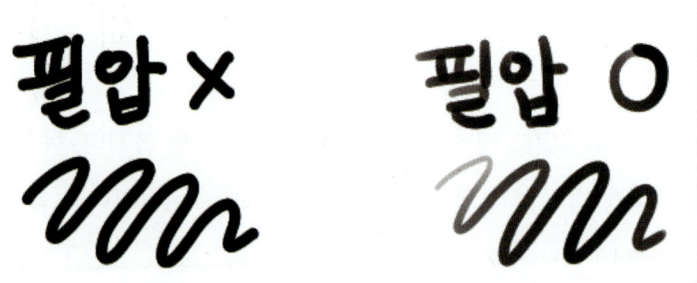

연필을 사용할 때, 종이에 연필을 세게 눌러 글씨를 쓰면 평소보다 진하고 두꺼운 글씨를 쓸 수 있지요. 이처럼 펜을 누르는 힘에 따라 선의 너비나 투명도가 달라지는 것을 필압이라고 해요. 필압을 활용하면 훨씬 다양한 느낌의 그림을 그릴 수 있기 때문에 필압감지를 사용하기를 추천해요.

● 팜리젝션을 유효화

팜리젝션은 손으로 화면을 터치했을 때 그림이 그려지는 걸 막아 주는 기능이에요. 펜을 이용해 그림을 그리다 보면 실수로 손바닥이 화면에 닿아 선이 그어지는 경우가 많아요. 이런 실수를 막기 위해 팜리젝션을 유효화하는 것을 추천해요.

● 단축키 표시

캔버스 화면 아래쪽의 단축바에 어떤 단축키를 표시할지 설정할 수 있습니다. 메디방 페인트를 사용하며 여러분이 유용하게 쓰는 기능들을 추가해 보세요!

〉 제스처 알아보기 〈

간단한 화면 터치와 움직임(제스처)만으로도 캔버스의 조작이 가능합니다.

기능	제스처
캔버스 이동	두 손가락으로 화면 드래그
캔버스 회전	두 손가락으로 화면 돌리기
캔버스 확대/축소	두 손가락으로 화면 터치한 뒤 사이 벌리기/좁히기
원래대로(실행 취소)	두 손가락으로 화면 터치
다시하기(취소한 내용 되돌리기)	세 손가락으로 화면 터치

〉 저장하기와 내보내기 〈

메디방 페인트를 종료할 때, 저장하지 않으면 그리던 내용이 사라져요. 화면 왼쪽에서 [메뉴]-[저장]을 선택하면 그리던 내용이 저장됩니다. 앱 기본 화면의 '마이 갤러리'에서 저장한 내용을 확인하고 이어서 그림을 그릴 수 있어요. 이어서 그림을 그리다가 다시 [저장]을 누르면 원래 저장된 내용은 사라지고 새로 추가된 내용이 저장됩니다.

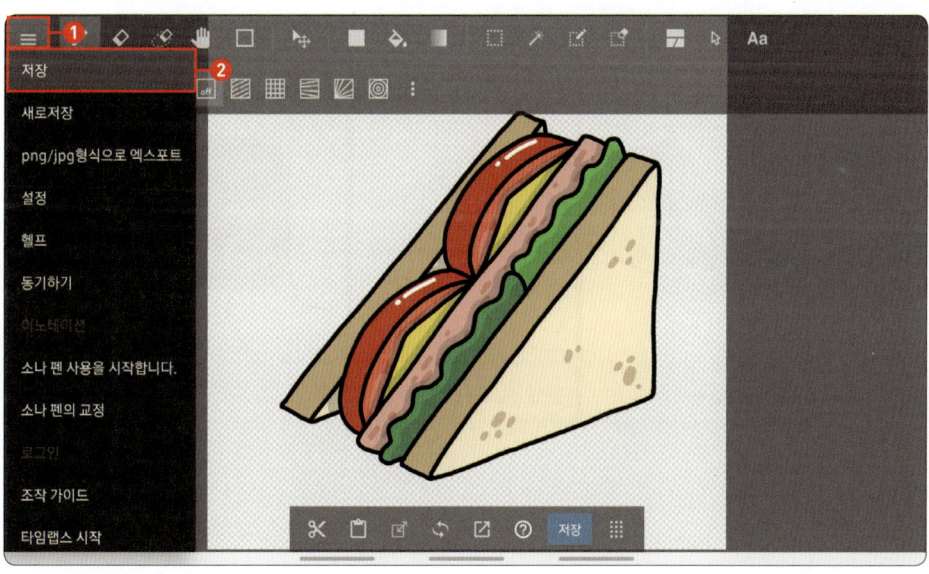

원래 저장된 내용은 그대로 두고 새로운 파일로 저장하고 싶을 때는 [메뉴]-[새로저장]-[단말기]를 선택합니다. 저장된 파일은 마찬가지로 '마이 갤러리'에서 확인할 수 있습니다.

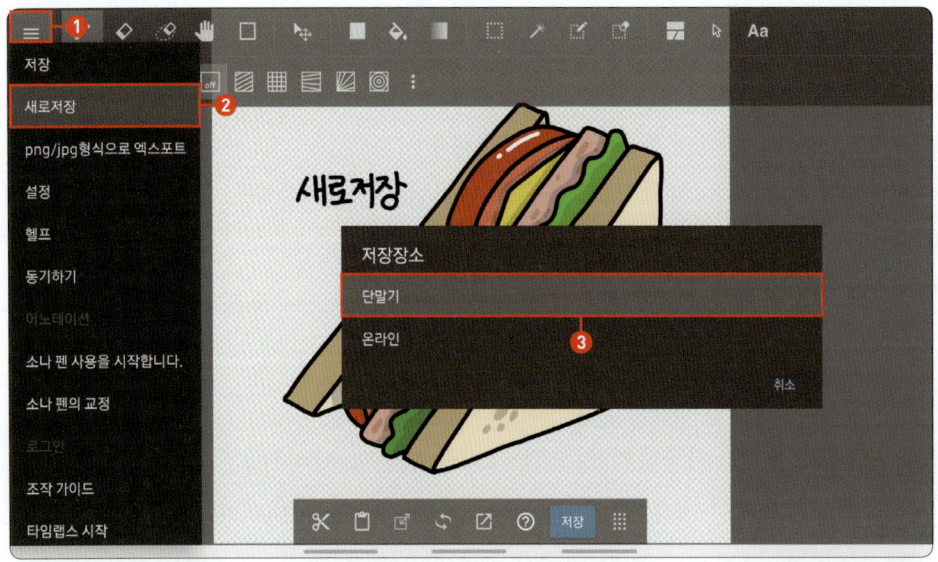

완성된 그림을 이미지 파일로 저장할 때는 [메뉴]-[png/jpg형식으로 엑스포트]를 누르고 파일 형식을 선택합니다. 'png'와 'jpg'는 그림이 그려지지 않은 부분에 흰 배경이 자동으로 지정되지만 'png(투과)'는 그림이 그려지지 않은 부분을 투명하게 저장합니다. 그림을 활용할 목적에 따라 알맞은 파일 형식을 선택해 저장하세요.

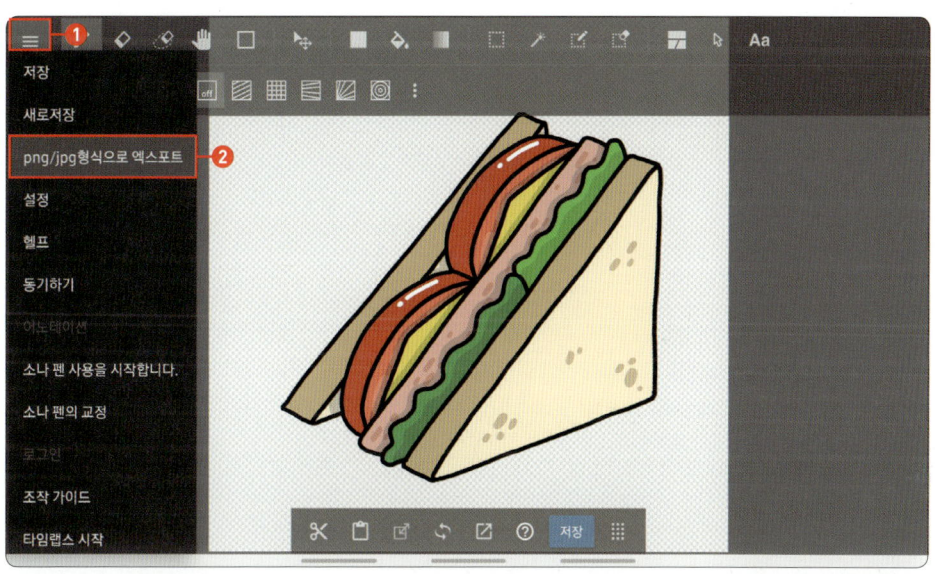

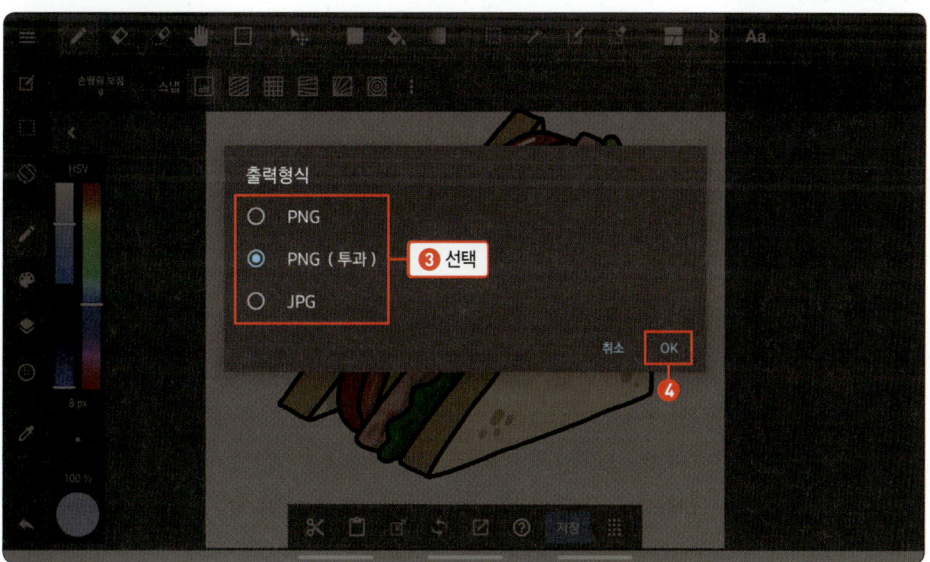

WEEK 03	메디방 페인트 시작하기
WEEK 04	메디방 페인트로 채색하기
WEEK 05	레이어와 친해지기
WEEK 06	기초 드로잉 따라 하기

둘째 마당

기초 튼튼!
디지털 드로잉
따라하기

WEEK 03 메디방 페인트 시작하기

메디방 페인트를 사용할 준비가 모두 끝났으니, 직접 메디방 페인트를 사용하며 디지털 드로잉의 기초를 다져 봅시다. 캔버스를 만드는 방법부터 다양한 선을 긋는 방법, 채색하는 방법 등 디지털 드로잉의 가장 기본이 되는 내용을 연습할 거예요. 차근차근 따라 하며 충분히 손에 익혀 보기를 바랍니다!

STEP 01 신규 캔버스 생성하기

새 캔버스를 만들 때 정해야 하는 요소에는 너비, 높이, dpi, 배경색의 네 가지가 있어요. 각각이 무엇을 뜻하는지 간단히 살펴봅시다.

● 너비와 높이

너비와 높이는 각각 캔버스의 가로와 세로 길이를 뜻합니다. px(픽셀)과 cm(센티미터) 중 하나의 단위를 골라 설정합니다. 자신이 그릴 그림의 크기에 따라 알맞은 값을 설정하면 되며, 간단한 그림을 그릴 때에는 1000~2000px로 설정하면 충분합니다.

● dpi(해상도)

dpi는 그림의 선명도를 뜻합니다. 완성한 그림을 인쇄할 때 dpi가 너무 낮으면 그림이 흐려지고, 깨져 보이게 됩니다. 여러분이 그린 그림을 예쁘게 인쇄하기 위해서는 300dpi로 설정하는 것이 적당합니다.

● 배경 색

그림의 기본 배경이 되는 색을 뜻합니다. 주로 흰색과 투명 중 하나를 선택합니다. 투명을 고를 경우, 작업 화면에서는 색이 칠해지지 않은 부분이 회색 격자무늬로 보입니다. 색칠한 부분과 하지 않은 부분이 확실히 구분되겠죠?

01 메디방 페인트를 실행하고, [새로운 캔버스]를 선택합니다.

02 다음 화면에서 새 캔버스를 설정할 수 있습니다. [편집] 버튼을 눌러 원하는 사이즈와 해상도로 변경하겠습니다.

03 캔버스를 너비 1000px, 높이 1000px, 300dpi로 설정하고 배경색을 투명으로 지정한 뒤, [OK]를 누릅니다.

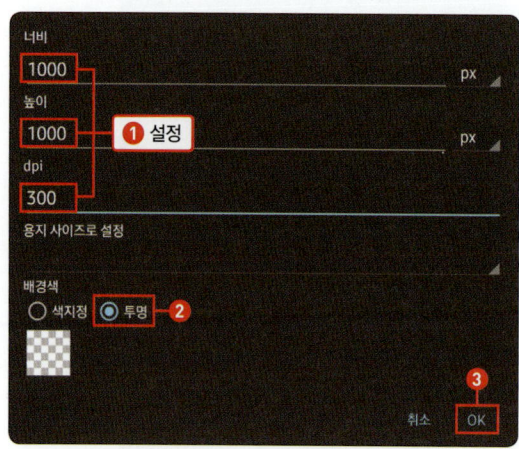

> **Tip** 만약 그림을 종이에 인쇄할 예정이라면 [용지 사이즈로 설정] 메뉴를 이용해 A4, B4 등 인쇄할 종이의 사이즈에 맞춰 캔버스를 만들 수 있습니다.

04 캔버스 설정이 적용된 것을 볼 수 있습니다. [작성하기]를 눌러 설정에 맞는 캔버스를 생성합니다.

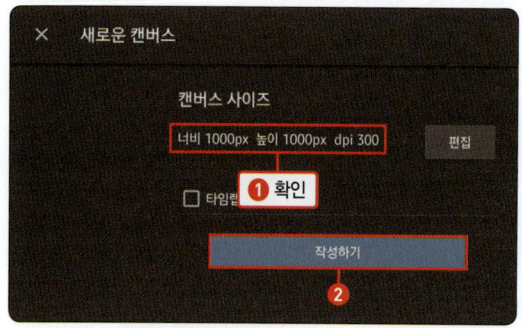

잠깐만요! 픽셀은 무엇일까요?

컴퓨터나 스마트폰의 이미지를 확대해서 본 적 있나요? 작게 볼 때는 선명한데 크게 확대하면 작은 점처럼 깨져 보이는 경우가 있어요.

이미지를 구성하는 최소 단위를 '픽셀(px)'이라고 합니다. 하나의 이미지는 여러 개의 픽셀로 구성된 것이지요.

여기서 퀴즈! 이미지를 천 개의 픽셀로 나타낸 것과 백만 개의 픽셀로 나타낸 이미지 중에서 어느 것이 더 선명할까요? 픽셀은 많으면 많을수록 이미지를 더 선명하게 나타냅니다. TV나 모니터 광고 속에서 볼 수 있는 '4K 해상도'라는 말도 가로 3,840개, 세로 2,160개의 픽셀로 이루어져 있다는 뜻이에요. 즉, 화면 속에 들어있는 픽셀이 모두 829만 4,400개에 해당한다는 말이죠.

05 캔버스 생성이 완료되었습니다!

STEP 02 다양한 너비의 선 그려보기

메디방 페인트에서는 '브러시 설정'과 '필압 설정'의 두 가지 방법으로 선의 너비를 조절할 수 있습니다. 두 가지 모두 디지털 드로잉에서 유용하게 쓰이는 방법입니다. 함께 연습해 봅시다.

› 브러시 설정을 통해 너비 조절하기 ‹

01 우선 캔버스 위쪽의 [브러시 툴]을 선택합니다. 왼쪽의 [컬러 창]을 눌러 브러시 팔레트를 열고 [연필] 브러시를 선택합니다.

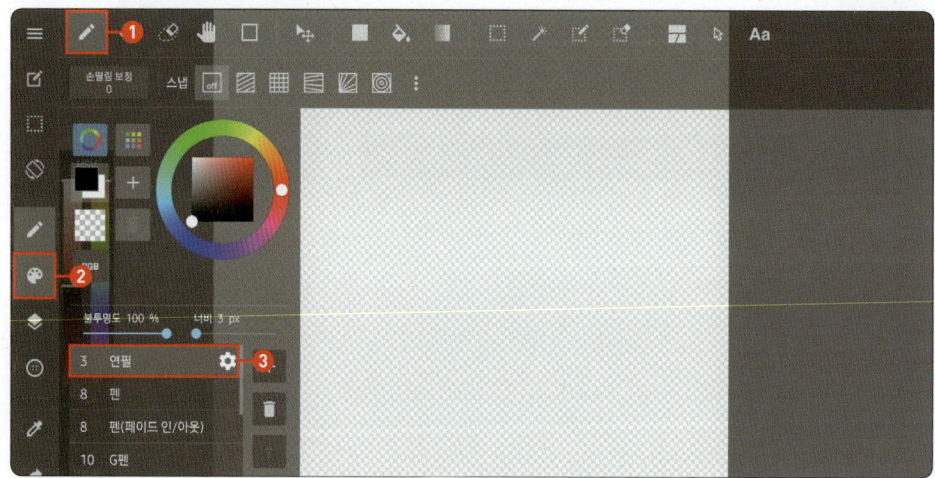

02 [연필] 브러시 옆의 톱니바퀴 ⚙를 눌러 [브러시 설정] 창을 켭니다.

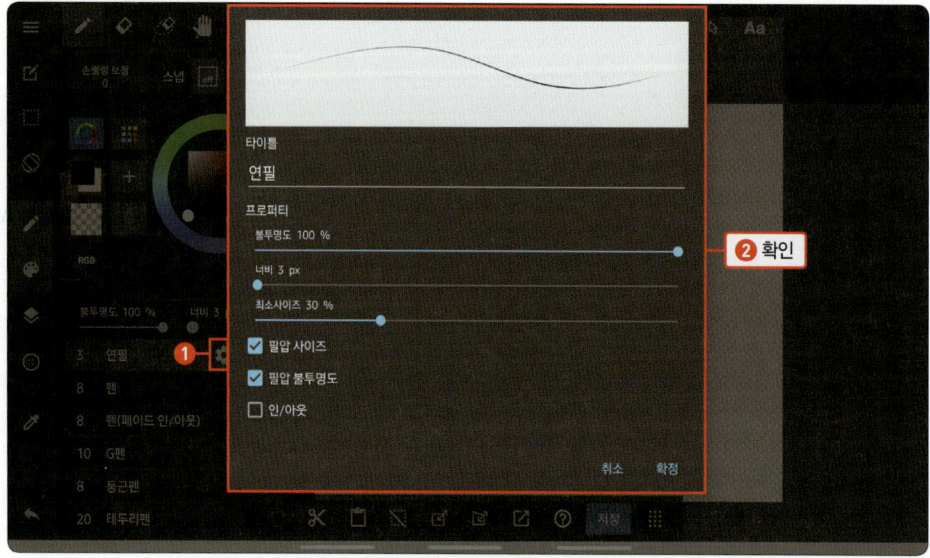

03 너비를 5px로 바꾸고, [필압 사이즈]와 [필압 불투명도]의 체크를 해제한 뒤 [확정]을 누릅니다.

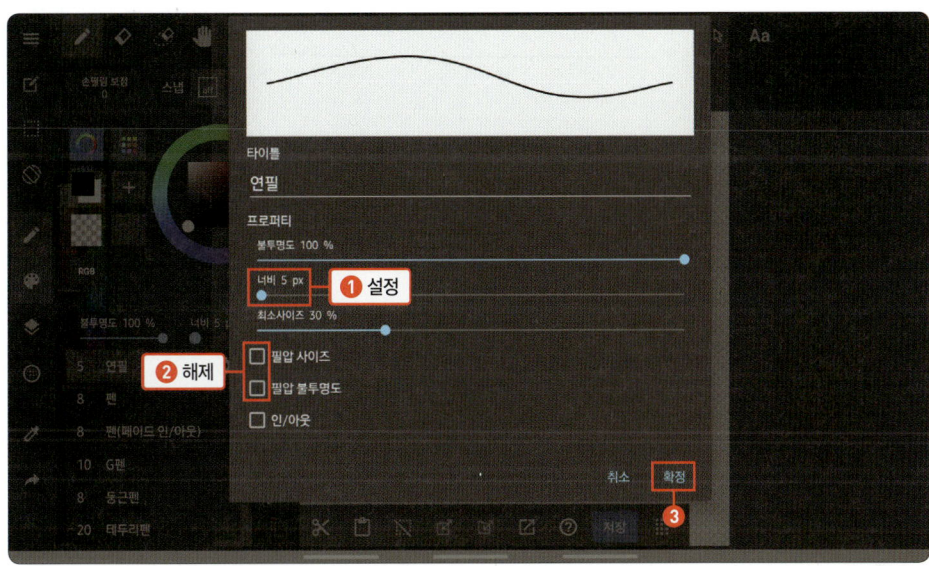

04 연필의 너비가 5px인 상태로 캔버스에 선을 그어 봅니다. 일정한 너비의 선이 그어지는 것을 확인할 수 있습니다.

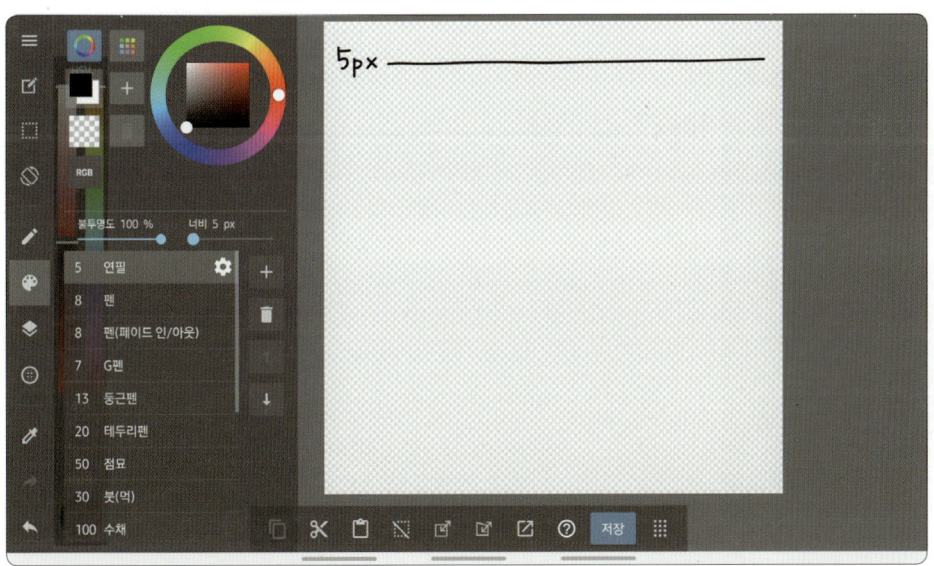

05 이번에는 [브러시 설정] 창을 켜지 않고 바로 브러시 팔레트를 이용해 너비를 바꾸겠습니다. 왼쪽 브러시 팔레트에서 너비를 10px로 바꿉시다.

06 연필의 너비가 10px인 상태로 캔버스에 선을 그어 봅니다. 선이 굵어진 것을 확인할 수 있습니다.

07 마찬가지 방법으로 다양한 너비의 선을 그으며 연습해 봅시다.

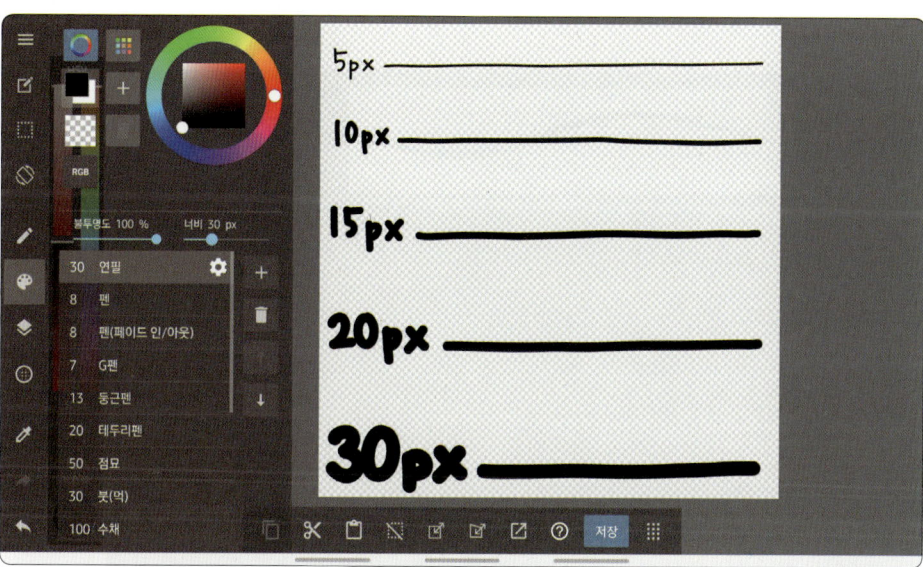

〉 필압 설정을 통해 너비 조절하기 〈

01 캔버스 화면에서 [브러시 툴]-[연필]을 선택합니다.

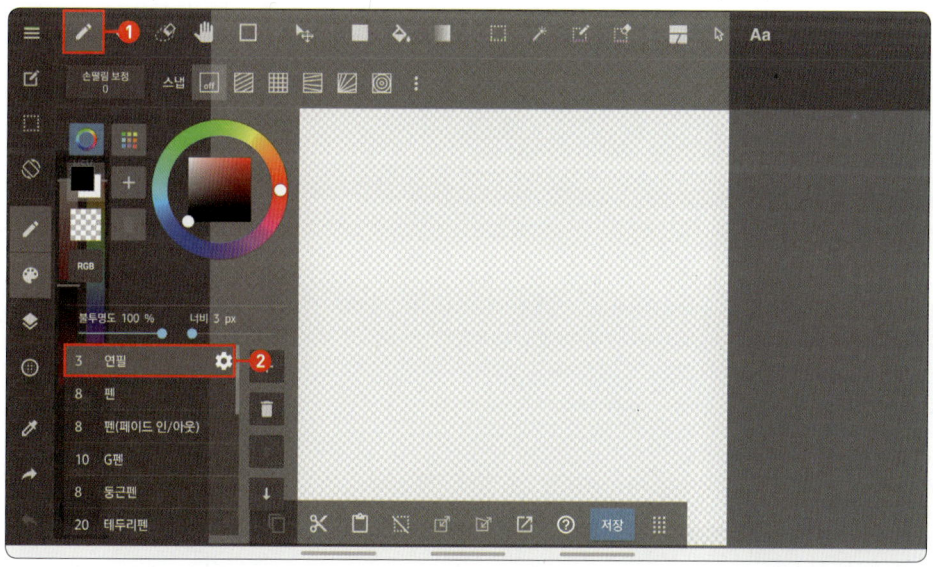

02 [브러시 설정] 창이 열리면 너비를 30px로 바꾸고 [필압 사이즈]에 체크한 후 [확정]을 누릅니다.

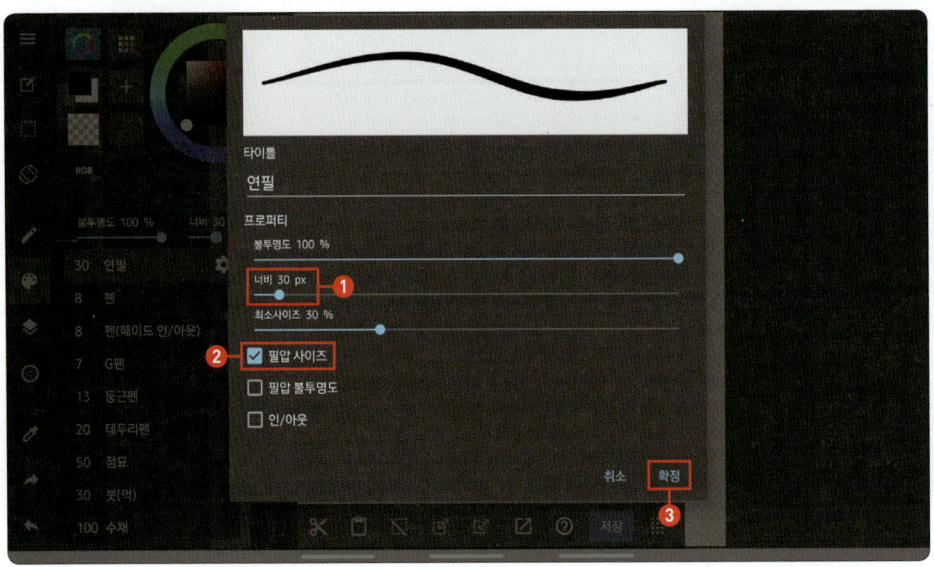

03 캔버스의 왼쪽에서부터 손에 힘을 빼고 선을 긋기 시작해 오른쪽으로 갈수록 화면을 점점 세게 눌러 보세요. 손이 화면을 누르는 힘에 따라 선의 굵기가 달라집니다.

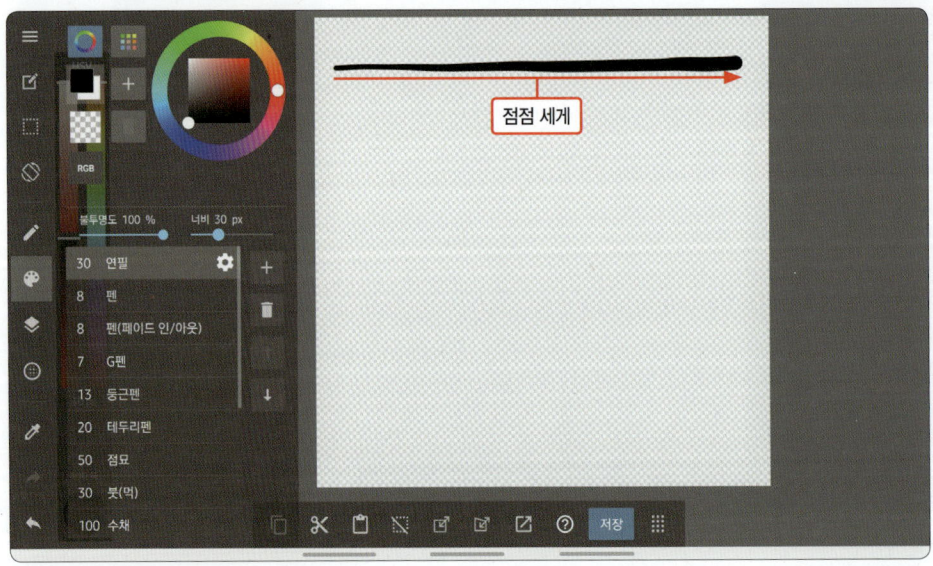

04 캔버스의 왼쪽에서부터 선을 긋는데, 이번에는 반대로 손에 힘을 세게 주고 시작하여 오른쪽으로 갈수록 화면을 누르는 힘을 줄여 봅니다. 오른쪽으로 갈수록 선이 얇아집니다.

05 이번에는 [필압 불투명도]를 설정해 보겠습니다. [브러시 설정]을 열어 '필압 사이즈'의 체크를 해제하고, [필압 불투명도]에 체크합니다.

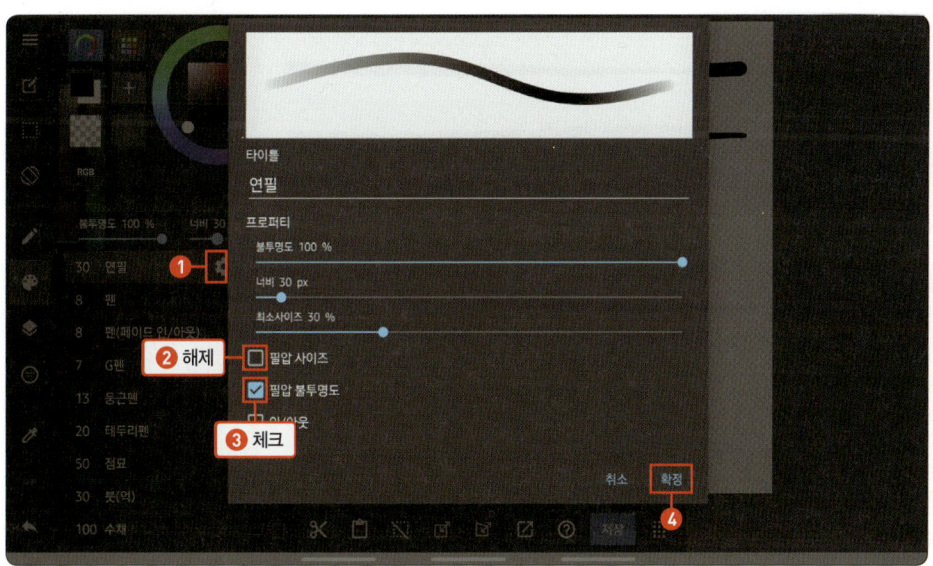

06 캔버스의 왼쪽에서부터 선을 긋는데, 처음에는 손에 힘을 빼고 있다가 오른쪽으로 갈수록 화면을 점점 세게 눌러 봅시다. 손이 화면을 누르는 힘에 따라 선의 진하기가 달라집니다.

07 이번에는 캔버스의 왼쪽에서부터 손에 힘을 주고 세게 선을 긋기 시작합니다. 오른쪽으로 갈수록 화면을 점점 약하게 누르며 선을 긋습니다. 오른쪽으로 갈수록 선이 연해집니다.

08 이제 두 가지 필압 설정을 모두 적용해 보겠습니다. [브러시 설정]을 열어 [필압 사이즈]와 [필압 불투명도] 모두 체크합니다.

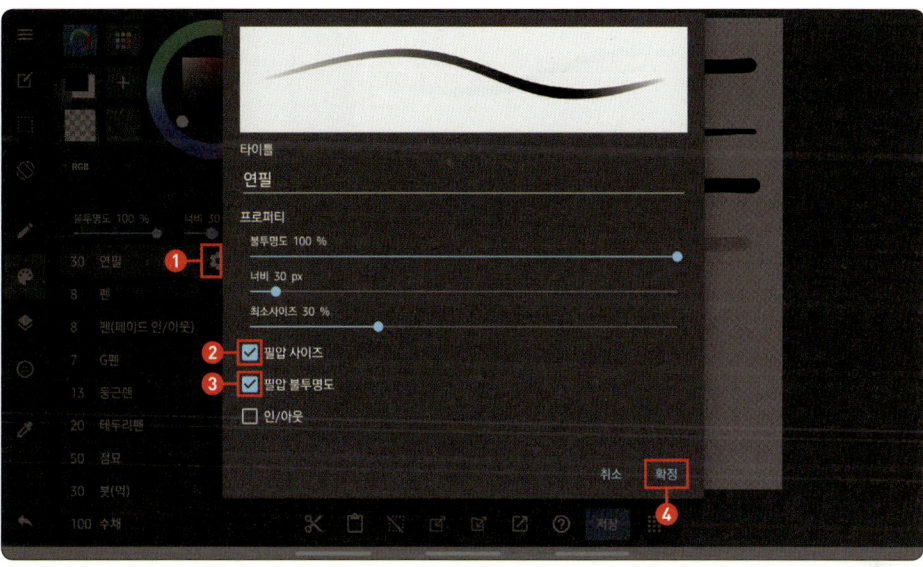

09 화면을 누르는 힘을 다르게 하면서 선을 그어 봅니다. 화면을 세게 누르면 진하고 두꺼운 선이, 화면을 약하게 누르면 연하고 얇은 선이 그어지는 것을 확인할 수 있습니다.

10 마지막으로 [인/아웃]에 대해 알아보겠습니다. [브러시 설정]을 열어 [인/아웃]에 체크합니다.

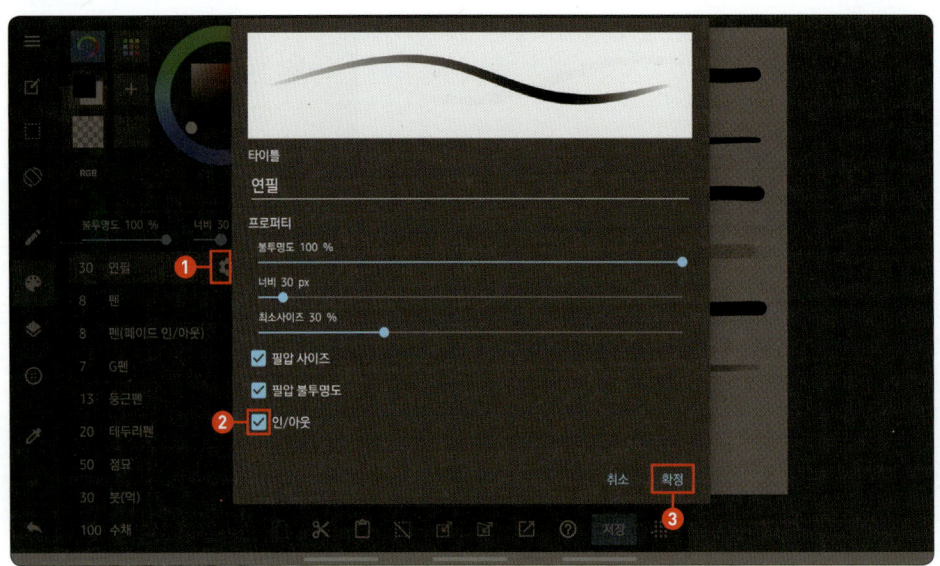

11 선을 그어 보면 선의 시작과 끝부분은 연하고 얇게, 선의 가운데 부분은 진하고 두껍게 바뀌는 것을 확인할 수 있습니다.

STEP 03 선 연습과 손떨림 보정하기

앞에서 배운 내용을 바탕으로 선 긋기 연습 방법을 알아봅시다. 선 연습은 드로잉의 기본이 되기 때문에 원하는 대로 선을 그을 수 있을 때까지 반복해서 연습하는 것이 좋습니다. 또, 선을 더 매끄럽게 긋기 위한 [손떨림 보정] 기능도 함께 알아봅시다.

〉선 연습하기 〈

01 캔버스 화면에서 [브러시 툴]-[연필]을 선택하고 [브러시 설정]을 엽니다. 너비를 15px로 바꾸고 [필압 사이즈]와 [필압 불투명도]에 체크합니다.

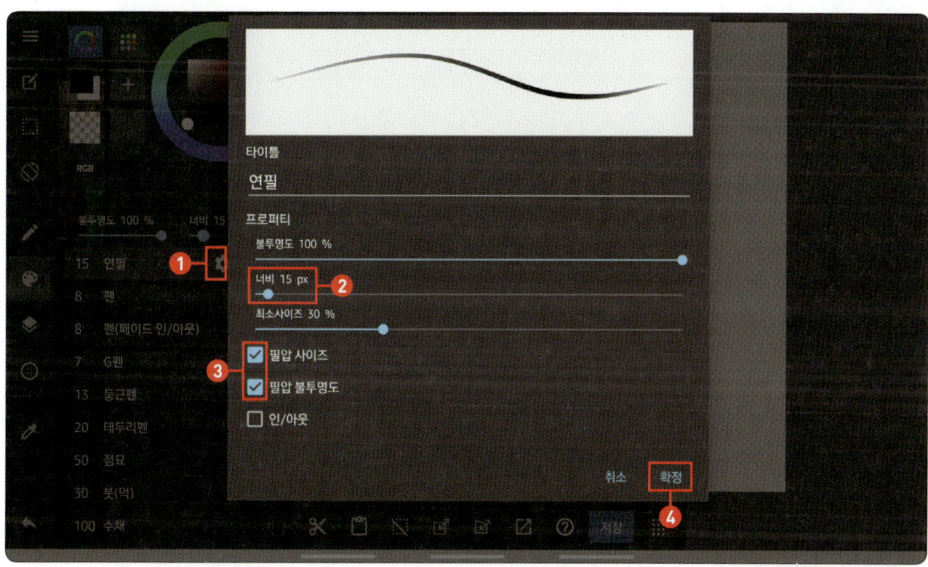

02 캔버스의 위쪽에 가로 선을 여러 줄 긋습니다. 점점 두꺼워지거나 진해지지 않도록 일정한 선을 그으려 노력합니다.

> **Tip** 손목을 움직이기보다는 팔 전체를 움직여 선을 긋습니다. 손목만 움직여 선을 그으면 선이 휘어지기 쉽고, 넓은 범위에 그림을 그리기 어렵습니다.

03 캔버스의 왼쪽에 세로 선을 여러 개 긋습니다. 두꺼워지거나 진해지지 않도록 일정하게 그으려 노력합니다.

04 남은 공간을 세 부분으로 나누어 대각선과 곡선을 연습할 공간을 만들어 줍니다.

05 세 부분 중 왼쪽 공간에 대각선을 긋습니다. 선의 각도가 일정한지 확인합니다.

06 오른쪽 공간에 반대 방향의 대각선을 긋습니다.

07 이제 곡선을 연습할 차례입니다. 아래쪽 공간의 절반에 큰 괄호를 그린다고 생각하며 일정하게 곡선을 긋습니다.

08 나머지 공간에 반대 방향의 곡선을 일정하게 그려 선 연습을 마무리합니다.

〉 손떨림 보정 〈

아직 손의 힘 조절에 익숙하지 않은 친구들은 매끄러운 선을 긋기 어려울 수 있습니다. 이럴 때 [손떨림 보정] 기능을 활용하면 매끄러운 선을 쉽게 그을 수 있습니다.

캔버스 화면에서 [브러시 툴]을 선택하고 바로 아래의 [손떨림 보정] 버튼을 눌러 숫자를 조절합니다. 숫자가 커질수록 선이 매끄럽게 그어집니다. 하지만 숫자가 너무 커지면 선이 그어지는 속도가 손이 움직이는 속도보다 느려지고, 곡선을 그리기 어려워집니다. 그러므로 5~15 사이에서 자신에게 적당한 정도를 찾아 설정하기를 추천합니다.

WEEK 04 메디방 페인트로 채색하기

혹시 미술 시간에 스케치는 마음에 들었지만 색칠을 잘 하지 못해 속상했던 경험이 있나요? 메디방 페인트에는 편리하게 채색할 수 있도록 도와주는 여러 툴과 기능이 있답니다. 간단하지만 멋진 그림을 그리기 위한 기본적인 채색 방법을 함께 알아봅시다!

STEP 01 버킷 툴, 자동선택 툴 활용해 색 채우기

테두리를 따라 채색하는 가장 간단한 방법은 바로 [버킷 툴]과 [자동선택 툴]을 활용하는 것입니다. 이때, [확장]과 [틈 닫기]를 설정해야 깔끔하게 채색할 수 있답니다.

▷ 확장/틈 닫기 설정하기 ◁

● 확장

01 [버킷 툴]과 [자동선택 툴]을 사용하면 사진과 같이 테두리 안쪽으로 미세하게 채워지지 않는 부분이 생겨요. 이럴 때 [확장] 기능이 필요합니다.

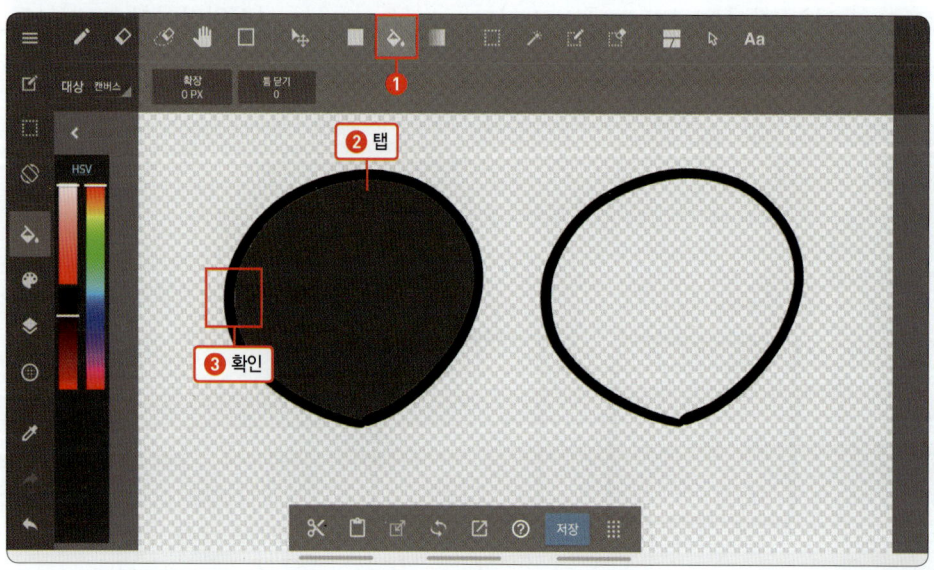

02 [버킷 툴] 또는 [자동선택 툴]을 눌러 [확장]을 1~3px 정도로 맞추고 도구를 사용하면 빈 부분 없이 깔끔하게 채워진 것을 확인할 수 있어요. 하지만 [확장]의 숫자를 너무 높이면 테두리를 넘어서 채색되거나 선택될 수 있으니 테두리 브러시보다 얇게 맞추는 것이 좋습니다.

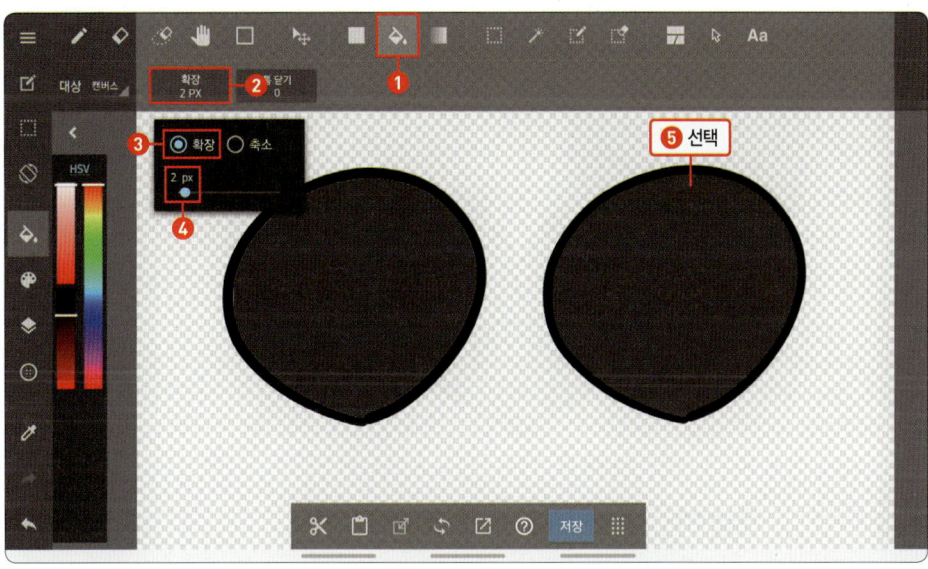

● 틈 닫기

01 그림을 그리다 보면 사진 속 빨갛게 표시된 부분처럼 테두리에 틈이 생기는 경우가 있습니다. 이 상태에서 [버킷 툴] 또는 [자동선택 툴]을 사용하면 테두리 바깥까지 모두 칠해집니다. 이럴 때 [틈 닫기] 기능을 사용합니다.

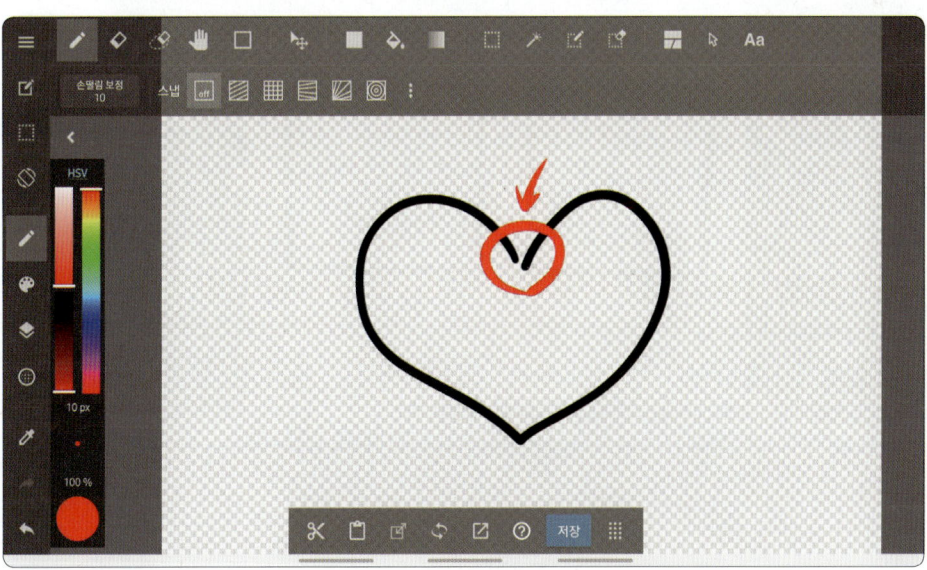

02 [버킷 툴] 또는 [자동선택 툴]을 눌러 [틈 닫기]의 틈 판정을 1~3정도로 맞추고 도구를 사용하면 틈이 메워진 것을 확인할 수 있어요. 만약 여전히 테두리 바깥이 채색된다면 [틈 닫기]의 판정 숫자를 크게 조절하세요.

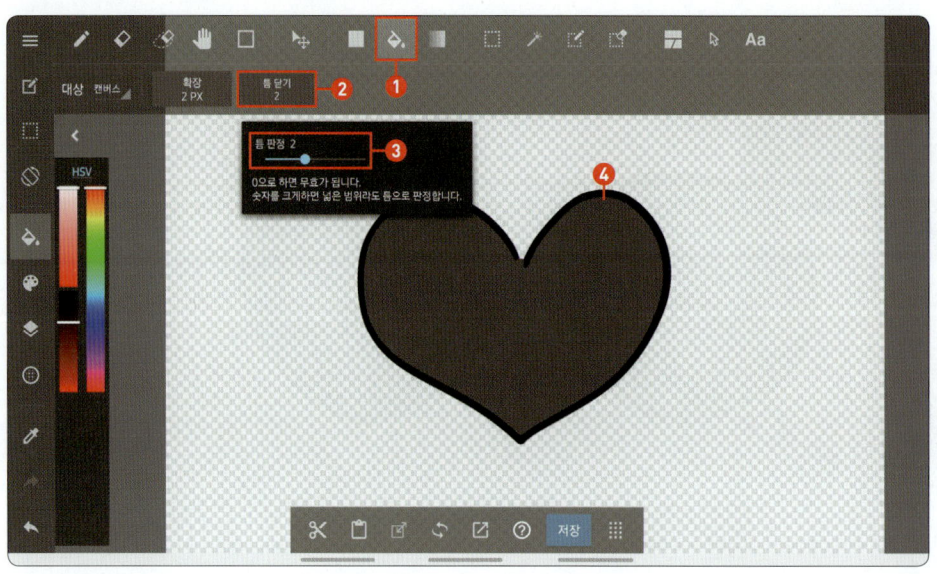

〉 버킷 툴과 자동선택 툴 활용해 색 채우기 〈

01 새로운 캔버스를 만들고 [브러시 툴]-[연필]을 사용해 네모 두 개를 그립니다.

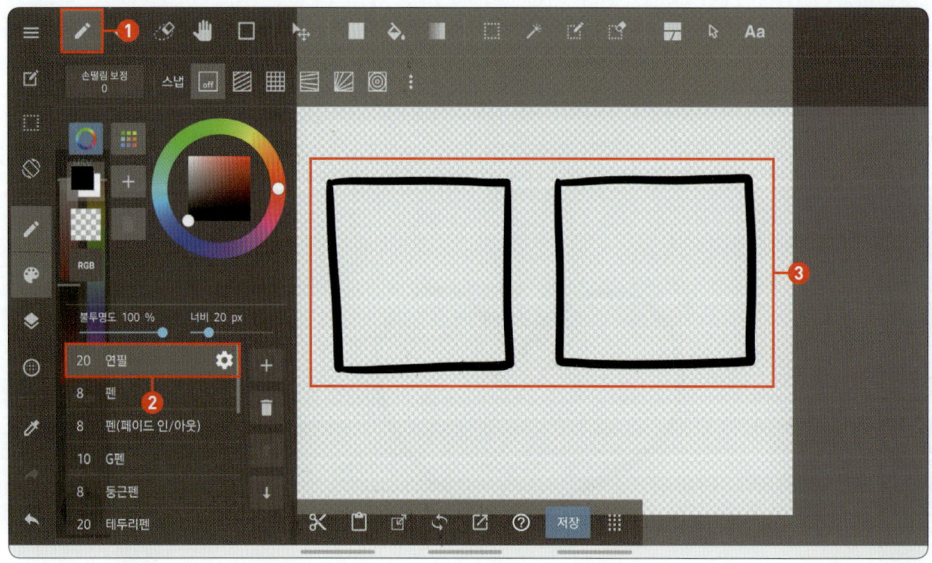

02 [버킷 툴]을 누르고 색상 팔레트에서 채우고 싶은 색을 선택합니다.

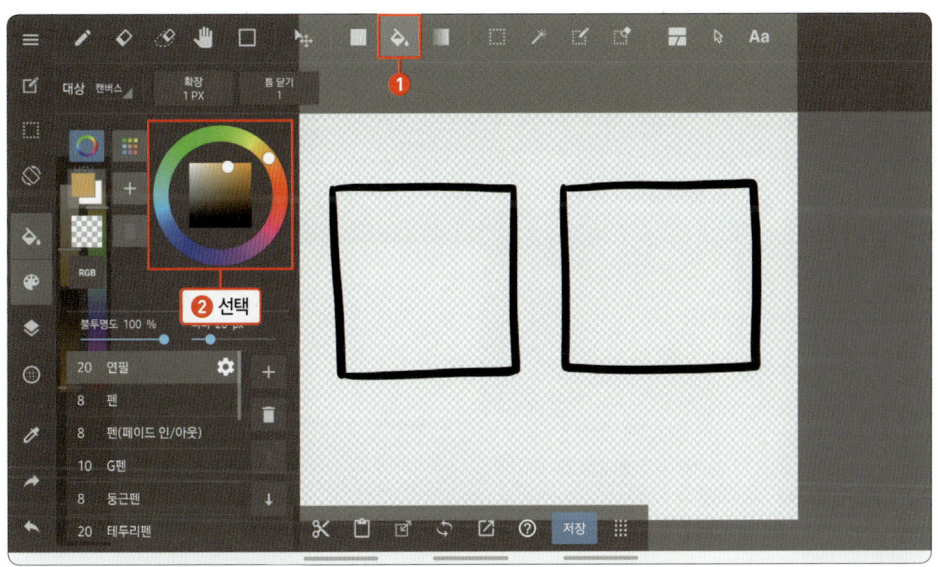

03 첫 번째 네모의 안쪽을 터치하면 색이 채워집니다.

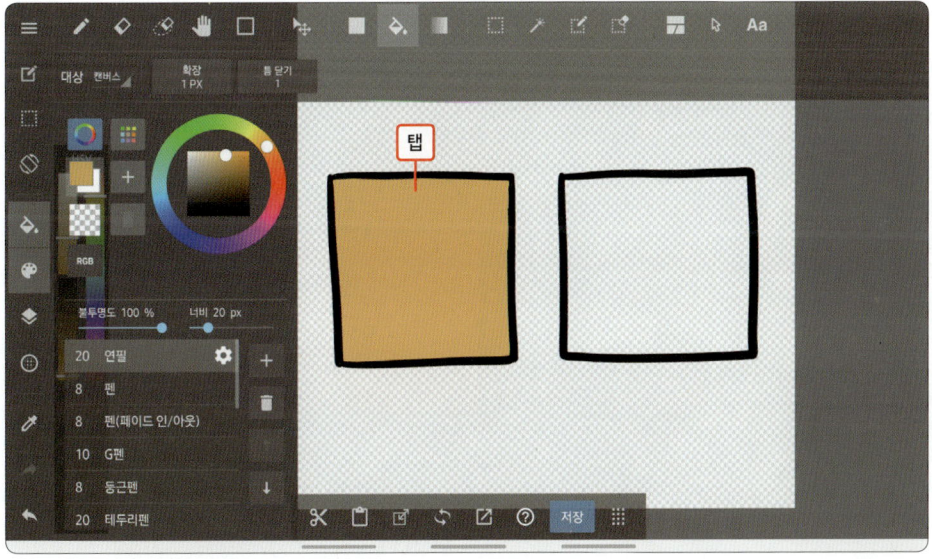

04 이제 [자동선택 툴]을 누르고, 두 번째 네모의 안쪽을 터치하면 테두리를 따라 선택된 것을 확인할 수 있습니다.

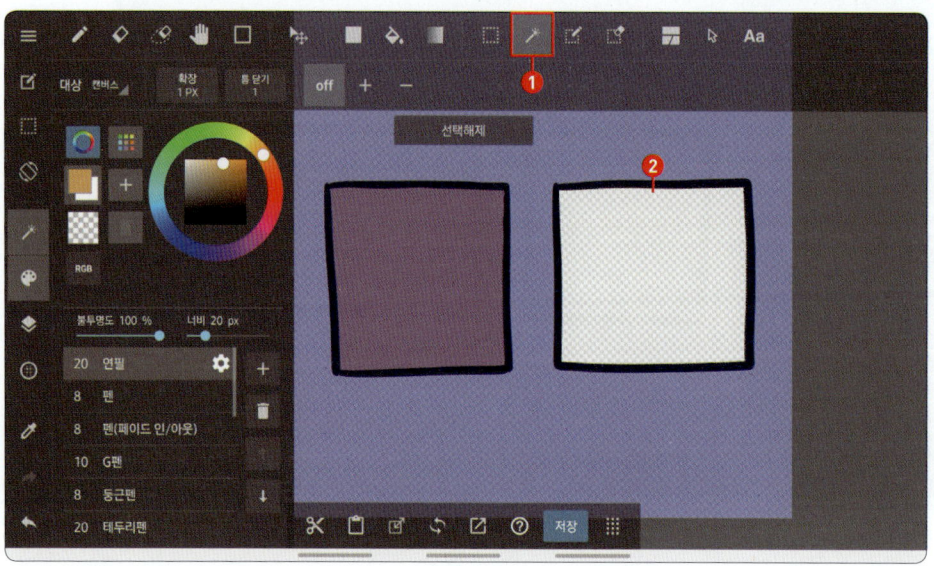

05 [버킷 툴]을 사용해 원하는 색을 채우고 [선택해제]를 누릅니다.

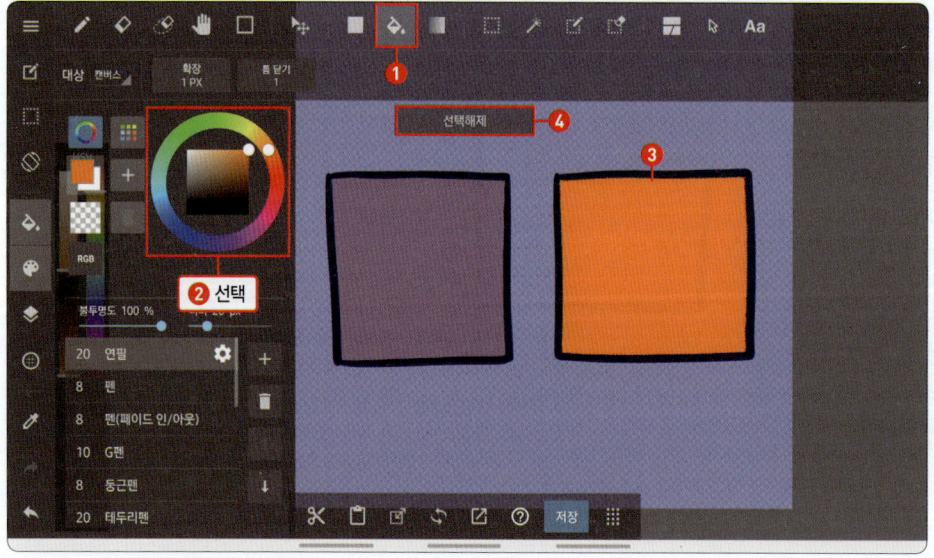

06 채색이 제대로 되었는지 확인합니다.

STEP 02 그라데이션 채우기

그라데이션은 한 색에서 다른 색으로 부드럽게 색이 변하는 것을 말해요. 그라데이션을 잘 활용하면 한 가지 색만 이용하여 채색하는 것보다 더 다양하고 사실적인 표현을 할 수 있지요.

01 새로운 캔버스를 만들고, [브러시 툴]-[연필]을 사용해 네모와 원을 하나씩 그립니다.

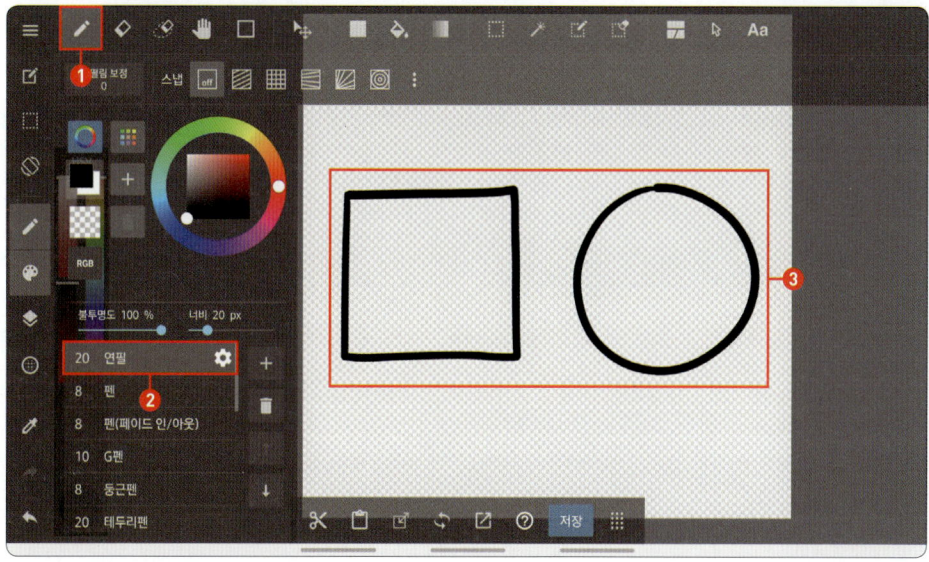

02 [자동선택 툴]을 사용해 네모의 안쪽을 선택합니다.

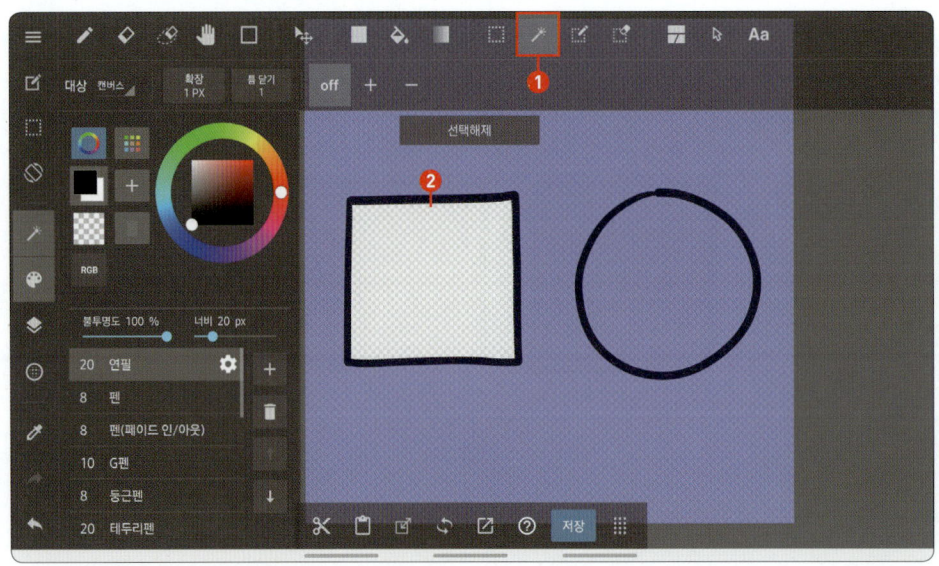

03 [그라데이션 툴]을 선택하고 [컬러 창]을 켭니다.

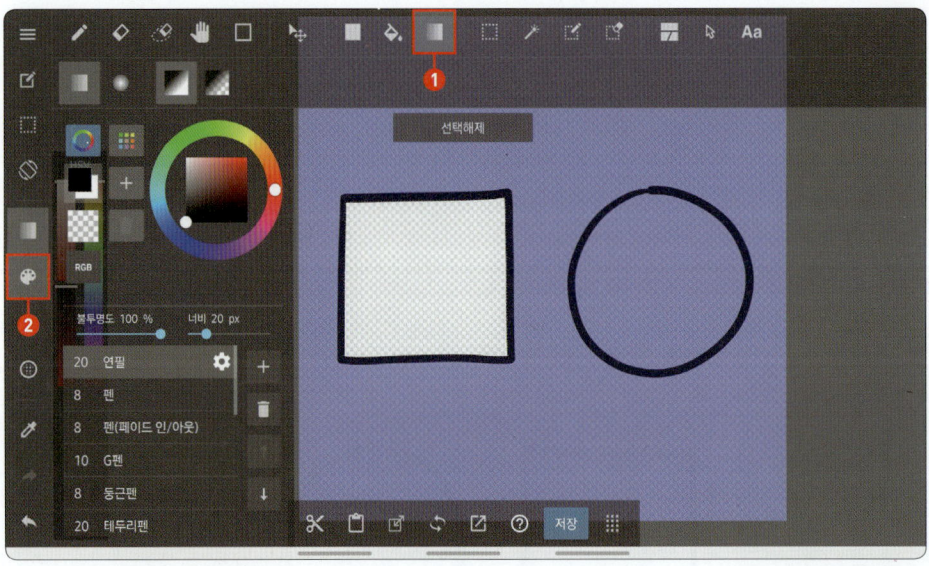

04 먼저 그라데이션의 시작 색을 지정해 봅시다. 색상 팔레트에서 초록색을 선택합니다.

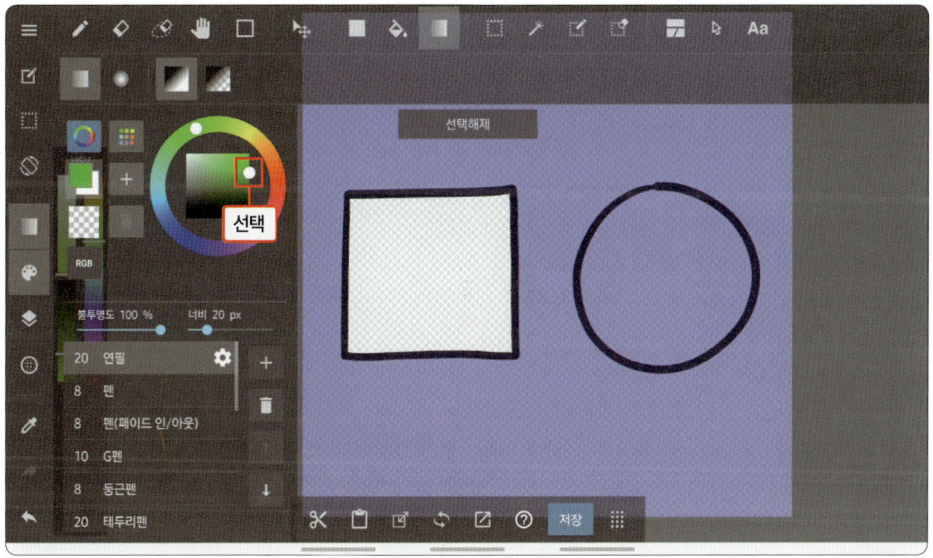

05 색상 팔레트 옆의 색 표시 상자를 눌러 두 상자의 앞뒤 위치를 바꿉니다. 흰 상자가 앞으로, 초록 상자가 뒤로 간 것을 확인할 수 있습니다.

06 그라데이션의 끝 색으로 노란색을 지정합니다.

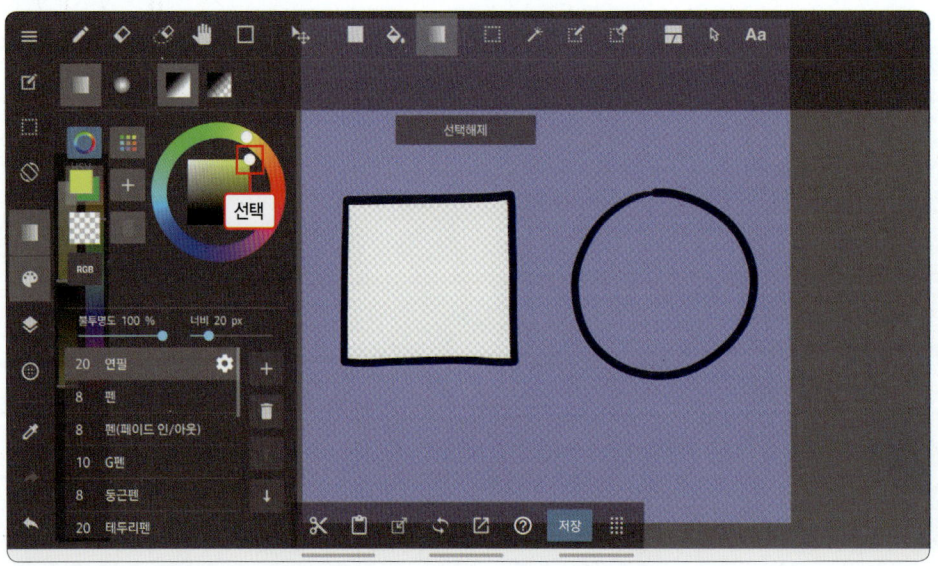

07 색 표시 상자를 한번 더 눌러 초록 상자가 앞으로, 노란 상자가 뒤로 가도록 한 후 선택된 영역의 왼쪽에서 오른쪽으로 펜을 드래그합니다. [선택해제]를 눌러 채색이 제대로 되었는지 확인합니다.

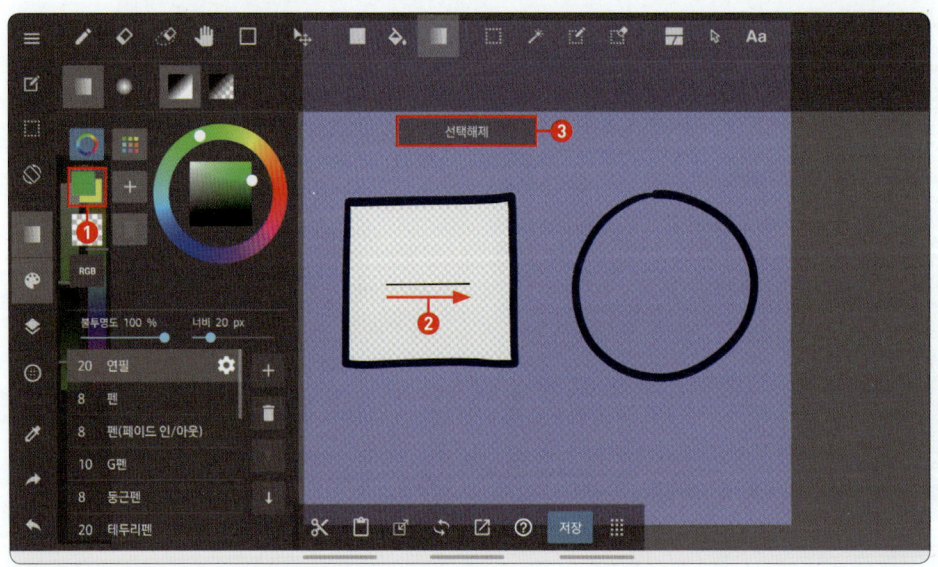

> **Tip** 펜을 드래그하는 각도와 길이, 방향에 따라 그라데이션의 위치가 달라져요.

08 초록색에서 노란색으로 변하는 그라데이션이 채워졌습니다.

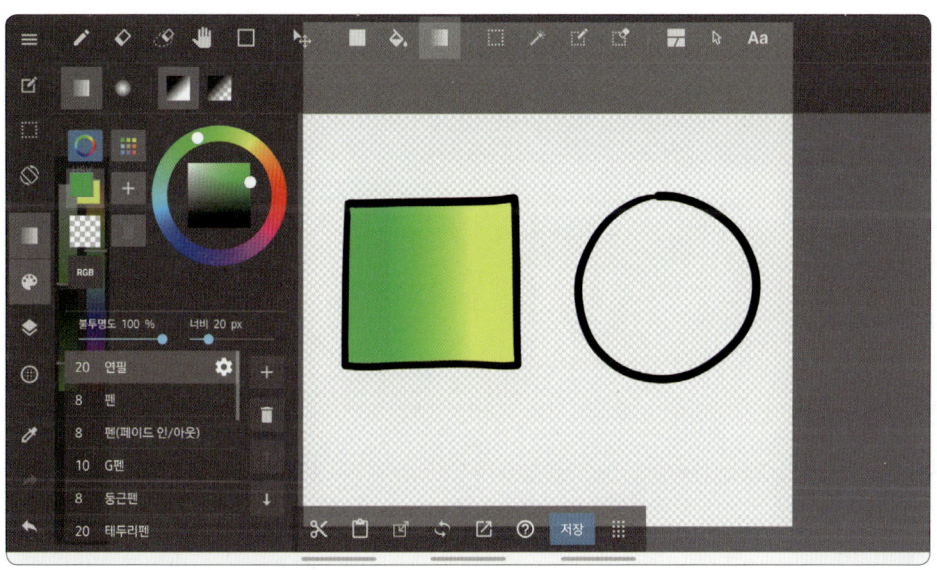

09 이제 원형 그라데이션을 채워봅시다. [자동선택 툴]을 사용해 원의 안쪽을 선택합니다.

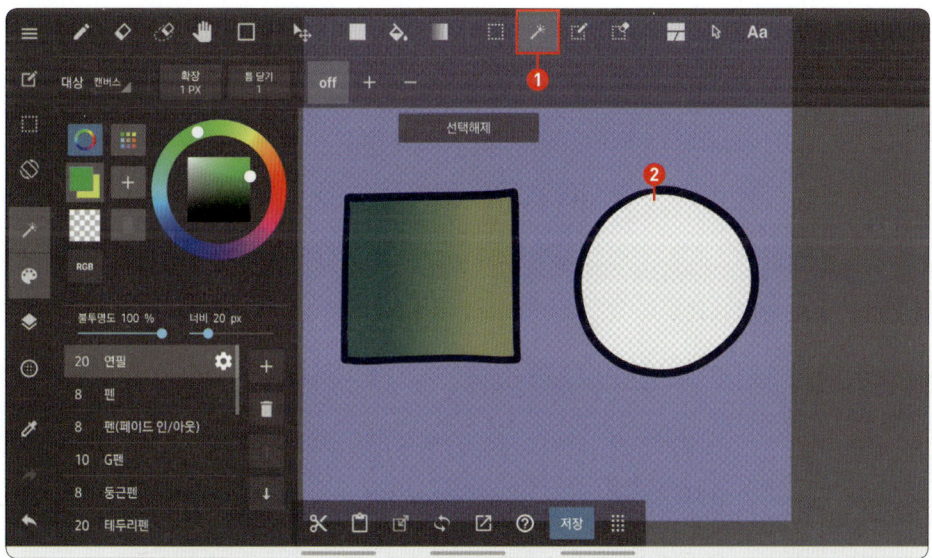

10 [그라데이션 툴]을 누르고 [원형 그라데이션]을 선택합니다.

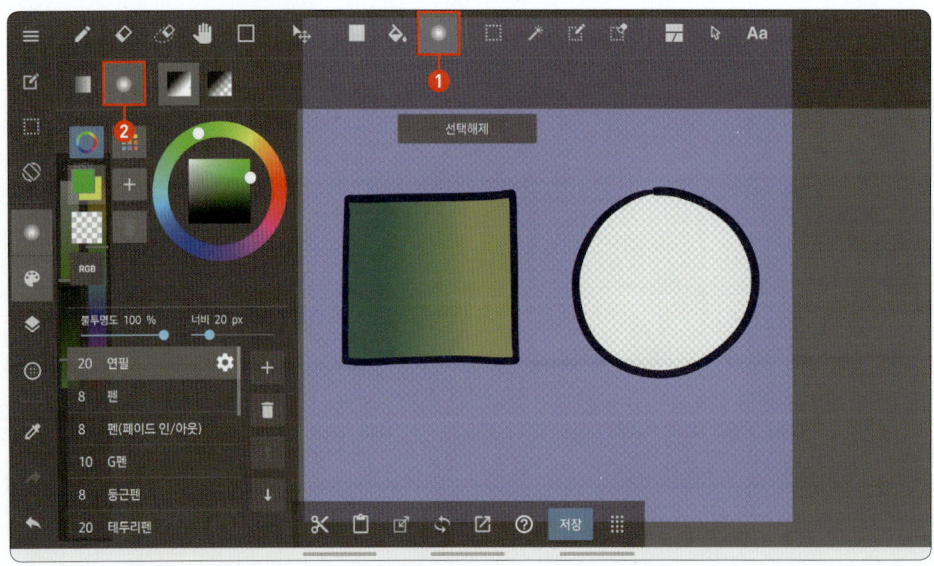

11 [컬러 창]에서 **5~8** 과정과 마찬가지로 그라데이션의 시작 색(흰색)과 끝 색(파랑)을 지정합니다.

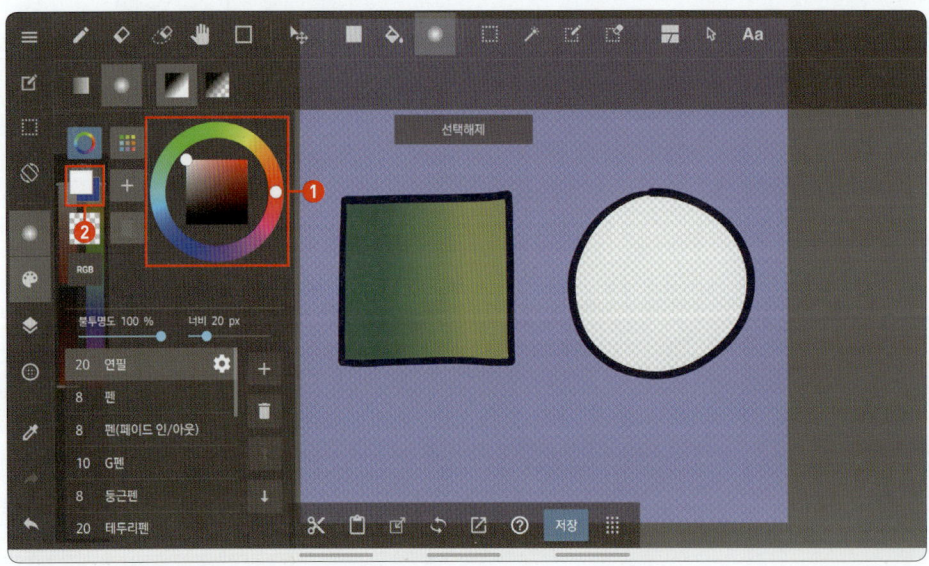

12 원의 왼쪽 위에서 오른쪽 아래로 펜을 드래그하고 [선택해제]를 눌러 채색이 제대로 되었는지 확인합니다.

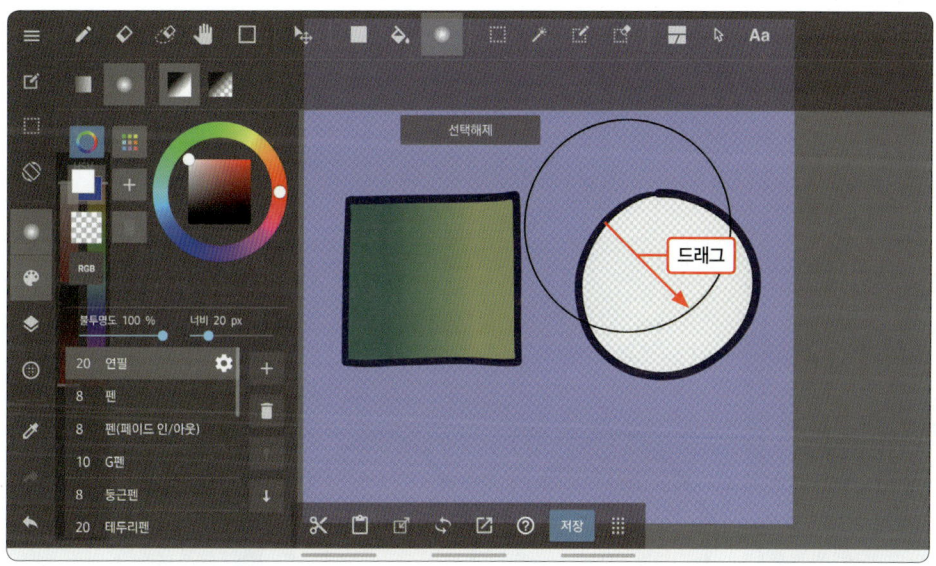

13 흰색에서 파란색으로 변하는 원형 그라데이션이 채워졌습니다.

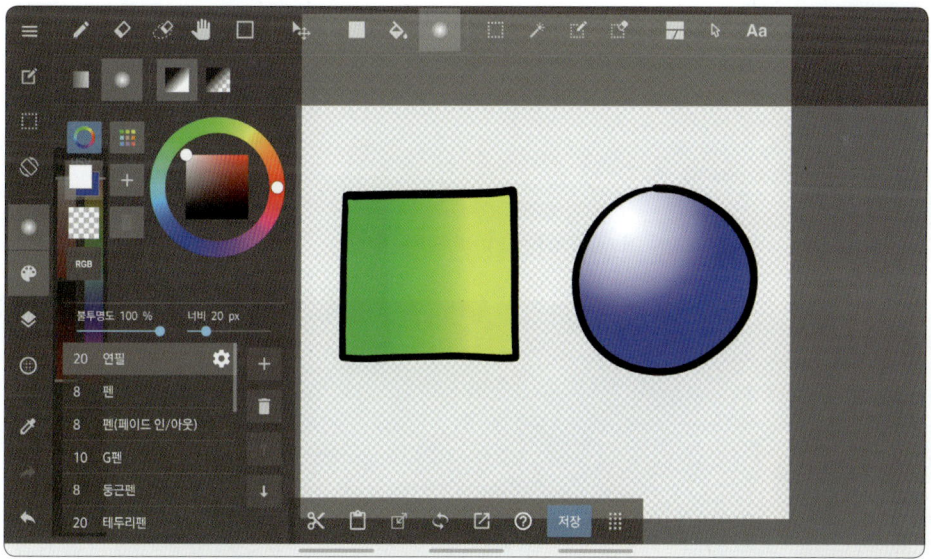

STEP 03 명암 표현하기

기본 색을 채웠다면, 이제 완성도 높은 그림을 위해 명암을 표현하는 두 가지 간단한 방법을 연습할 거예요. 두 가지 방법 모두 각각의 장점을 가지고 있으니, 상황에 맞게 활용하세요!

우선 [브러시 툴]-[연필]을 선택해 귀여운 버섯 두 개를 그린 뒤, [버킷 툴]을 사용해 머리는 빨간색, 몸통은 살구색으로 채색해 준비합니다.

〉 각 색상별로 명암 표현하기 〈

01 [자동선택 툴]을 사용해 왼쪽 버섯의 머리를 선택합니다.

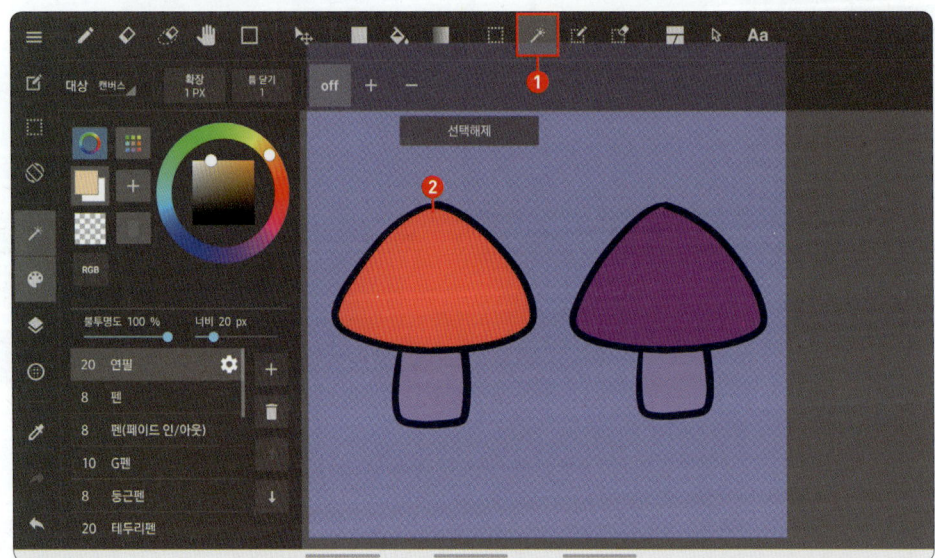

02 [스포이트 툴]을 사용해 버섯 머리의 색을 추출합니다.

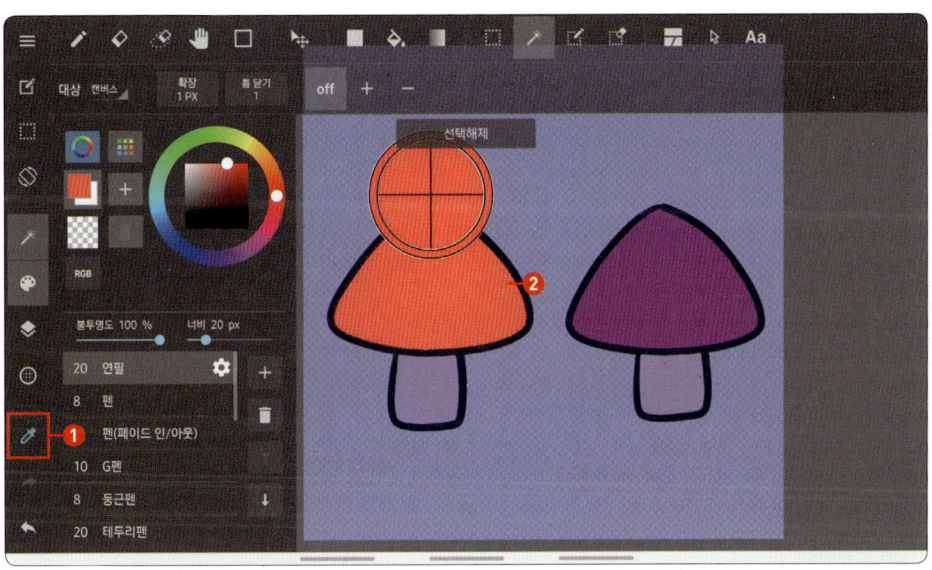

03 사각형 색상 팔레트에서 원래 버섯 머리의 색보다 약간 오른쪽 아래에 위치한 색을 선택합니다. 원래 색보다 약간 어두워진 것을 확인할 수 있습니다.

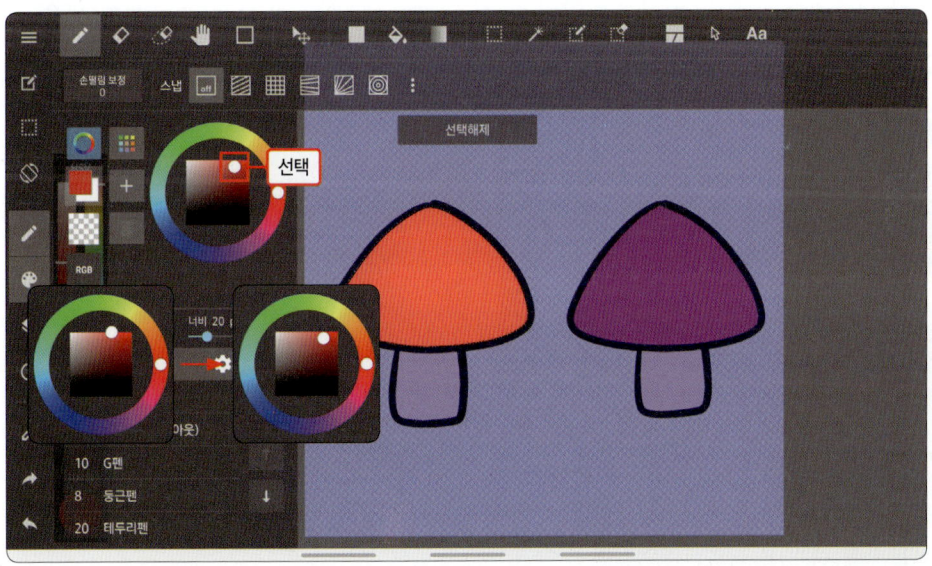

> **Tip** 그림자의 색을 만들기 위해 색상 팔레트에서 원래 색 바로 아래쪽의 색을 선택하면 그림이 탁해질 수 있어요. 원래 색보다 약간 오른쪽 대각선 아래의 색을 선택하면 자연스러운 그림자 색을 만들 수 있답니다.

04 버섯의 왼쪽 위에 빛이 있다고 생각해 봅시다. [브러시]-[연필]을 선택하고 버섯 머리의 오른쪽과 아래쪽에 어두운 부분을 그립니다.

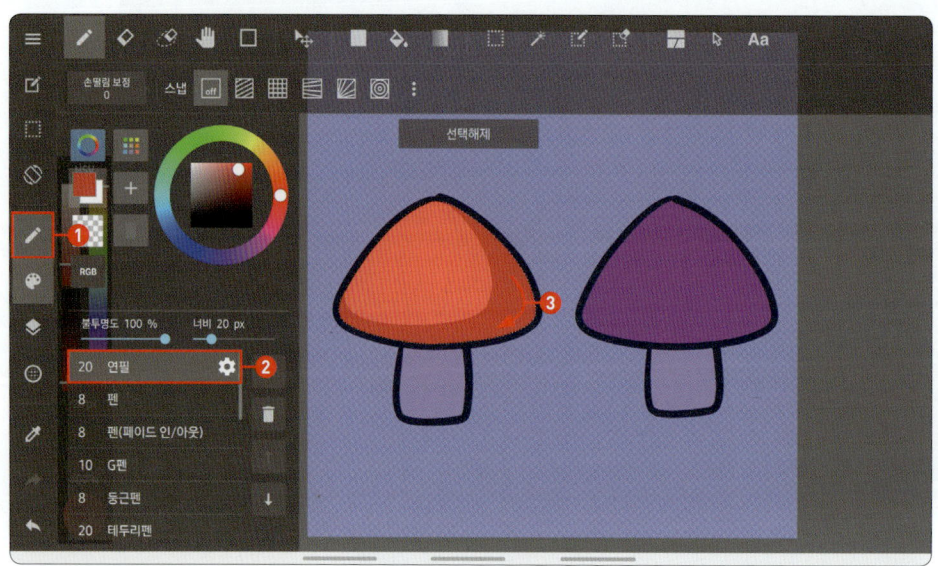

Tip▶ [연필]뿐만 아니라 다른 브러시로 명암 표현을 연습해 보세요! 색다른 느낌으로 명암이 표현된답니다.

05 조금 더 어두운 부분을 표현하겠습니다. 색상 팔레트에서 좀 더 오른쪽 아래의 색을 선택합니다.

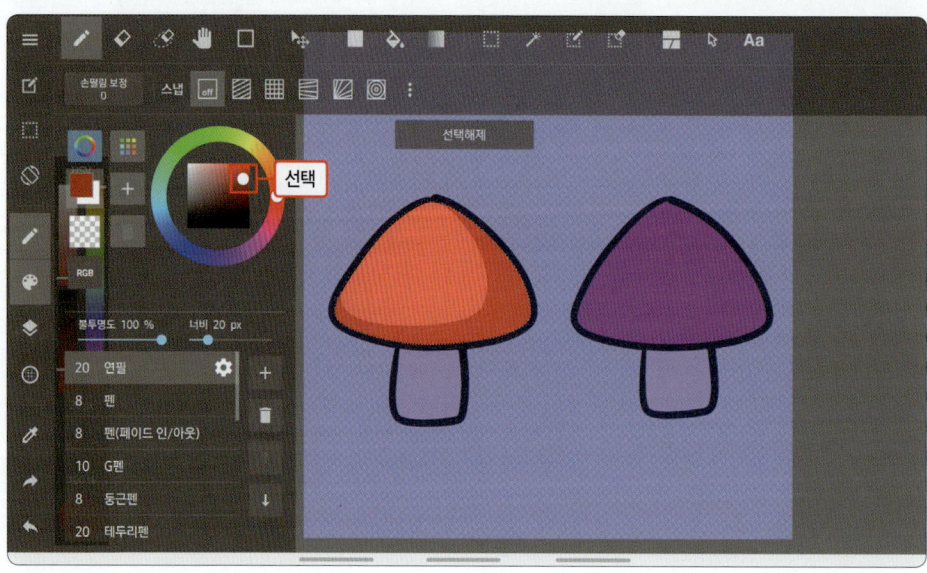

06 버섯 머리의 조금 더 어두운 부분을 그립니다.

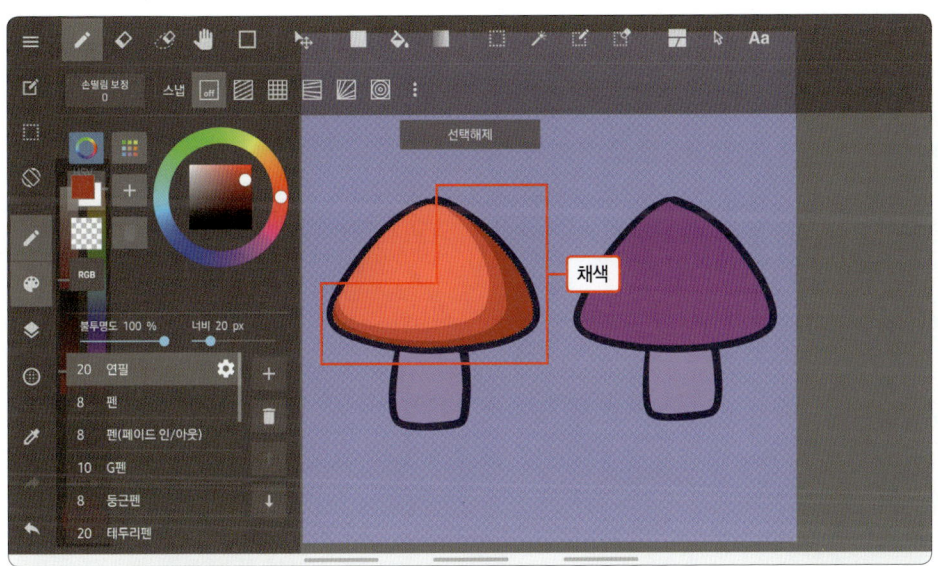

07 이제 밝은 부분을 표현하겠습니다. [스포이트 툴]을 사용해 버섯 머리의 기본 색을 추출하고, 색상 팔레트에서 원래의 색보다 왼쪽 위의 밝은 색을 선택합니다.

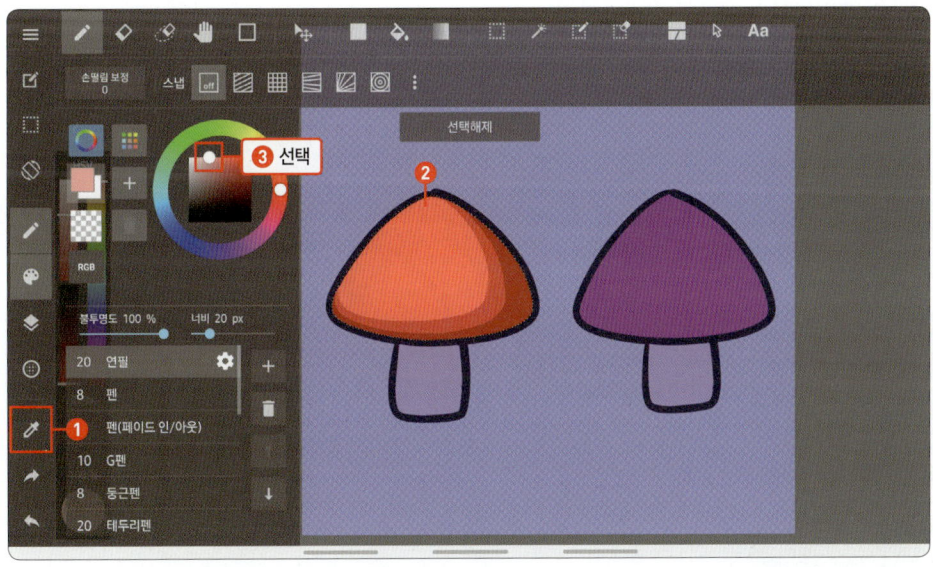

08 버섯 머리의 왼쪽 위에 빛이 들어오는 밝은 부분을 그립니다. 버섯 모양을 따라 둥글게 그리세요.

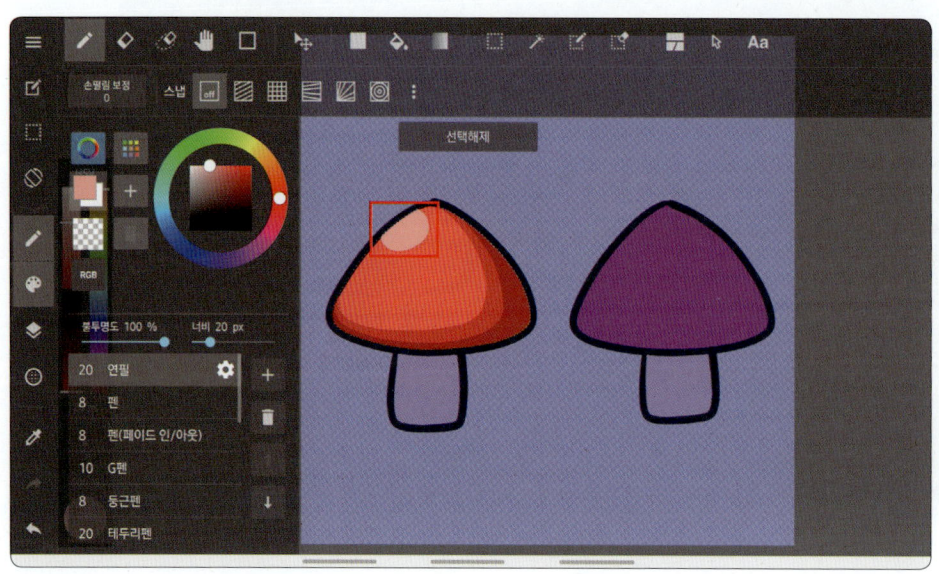

09 같은 방법으로 버섯의 몸통에 명암을 표현해 봅시다. [선택해제]를 누르고, [자동선택 툴]을 사용해 왼쪽 버섯의 몸통을 선택합니다.

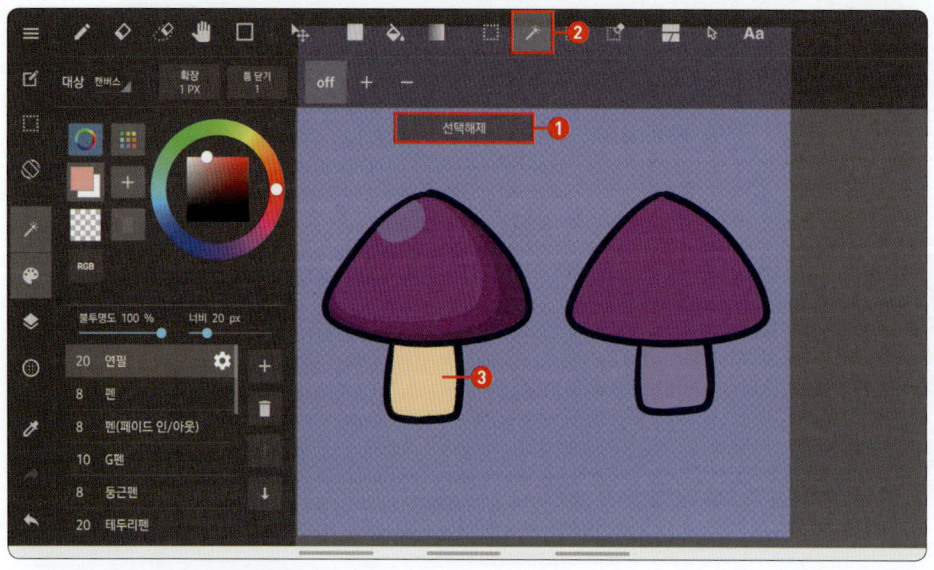

10 [스포이트 툴]을 사용해 버섯 몸통의 색을 추출하고, 색상 팔레트에서 오른쪽 아래의 색을 선택합니다.

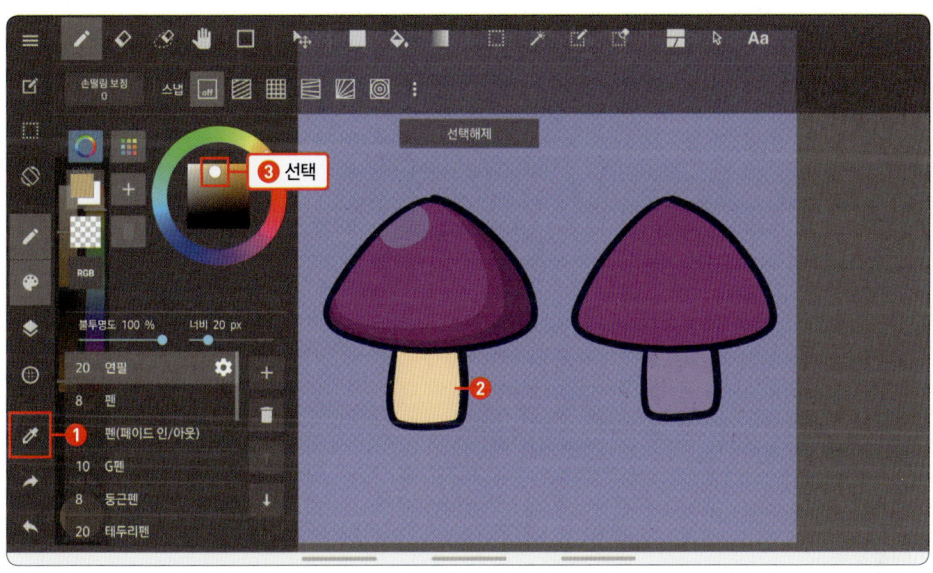

11 버섯 몸통에서 머리와 닿은 부분, 몸통의 오른쪽과 아래쪽에 어두운 부분을 그립니다.

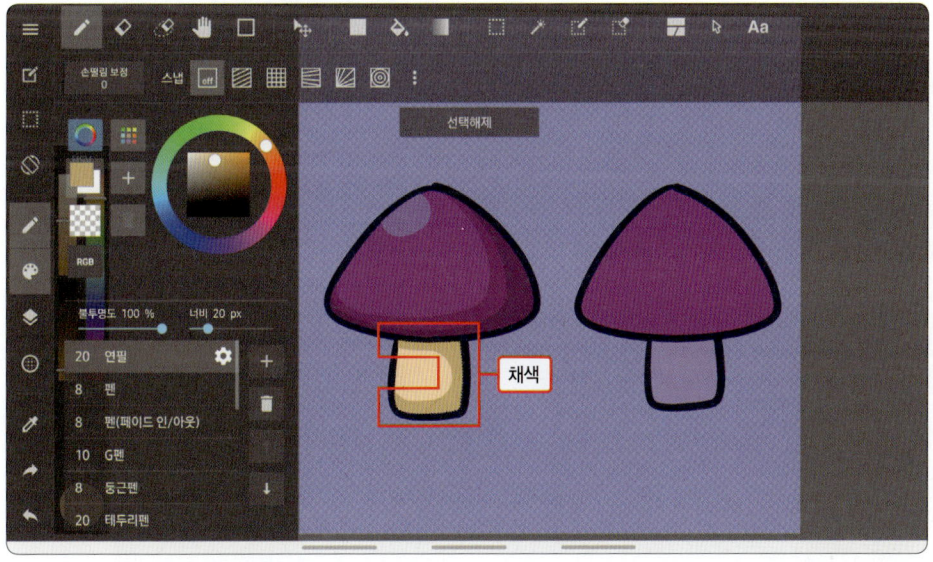

12 색상 팔레트에서 조금 더 오른쪽 아래에 있는 색을 선택하고, 가장 어두운 부분을 칠합니다.

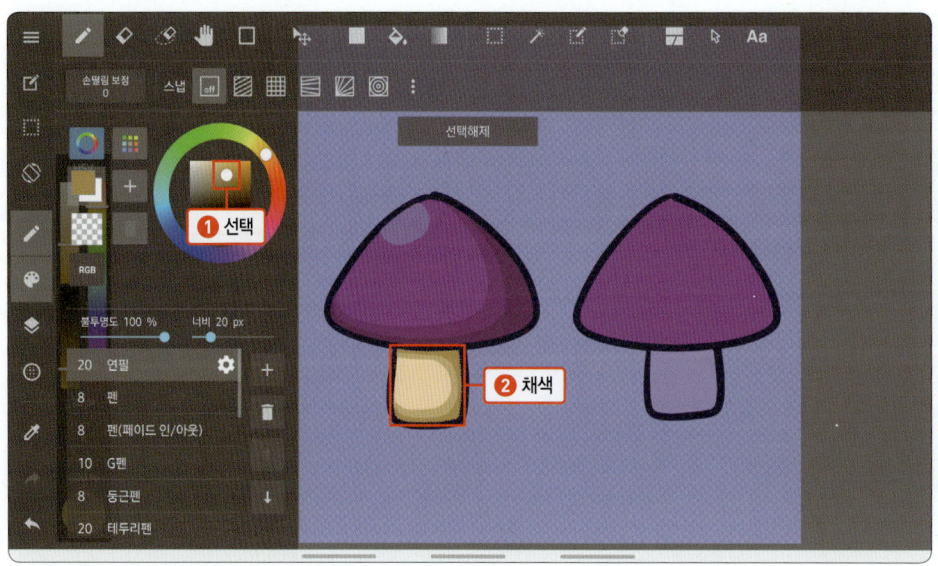

13 다시 [스포이트 툴]을 사용해 버섯 몸통의 기본 색을 추출하고, 색상 팔레트 왼쪽 위의 밝은 색을 선택해 빛이 들어오는 부분을 그립니다. 그런 다음 [선택해제]를 누르세요.

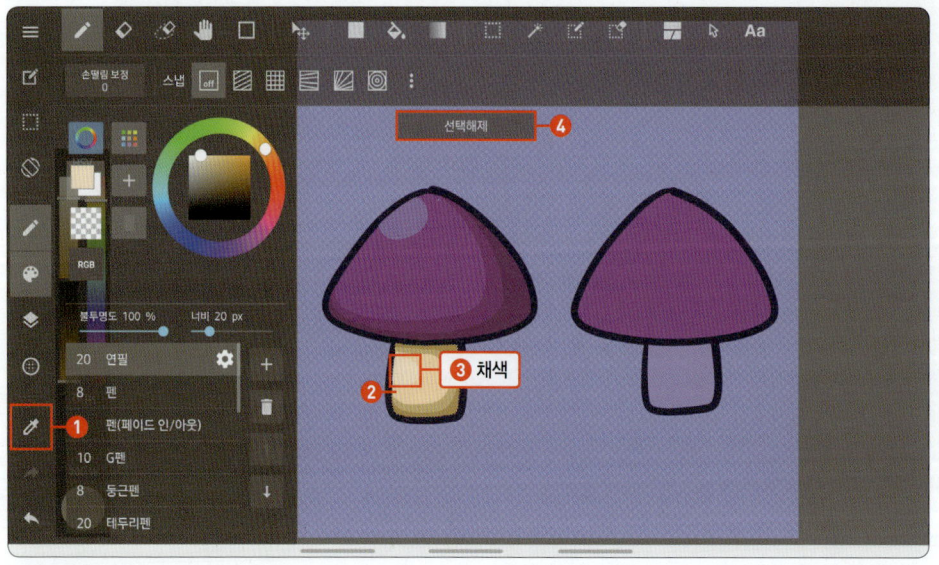

14 채색이 제대로 되었는지 확인합니다.

〉불투명도를 이용해 명암 표현하기 〈

01 [자동선택 툴]을 사용해 오른쪽 버섯의 머리를 선택합니다.

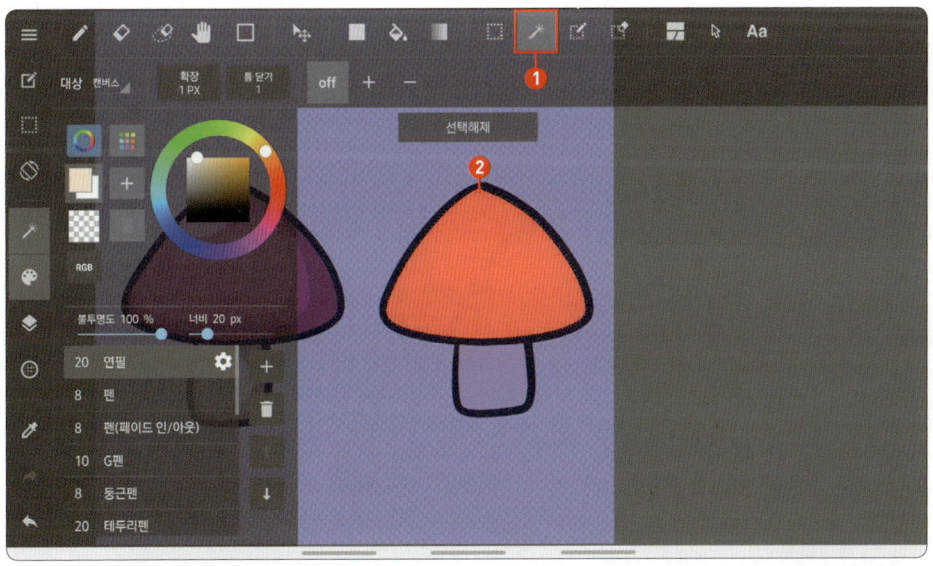

02 [브러시 툴]-[연필]의 색상 팔레트에서 진한 회색을 선택하고, 브러시의 불투명도를 20%로 조정합니다. 이 상태에서 선을 그으면 아래의 그림이 비쳐 보입니다.

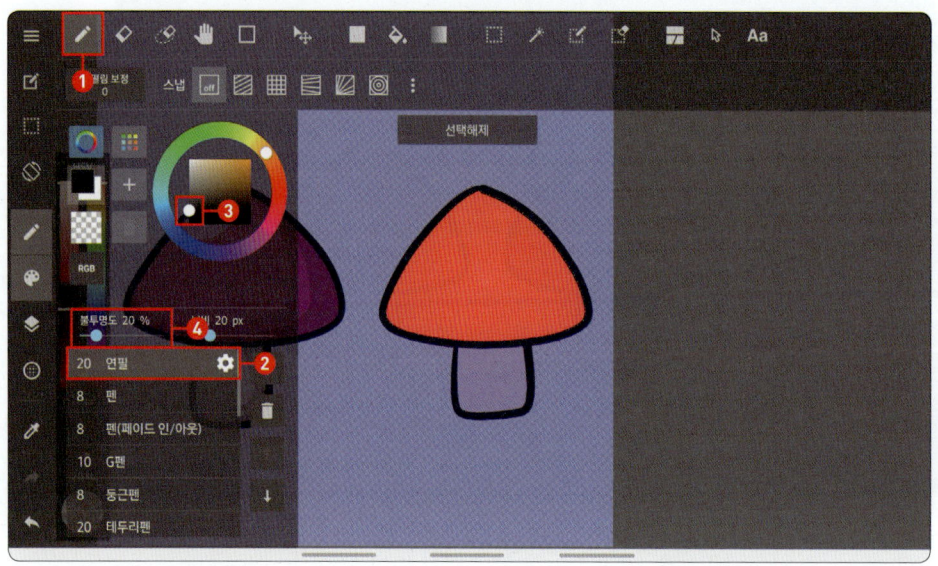

03 펜을 화면에서 떼지 않고 한 번에 버섯 머리의 어두운 부분을 그립니다. 원래 색보다 약간 어둡게 표현되죠?

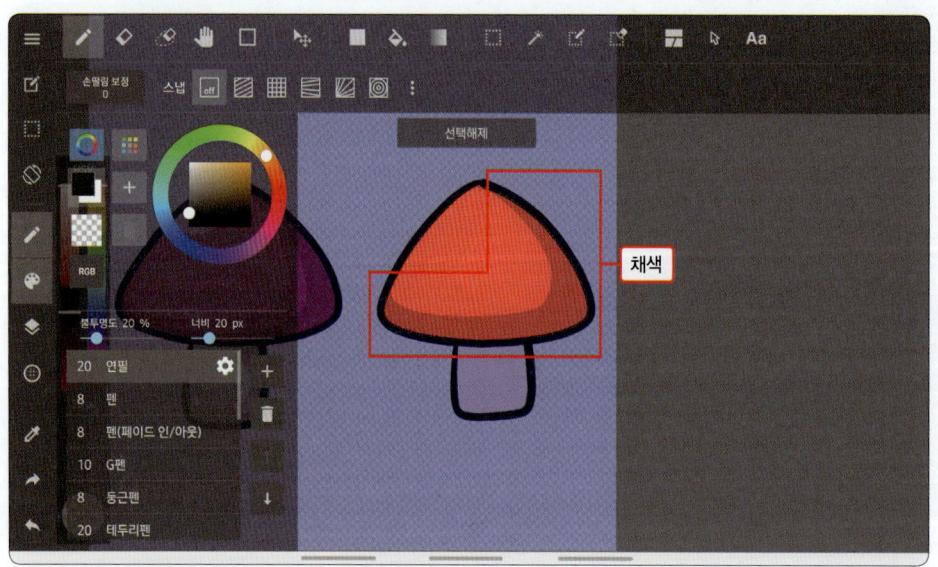

> **Tip** 펜을 화면에서 떼었다가 이어서 그리면 회색이 겹치면서 어두워지는 부분이 생깁니다. 한 번에 그리기가 어렵다면 브러시의 너비를 100px 정도로 조정해 보세요!

04 색을 변경할 필요 없이 가장 어두운 부분을 한 번 더 색칠합니다. 회색이 겹치면서 더 어둡게 표현됩니다.

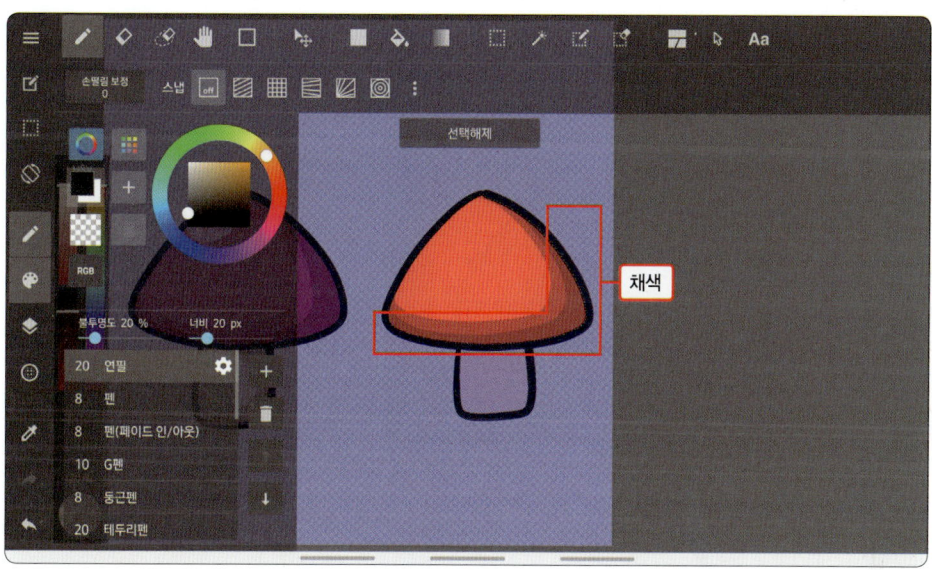

05 색상 팔레트에서 흰색을 선택해 빛을 받아 밝게 보이는 부분을 그립니다. 그리고 [선택해제]를 누르세요.

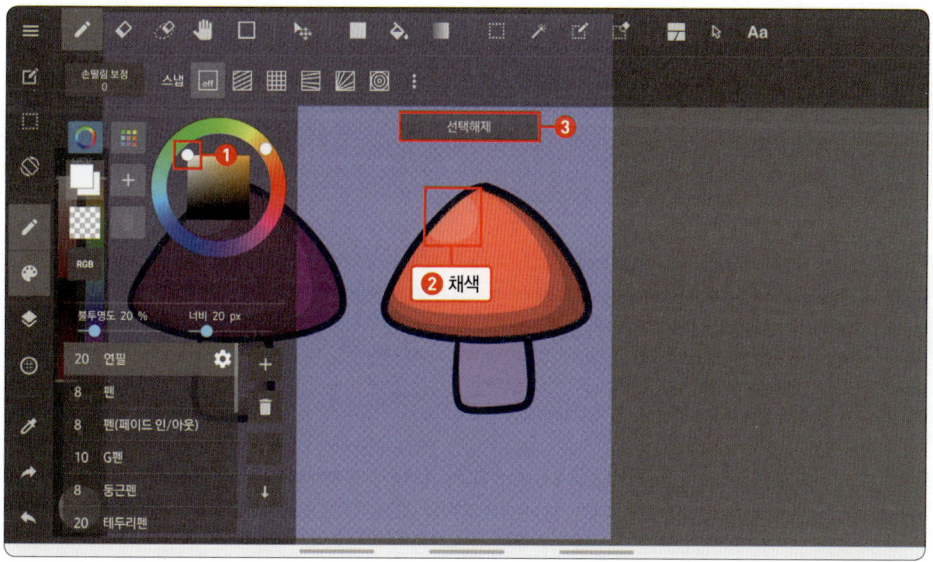

06 같은 방법으로 버섯의 몸통에 명암을 표현해 봅시다. [자동선택 툴]을 사용해 오른쪽 버섯의 몸통을 선택합니다.

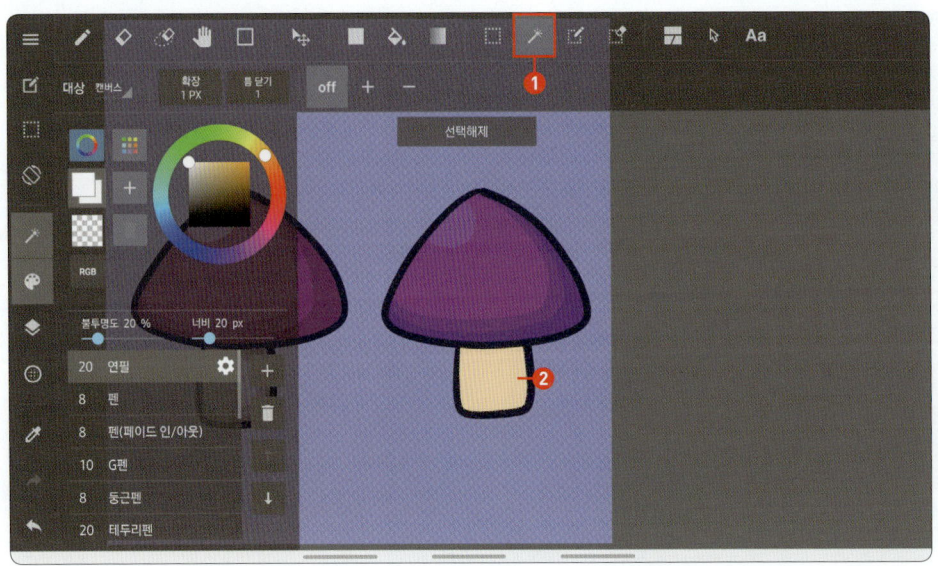

07 진한 회색으로 버섯 몸통의 어두운 부분을 그리고, 이어서 더 어두운 부분을 겹쳐 그립니다.

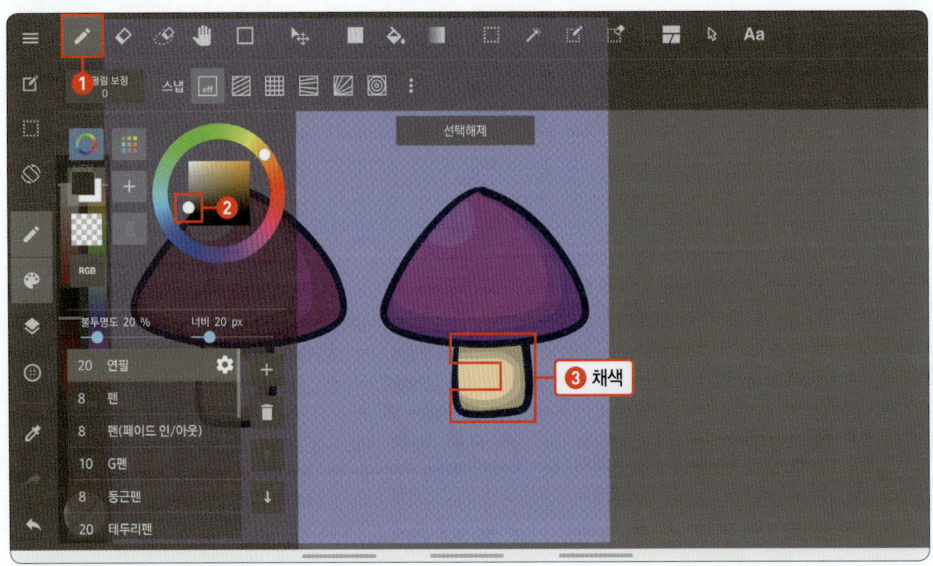

08 색상 팔레트에서 흰색을 선택해 빛이 들어와 밝게 보이는 부분을 그리고 [선택해제]를 누릅니다.

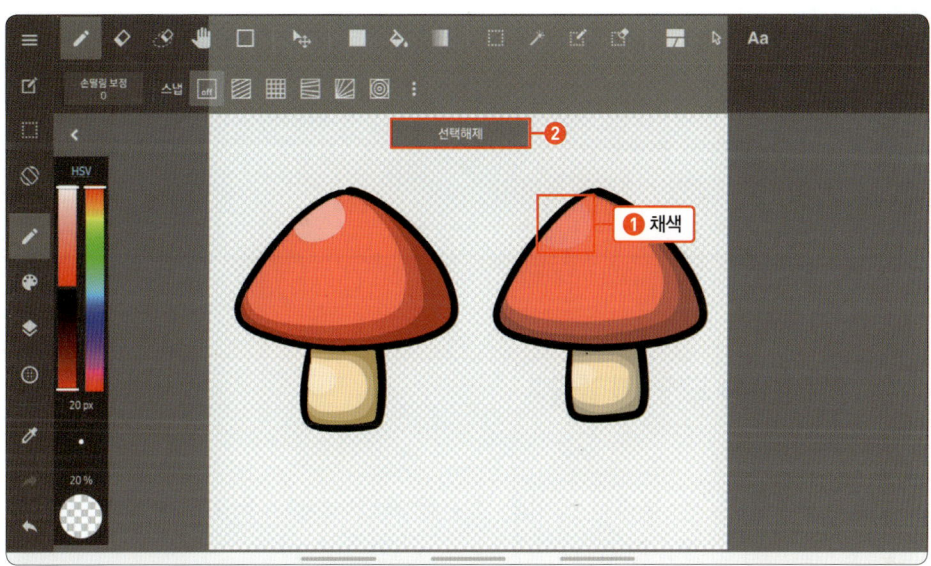

> **Tip** 이 방법으로 명암을 표현할 때, 브러시의 불투명도를 조절하는 대신 레이어의 불투명도를 조절하면 더 쉽게 그릴 수 있어요. 자세한 내용은 Week05에서 함께 배워 보아요!

WEEK 05 레이어와 친해지기

일반 드로잉과는 다른 디지털 드로잉만의 장점은 바로 '레이어' 기능을 활용할 수 있다는 거예요. '레이어'를 여러 개 사용하면 그림을 훨씬 편하게 그릴 수 있고, 잘못 그린 부분을 쉽게 수정할 수도 있답니다. 선생님과 함께 레이어에 대해 알아보며 디지털 드로잉과 친해져 볼까요?

STEP 01 레이어란 무엇인가요?

디지털 드로잉에서의 '레이어'란 투명한 종이와 비슷한 개념이에요. 투명한 종이에 서로 다른 그림을 그린 후, 여러 장을 겹쳐서 하나의 그림을 완성하는 거예요.

그림 전체를 한 종이에 그리는 것이 아니라 각각의 부분을 여러 장의 종이에 나누어서 그리기 때문에 잘못 그린 부분을 수정하기 쉽답니다. 일부분에 실수를 하여 고쳐야 한다 해도 해당 레이어만 수정하면 나머지 레이어의 그림에는 영향을 끼치지 않기 때문이지요.

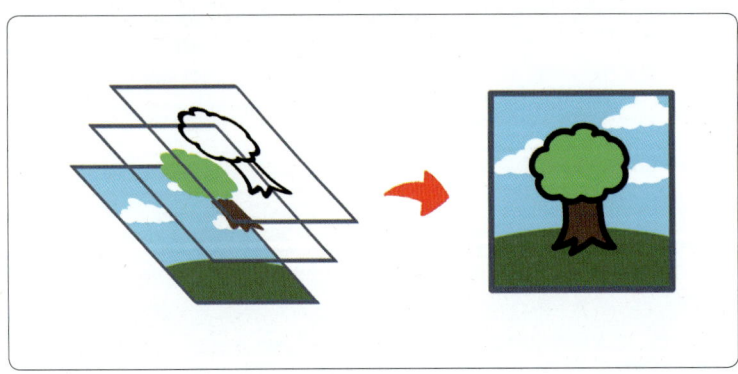

STEP 02 레이어 추가 및 설정하기

메디방에는 다양한 종류의 레이어가 있어요. 레이어의 순서와 설정에 따라 다양한 효과를 낼 수 있답니다. 레이어를 만들고 조작하는 방법을 함께 알아보아요.

화면 왼쪽의 [레이어 창] 버튼을 누르면 화면 오른쪽에 레이어 창이 켜져요. 이곳에서 레이어를 추가하거나 설정할 수 있어요.

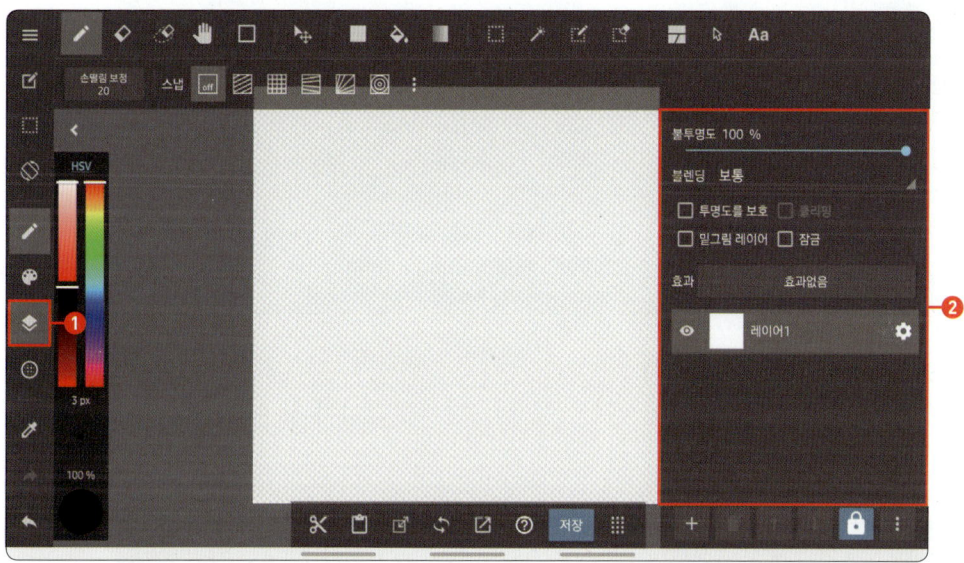

〉 레이어 추가 및 삭제하기 〈

01 레이어 창 왼쪽 아래의 [+] 버튼을 눌러 추가할 레이어의 종류를 선택합니다. 원하는 색을 표현할 수 있는 '컬러 레이어'를 가장 많이 사용해요. 레이어를 모으고 분류할 수 있는 '폴더'를 추가하거나 이미지 파일을 불러올 수도 있어요.

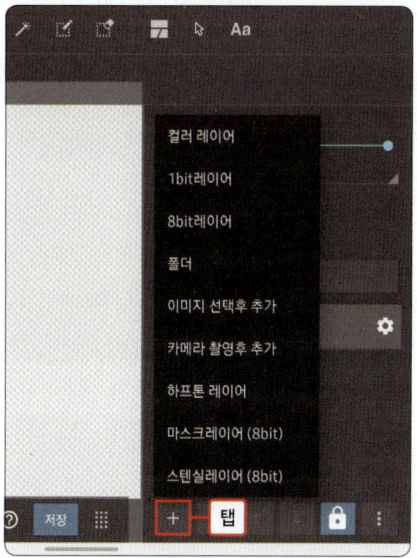

02 레이어의 이름을 바꿀 때는 레이어 창 오른쪽의 설정 ⚙ 버튼을 누르세요. 레이어가 많아지면 헷갈릴 수 있으니 알아보기 쉽게 레이어의 이름을 바꿔 두는 것이 좋습니다.

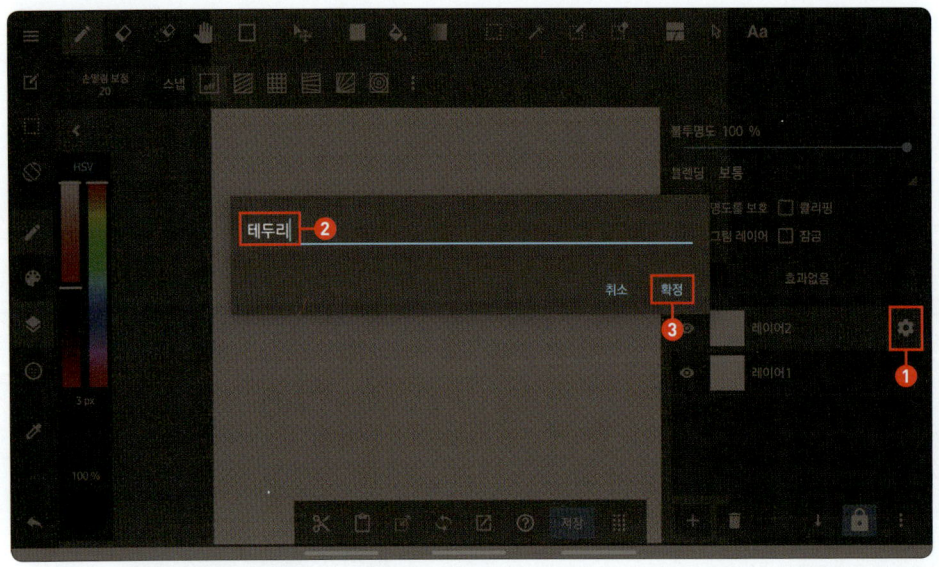

03 레이어를 삭제할 때는 삭제할 레이어를 선택한 뒤, 레이어 창 아래쪽의 휴지통 🗑 버튼을 누르세요.

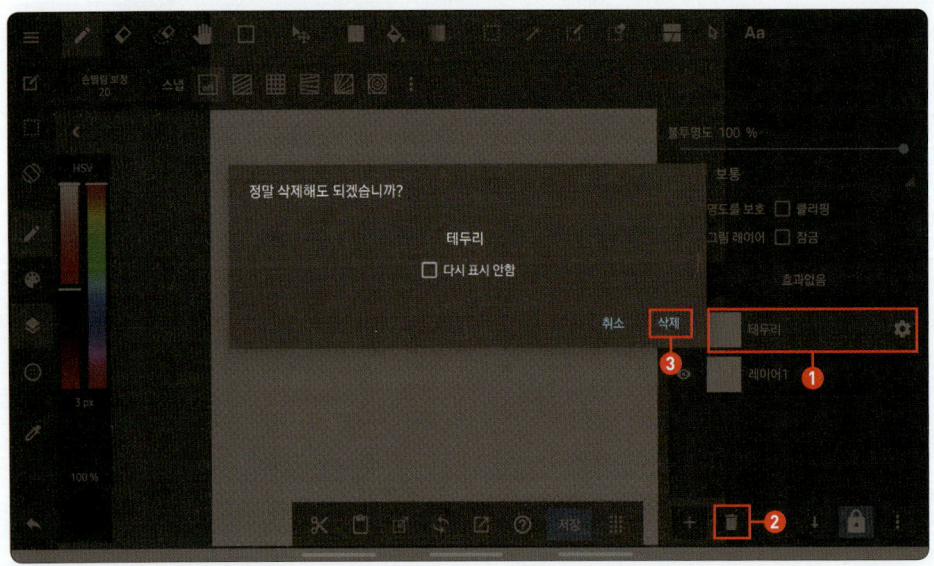

〉 레이어 표시와 순서 바꾸기 〈

01 레이어 왼쪽의 눈 모양 👁 버튼을 누르면 레이어가 화면에 표시되지 않고, 눈 모양 버튼이 회색으로 변합니다. 한번 더 눈 모양 버튼을 누르면 다시 레이어가 표시됩니다. 표시되지 않는 레이어는 이미지 파일로 내보냈을 때도 보이지 않아요.

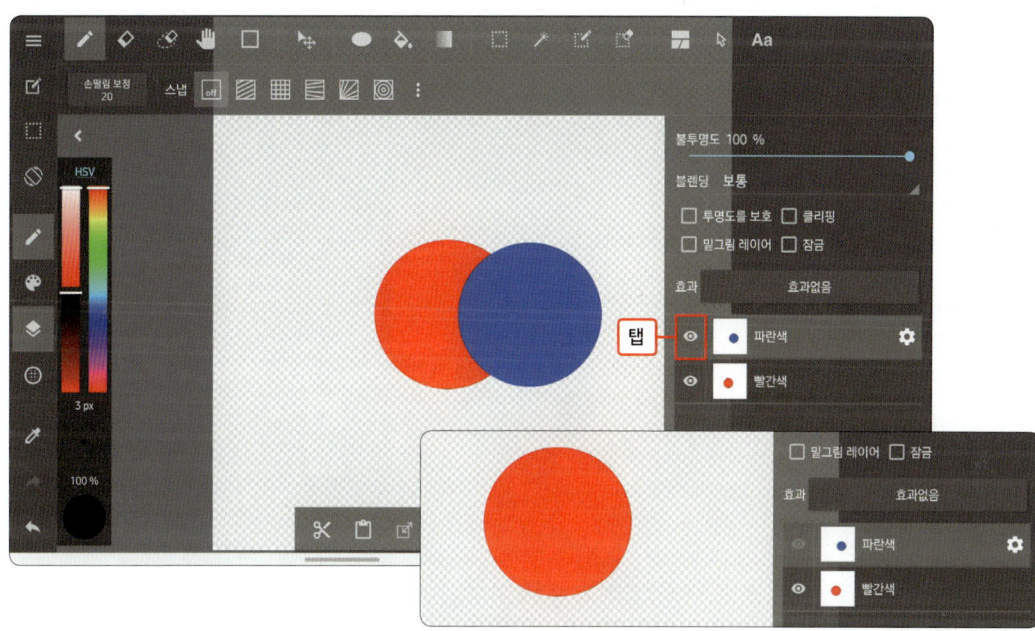

02 레이어 창 아래의 화살표 버튼을 누르거나, 레이어 미리보기 창을 드래그해 레이어의 순서를 바꿀 수 있어요. 목록에서 위에 있는 레이어가 아래의 레이어를 가립니다.

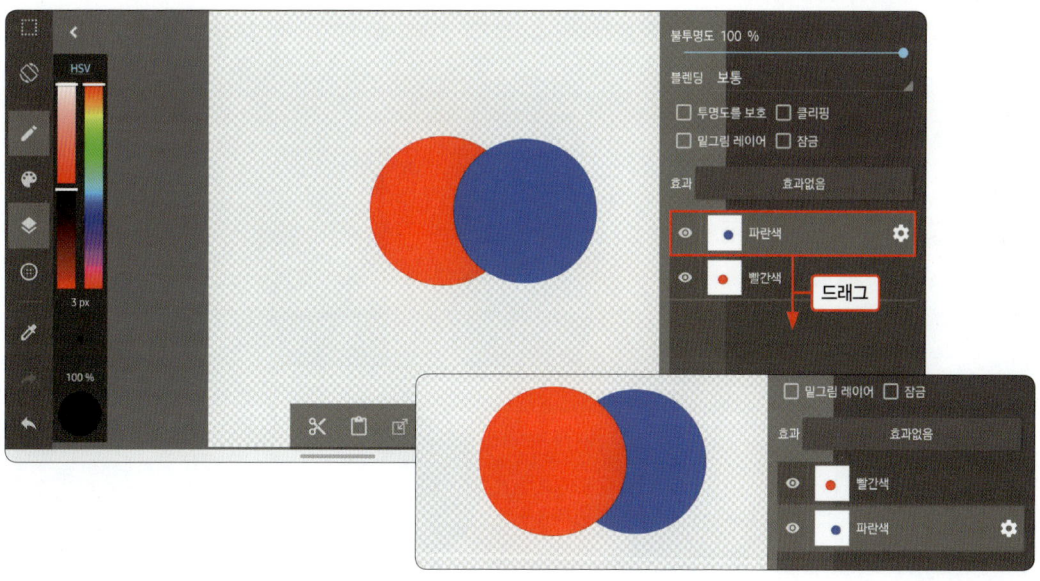

〉 레이어 설정하기 〈

(1) 불투명도

하늘색 원을 좌우로 움직여 레이어의 불투명도를 조절할 수 있어요. 불투명도가 낮을수록 레이어가 투명해지지요. 레이어의 불투명도를 낮추고 어두운 영역은 진한 회색, 밝은 영역은 흰색으로 그리면 명암을 쉽게 표현할 수 있어요.

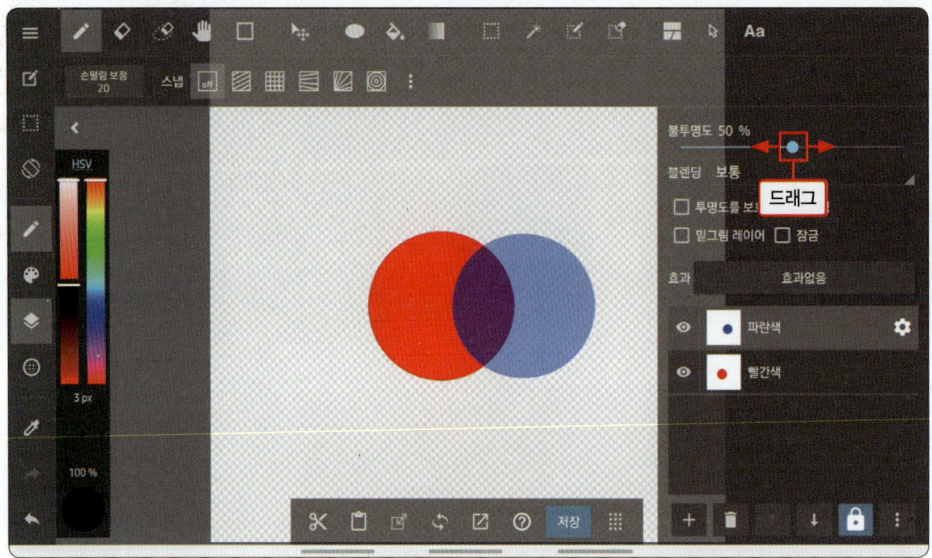

(2) 블렌딩

선택 중인 레이어와 그 아래의 레이어를 겹쳐 여러 효과를 내는 기능입니다.

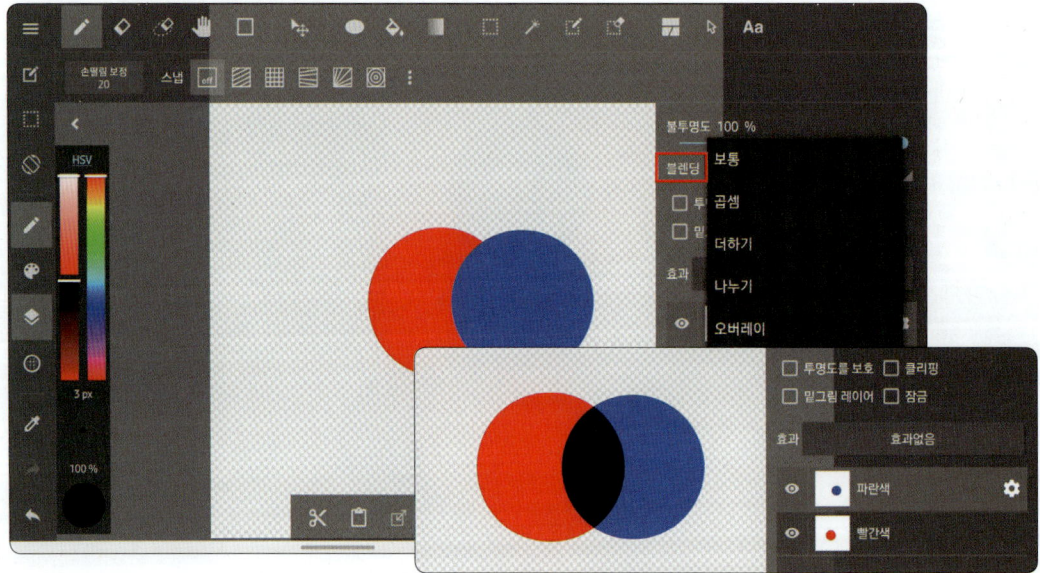

(3) 투명도를 보호

투명도를 보호하는 레이어에서는 이미 그림이 그려져 있는 부분에만 그림을 그릴 수 있습니다.

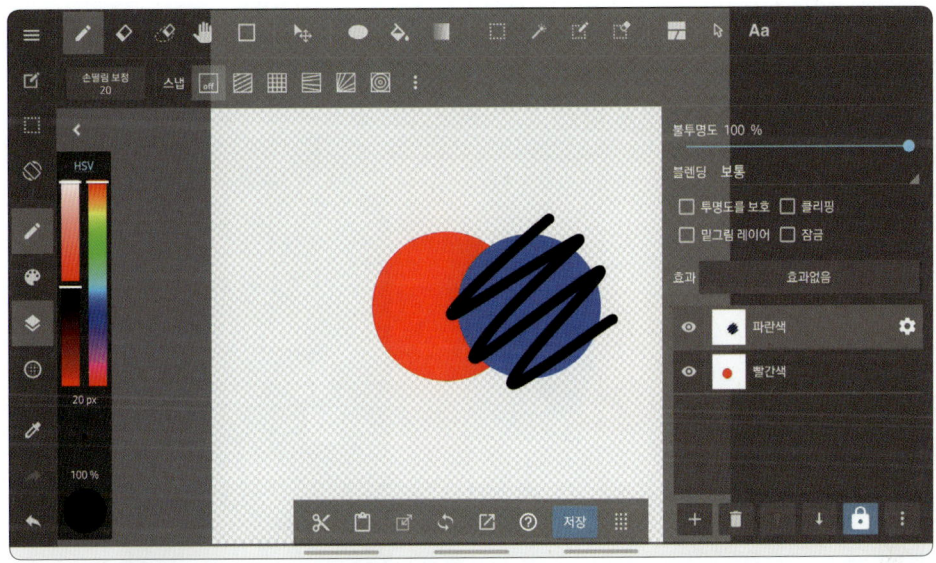

▲ 투명도를 보호하지 않고 그릴 때

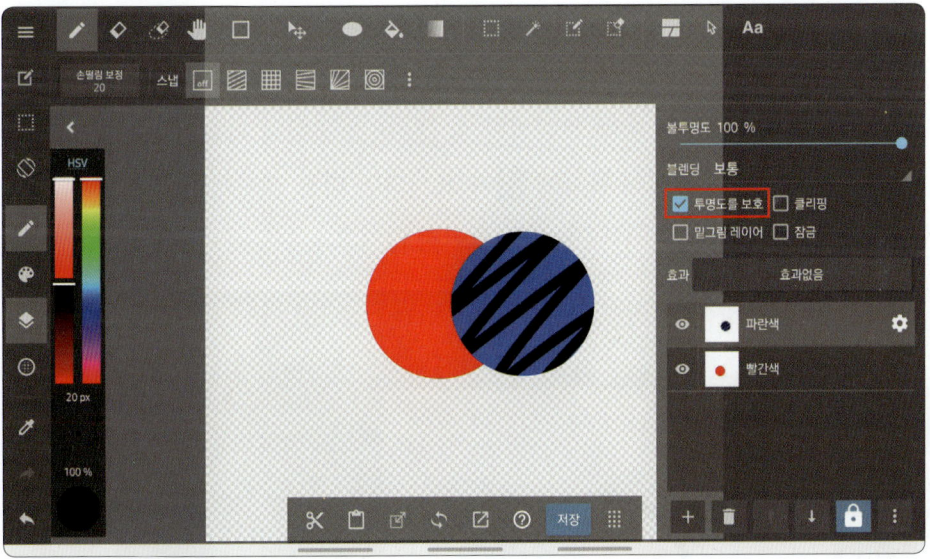

▲ 투명도를 보호한 상태로 그릴 때

(4) 클리핑

클리핑 레이어의 경우 아래 레이어에 그림이 그려진 부분에만 그림을 그릴 수 있고, 레이어 목록에 화살표가 표시돼요. 이 기능은 다음 장에서 더 자세히 알아보아요.

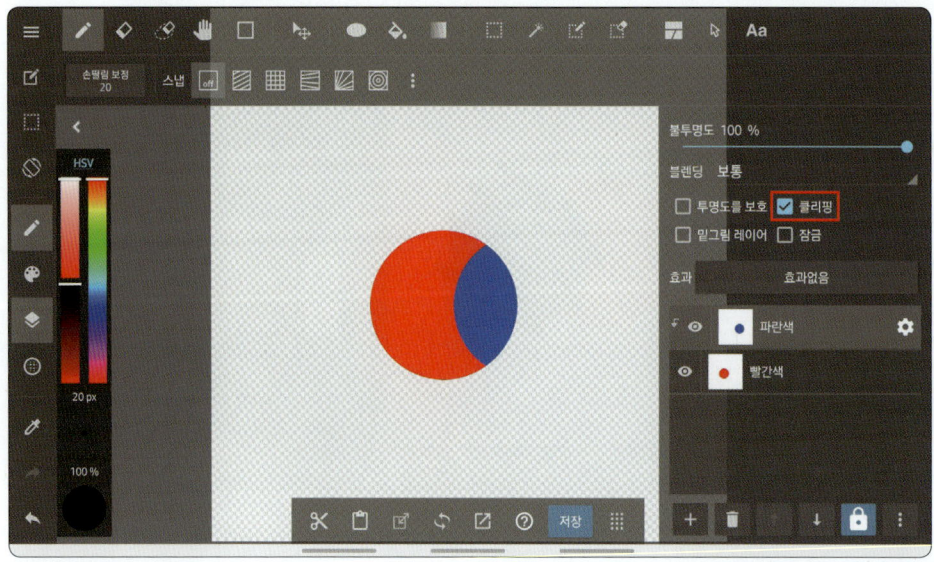

(5) 밑그림 레이어

밑그림 레이어는 레이어의 그림이 눈에 보이기만 할 뿐, 버킷 툴이나 자동선택 툴을 사용할 때 영향을 끼치지 않아요. 또, 레이어 목록에 ⊠가 표시되어 다른 레이어와 구분할 수 있어요. 완성된 그림을 이미지 파일로 내보냈을 때도 보이지 않지요.

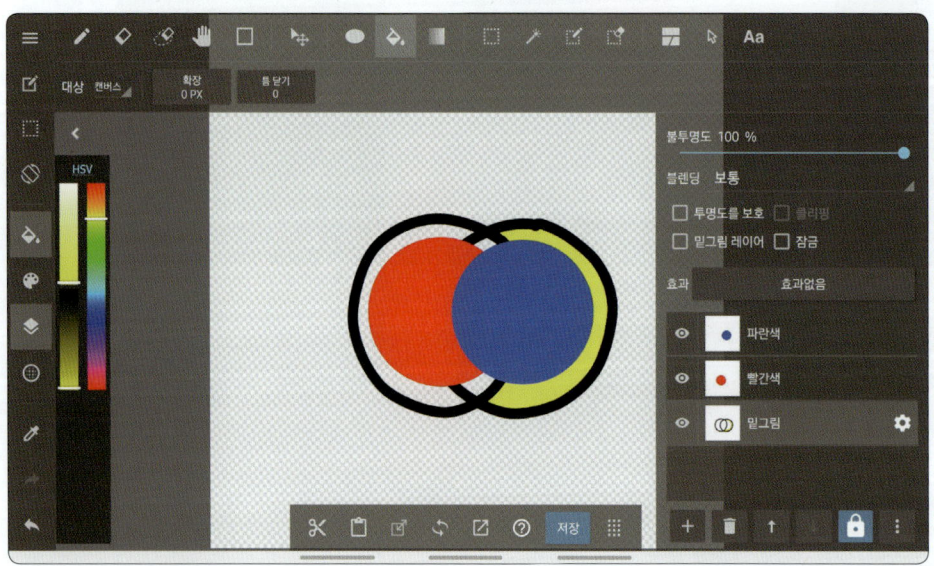

▲ 밑그림 레이어로 설정하지 않고 [버킷 툴]을 사용했을 때

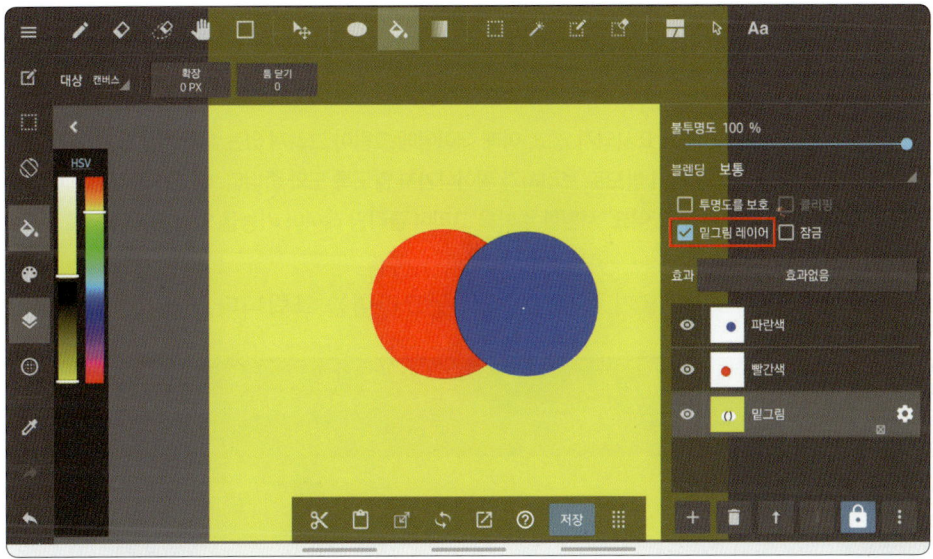

▲ 밑그림 레이어로 설정하고 [버킷 툴]을 사용했을 때

(6) 잠금

레이어를 잠금 상태로 설정하면 '잠금이 걸린 레이어를 선택중입니다.'라는 문구가 나타나며 더 이상 그림을 그릴 수 없어요. 주로 완성된 레이어를 보호할 때 사용하며, 레이어 목록에 자물쇠가 표시돼요.

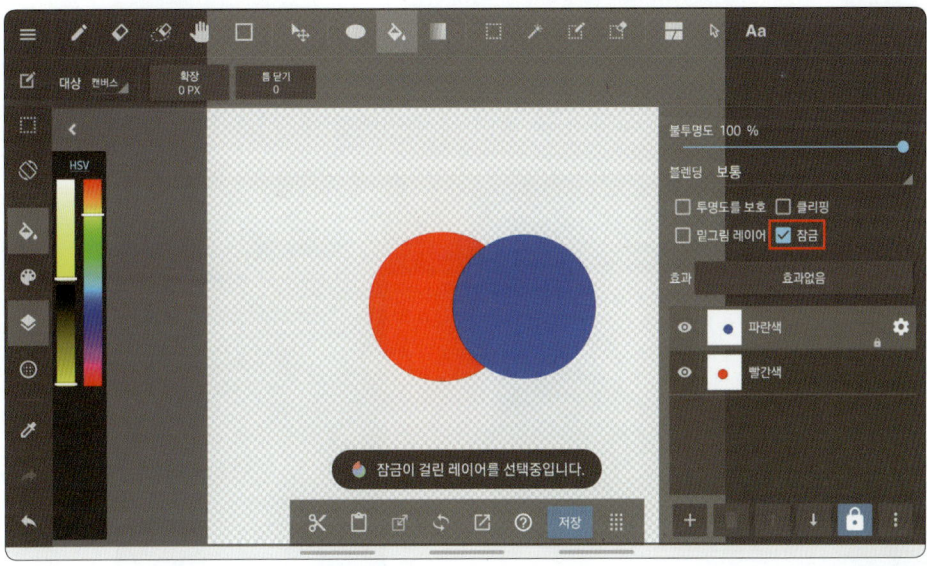

STEP 03 클리핑 레이어 알아보기

클리핑 레이어에 그림을 그리면 그린 그대로 표시되지 않고, 아래 레이어에 그림이 그려져 있는 부분에만 표시돼요. 클리핑 레이어 기능은 채색을 할 때 테두리나 영역 밖으로 브러시가 튀어나가지 않도록 도와 줍니다. 따라서 클리핑 레이어를 잘 활용하면 훨씬 쉽고 간편하게 채색할 수 있어요. 시원한 수박을 그리며 클리핑 레이어 기능을 익혀 봅시다.

01 새로운 캔버스를 만들고 [채우기 툴]로 초록색 동그라미를 그립니다.

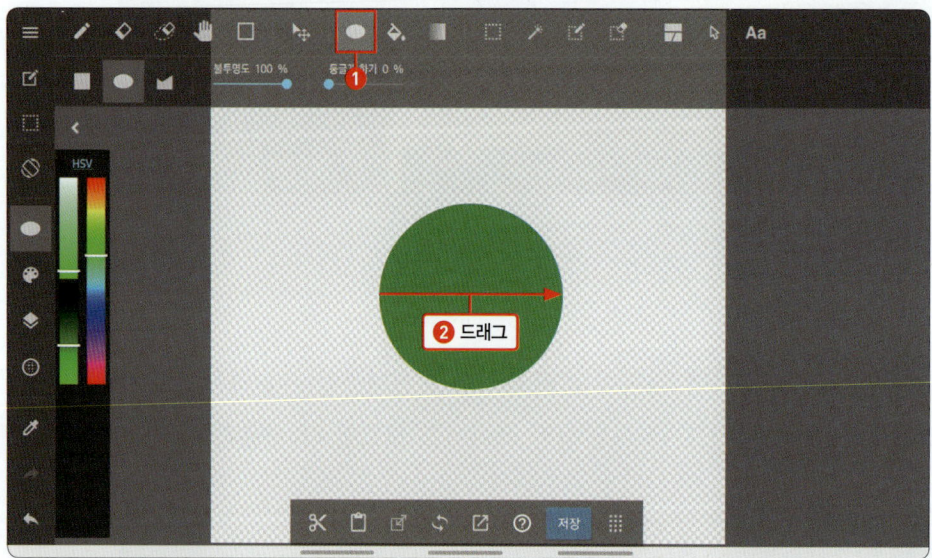

02 [레이어 창]을 켜고 [+]-[컬러 레이어]를 눌러 새 레이어를 추가합니다.

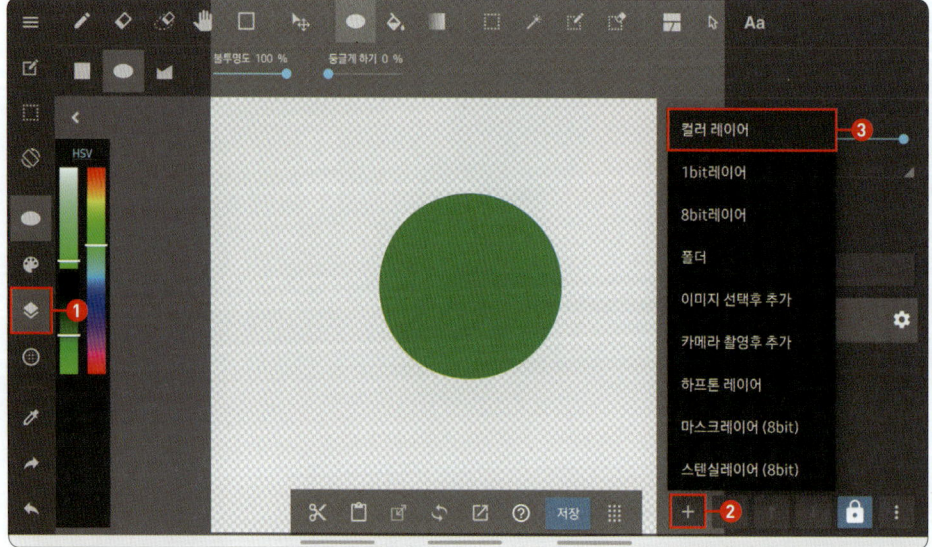

03 추가된 레이어를 선택하고 [클리핑]에 체크합니다. 레이어 목록에 아래 방향의 화살표가 생긴 것이 보입니다.

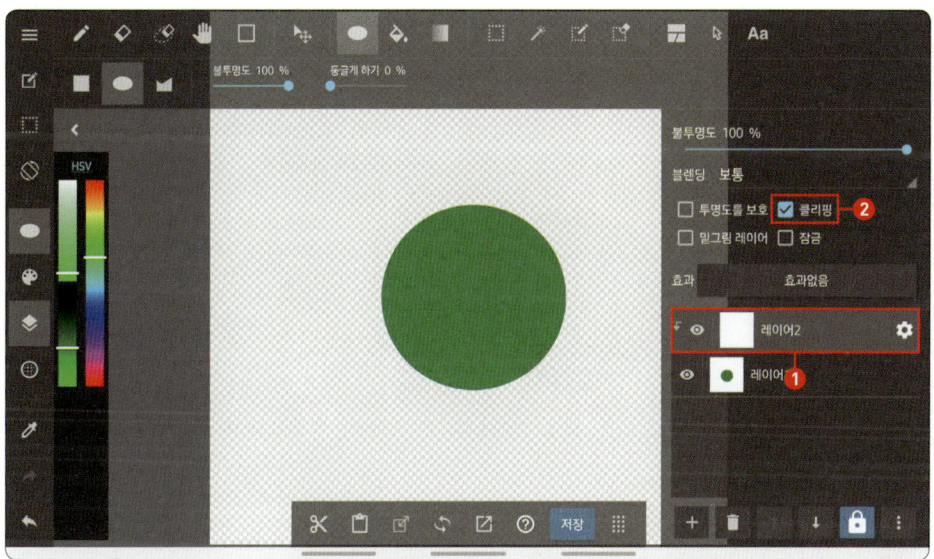

04 [컬러 창]을 열고 [브러시 툴]-[연필]을 사용해 진한 초록색으로 무늬를 그립니다. 클리핑이 적용되어 초록색 동그라미 바깥쪽에는 무늬가 그려지지 않아요.

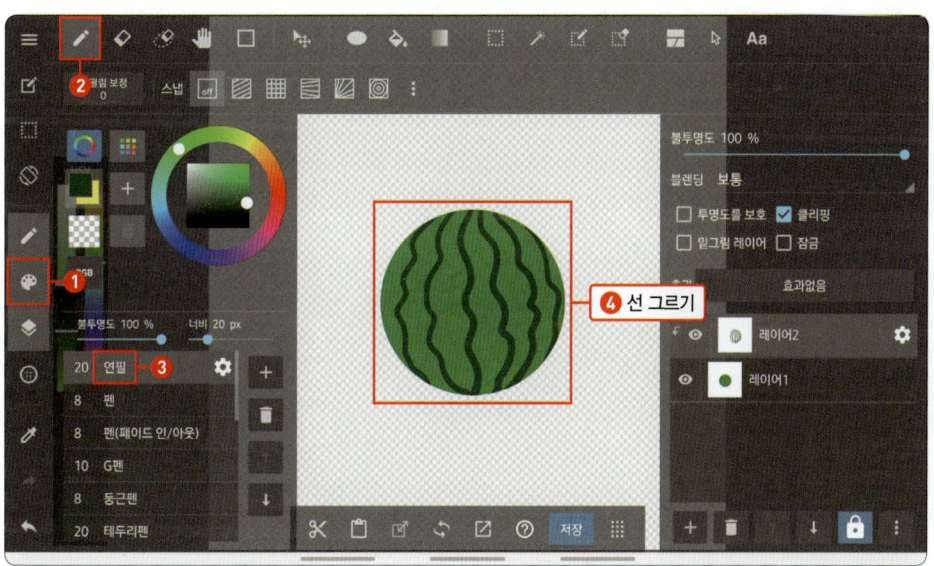

05 이제 명암을 표현하겠습니다. [+]-[컬러 레이어]를 눌러 새 레이어를 추가하고 [클리핑]에 체크가 되었는지 확인합니다.

06 레이어의 불투명도를 20~30%로 낮추고, 진한 회색을 선택해 수박의 아래쪽에 둥글게 그림자를 그립니다. 마찬가지로 초록색 동그라미 밖에는 그림자가 그려지지 않습니다.

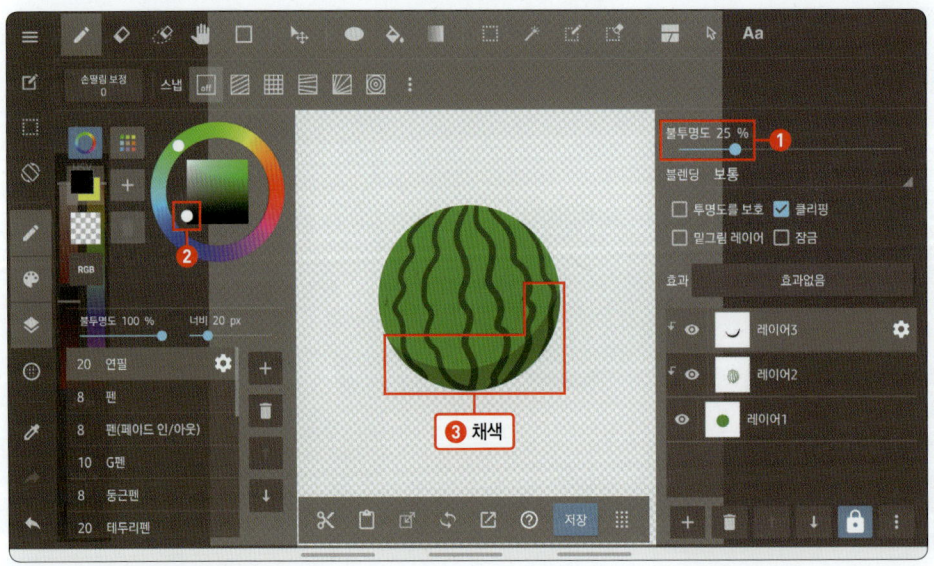

07 흰색을 선택하고, 수박 위쪽에 빛나는 부분을 표현해 완성합니다.

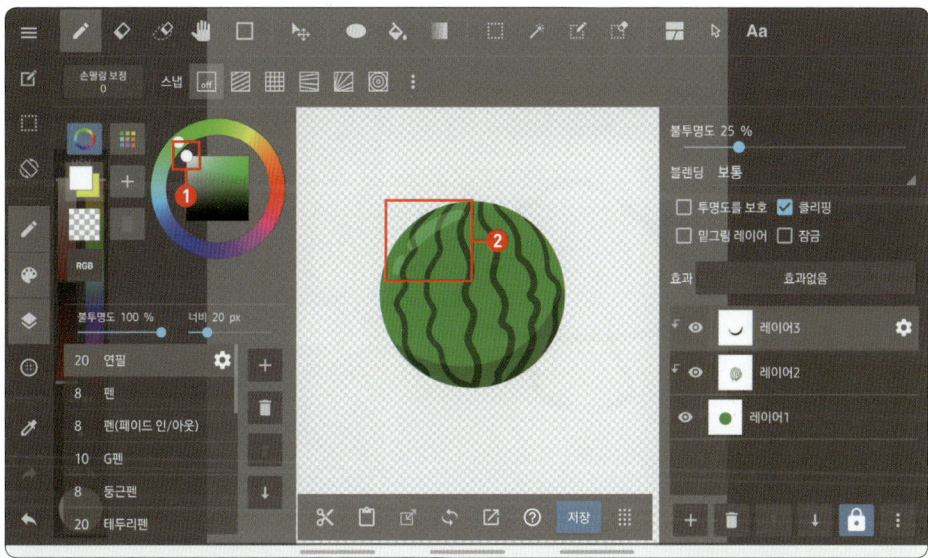

> **Tip** Week04에서 배웠던 명암 표현하는 방법을 클리핑 레이어와 함께 사용하면 훨씬 편리해요!

STEP 04 레이어 활용 드로잉 따라하기

레이어를 활용해 Week04에서 그렸던 버섯을 다시 그려 봅시다.

01 새로운 캔버스를 만들고 [레이어 창]을 켜 '레이어1'의 이름을 '테두리'로 바꾸세요.

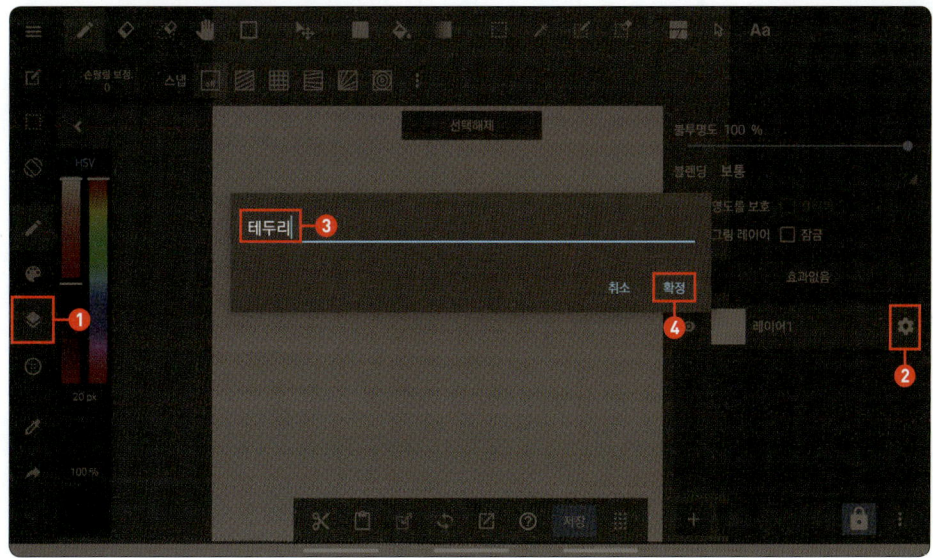

02 테두리 레이어에 [브러시 툴]-[연필]을 사용해 버섯 머리와 몸통을 그립니다.

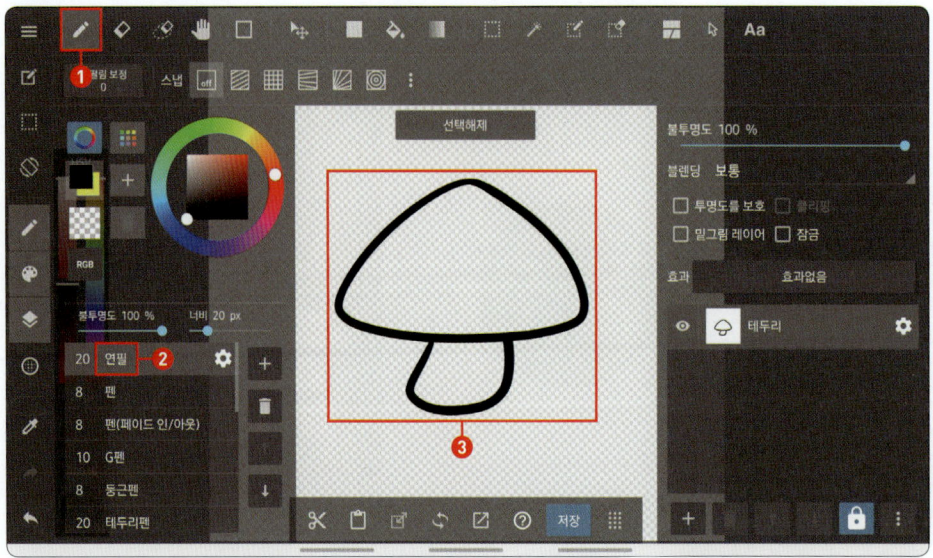

03 [+]-[컬러 레이어]를 눌러 새 레이어를 추가하고, 이름을 '채색'으로 바꾸세요.

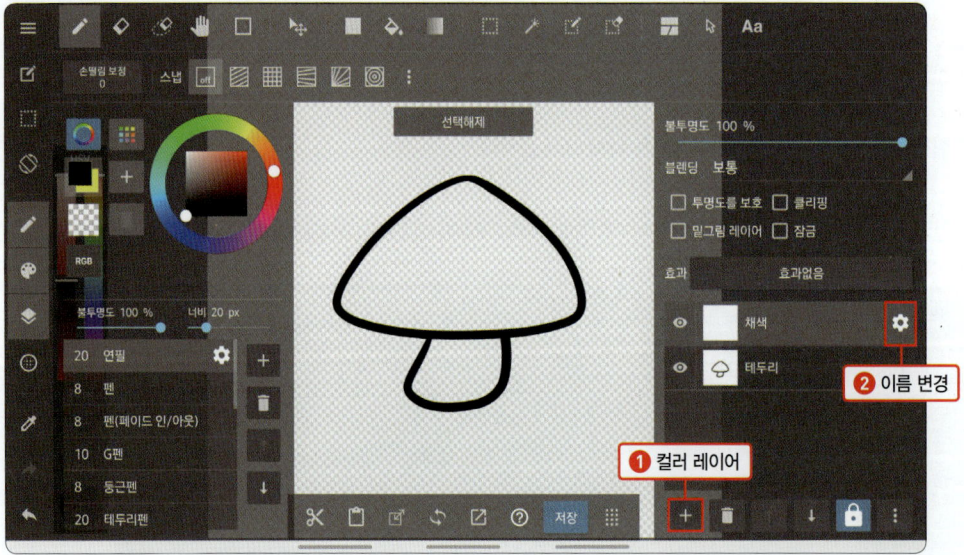

04 레이어 창 아래쪽의 화살표 버튼을 누르거나, 레이어 미리보기 창을 드래그해 채색 레이어를 테두리 레이어 아래로 이동합니다.

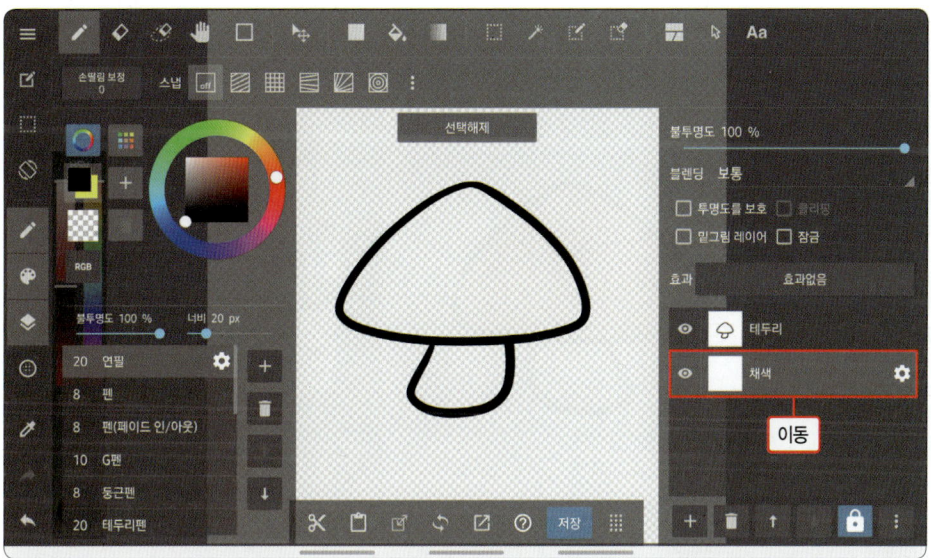

05 [버킷 툴]을 이용해 버섯의 머리를 빨간색으로 채색합니다.

06 채색 레이어의 [투명도를 보호]에 체크합니다. 이제 채색 레이어에서 버섯의 머리 부분에만 그림을 그릴 수 있습니다.

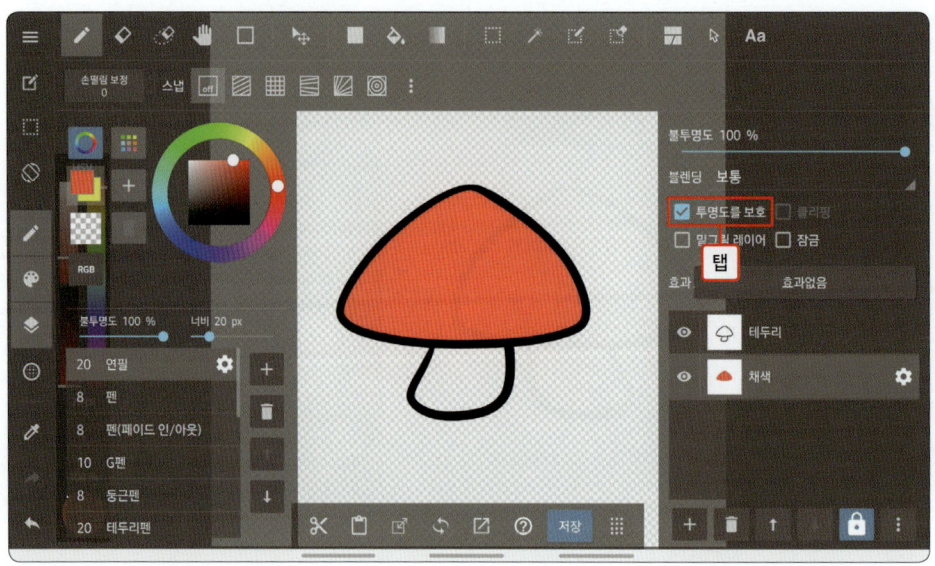

07 [브러시 툴]-[연필]을 누르고, 흰색으로 버섯의 무늬를 그리세요.

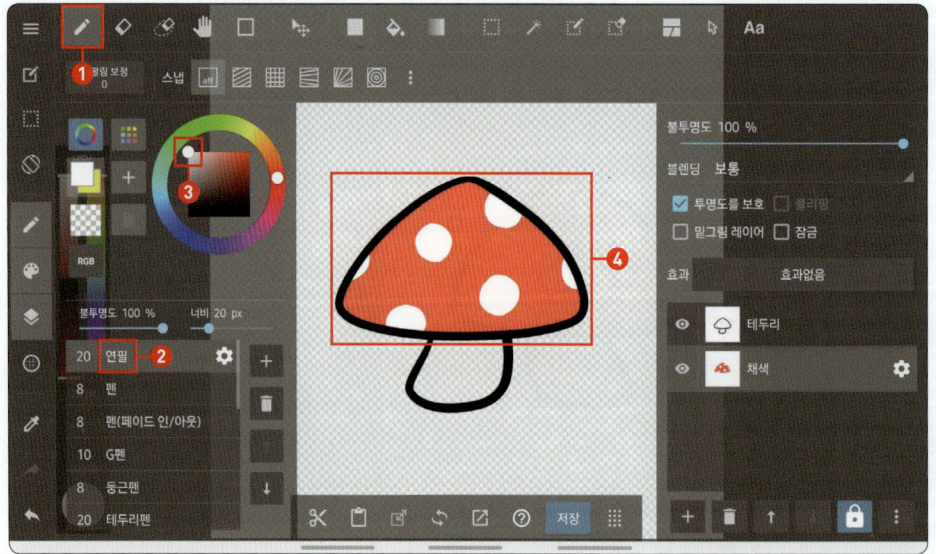

08 채색 레이어의 [투명도를 보호]를 해제하고 [버킷 툴]을 이용해 버섯의 몸통을 살구색으로 채색하세요.

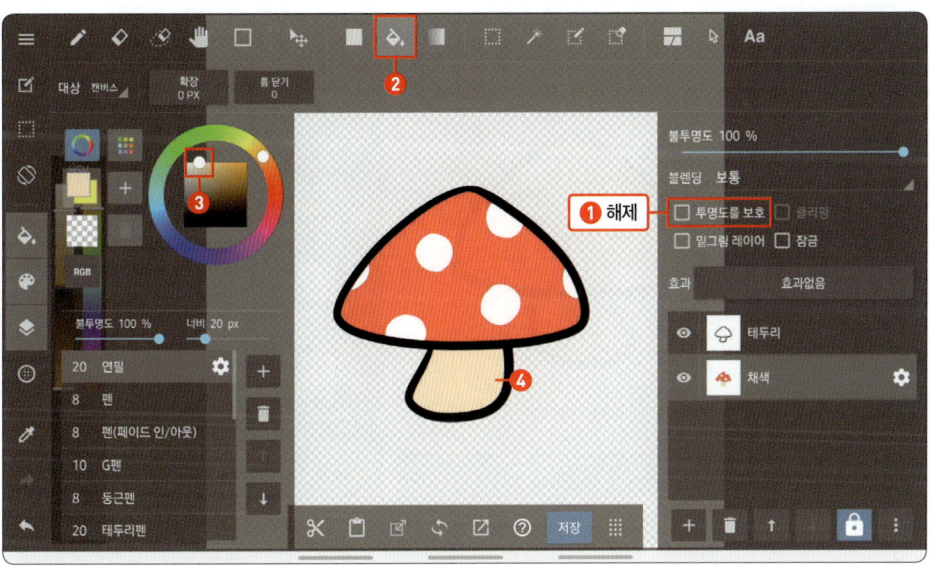

09 이제 명암을 표현하겠습니다. 새 레이어를 추가해 이름을 '명암'으로 바꾸고, 채색 레이어와 테두리 레이어 사이로 이동합니다.

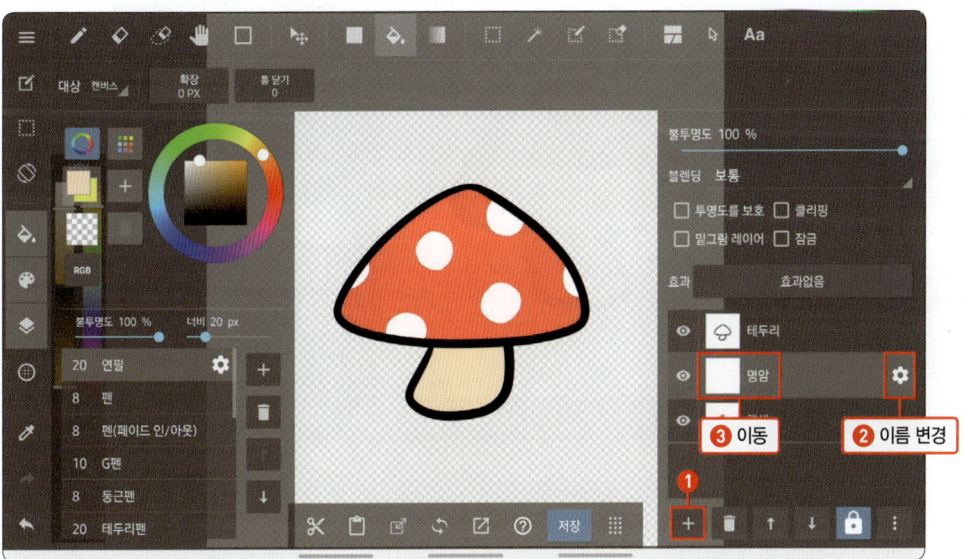

10 명암 레이어의 [클리핑]에 체크하고, 레이어의 불투명도를 20~30%로 낮추세요.

11 [브러시 툴]-[연필]을 누르고, 진한 회색으로 버섯 머리와 몸통에 그림자를 그립니다.

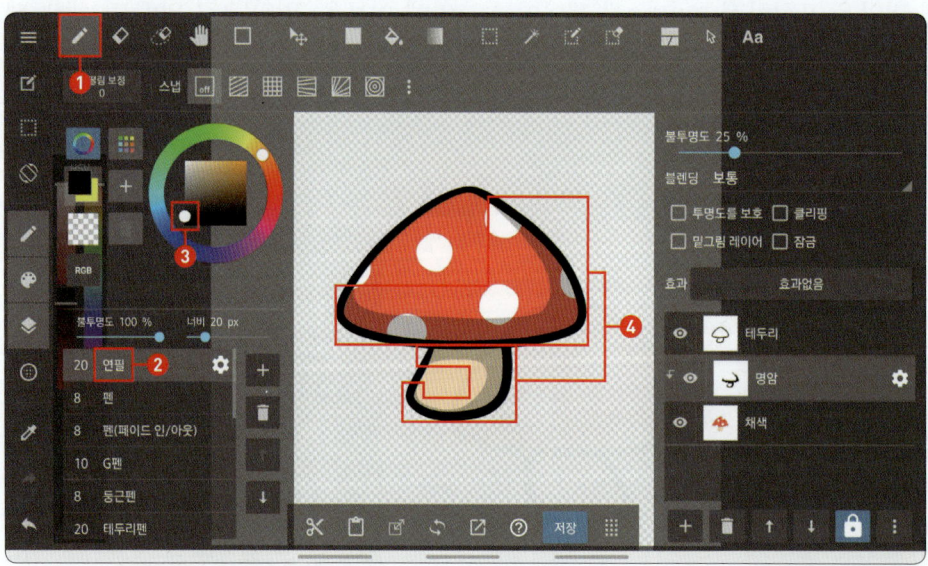

12 흰색으로 버섯 머리와 몸통에 밝은 부분을 표현하면 완성!

WEEK 06 기초 드로잉 따라 하기

처음부터 복잡한 그림을 그리기는 어려워요. 하지만 그리려는 대상을 쪼개어 살펴 보면 단순한 도형으로 이루어진 경우가 많답니다. 이번 시간에는 세 가지의 기본 도형을 이용해 간단한 드로잉을 해 볼게요. 책에서 소개한 그림 외에도, 상상력을 발휘해 다양하게 연습하다 보면 복잡한 그림도 손쉽게 그릴 수 있을 거예요.

STEP 01 원을 이용한 그림 그리기

원은 우리 생활 속에서 가장 쉽게 찾을 수 있는 도형이에요. 사과나 귤 등의 과일에서부터 달팽이와 같은 동물, 바퀴나 시계 등의 물건까지 여러 대상에서 둥근 형태를 볼 수 있지요. 그중 여섯 가지를 골라 간단한 드로잉을 해 보아요.

- 캔버스 설정
  너비: 1,000px
  높이: 1,000px
  dpi: 300

- 브러시 설정
  브러시 이름: 연필
  너비: 10px
  불투명도: 100%
  필압 사이즈 설정, 필압 불투명도 해제

01 새 캔버스에서 [레이어 창]을 켜 레이어를 두 개 추가합니다. 가장 아래 레이어부터 순서대로 '밑그림', '채색', '테두리'로 이름을 바꾸세요.

> **Tip** [밑그림 레이어]에 체크하면 레이어를 계속 켜 두더라도 선택 도구와 채우기 도구를 방해하지 않아요. 또, 완성된 그림을 저장할 때도 자동으로 사라지기 때문에 번거롭게 밑그림 레이어를 껐다 켰다 할 필요가 없어요.

02 '밑그림' 레이어를 선택해 [밑그림 레이어]에 체크하세요. '밑그림' 레이어에 [도형 브러시 툴]-[원]을 이용해 원을 여섯 개 그리고 불투명도를 40%로 낮추면 준비 완료! 이제 밑그림을 바탕으로 그림을 하나씩 그려 봅시다.

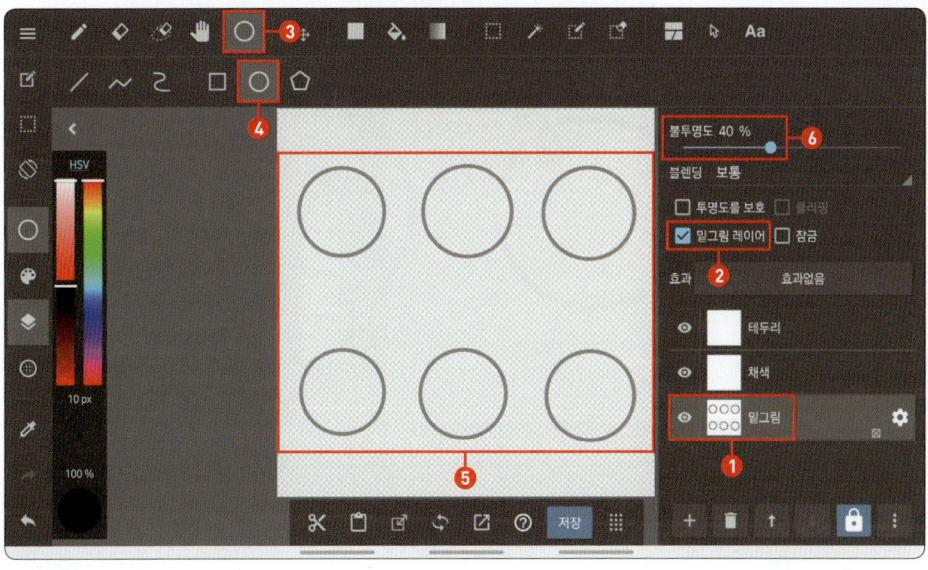

〉사과 그리기 〈

01 '테두리' 레이어를 선택한 후, [브러시 툴]-[연필]을 이용해 밑그림을 따라 원을 그립니다. 화면이 작다면 두 손가락으로 확대해 그립니다.

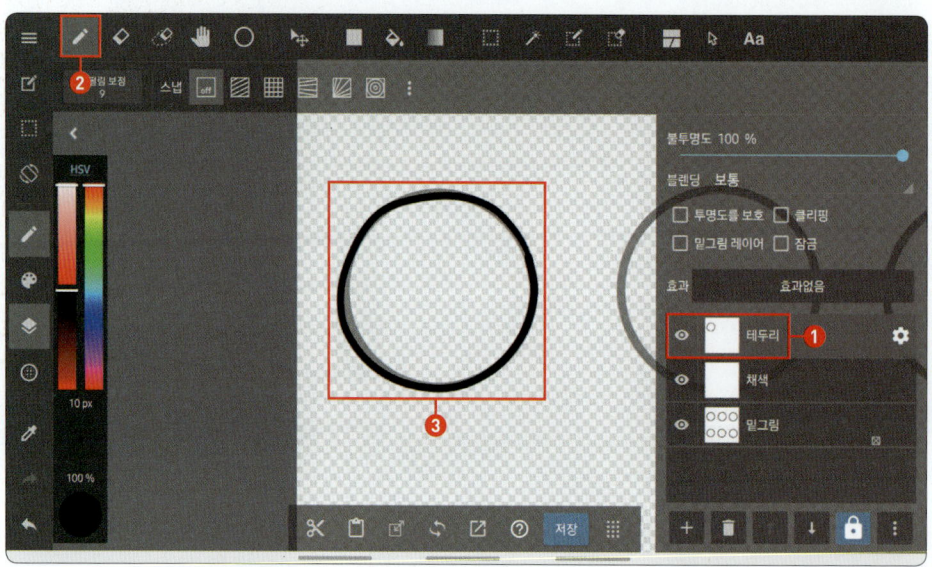

02 [지우개 툴]을 이용해 원의 위쪽을 약간 지우고 [브러시 툴]-[연필]로 사과 꼭지를 그립니다.

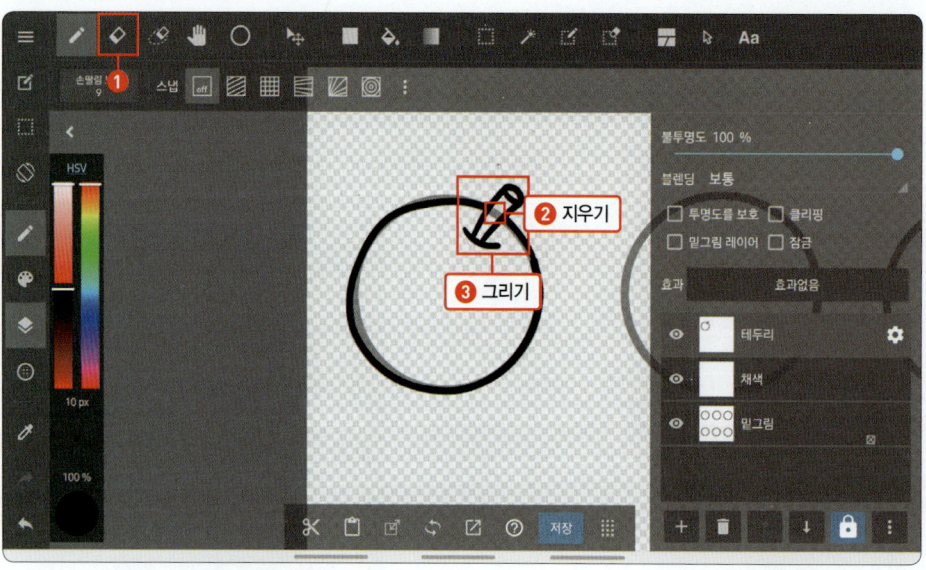

03 '채색' 레이어에 [버킷 툴]을 이용해 빨강색과 초록색으로 채색합니다.

> Tip Week04에서 배웠던 '확장'과 '틈 닫기'를 꼭 설정하세요! 너무 좁거나 뾰족해서 [버킷 툴]로 채워지지 않은 영역이 있다면 [브러시 툴]을 이용해 채색하세요.

04 [브러시 툴]-[연필]을 선택해 흰색으로 사과의 밝은 부분을 그리면 완성!

> 곰돌이 그리기 <

01 '테두리' 레이어에 [브러시 툴]-[연필]을 이용해 밑그림을 따라 원을 그립니다.

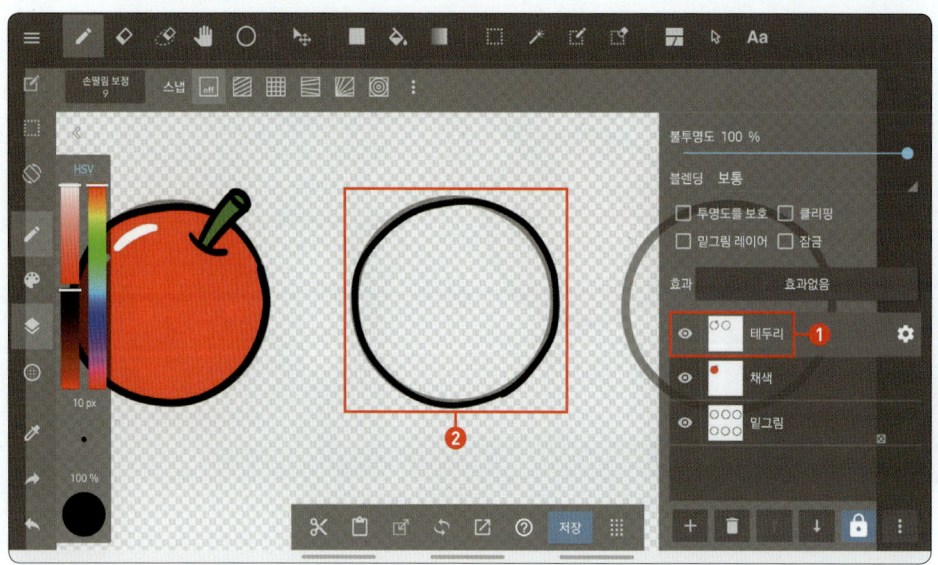

02 곰돌이 귀를 그리고, 귀여운 표정도 그려 넣습니다.

03 '채색' 레이어를 선택하고 [버킷 툴]을 이용해 얼굴을 갈색으로 채색합니다. 귀 안쪽은 더 진한 갈색으로 채색하면 완성!

> 달팽이 그리기 <

01 '테두리' 레이어에 [브러시 툴]-[연필]을 이용해 원을 그린 다음, 소용돌이 무늬를 그려 등껍질을 표현합니다.

02 등껍질 아래에 달팽이의 몸과 더듬이를 그립니다.

03 '채색' 레이어를 선택하고 [버킷 툴]을 이용해 등껍질은 주황색, 몸과 더듬이는 연한 노란색으로 채색하면 완성!

〉 열기구 그리기 〈

01 '테두리' 레이어에 [브러시 툴]-[연필]을 이용해 밑그림을 따라 원을 그립니다.

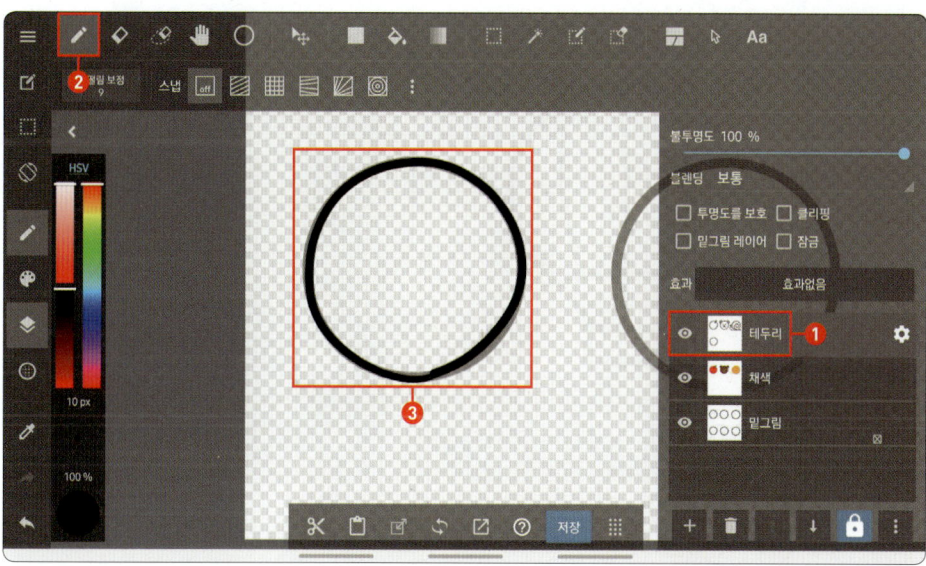

02 [지우개 툴]을 이용해 원의 아래쪽 일부분을 지우고 [브러시 툴]-[연필]로 열기구의 바구니와 끈을 그립니다.

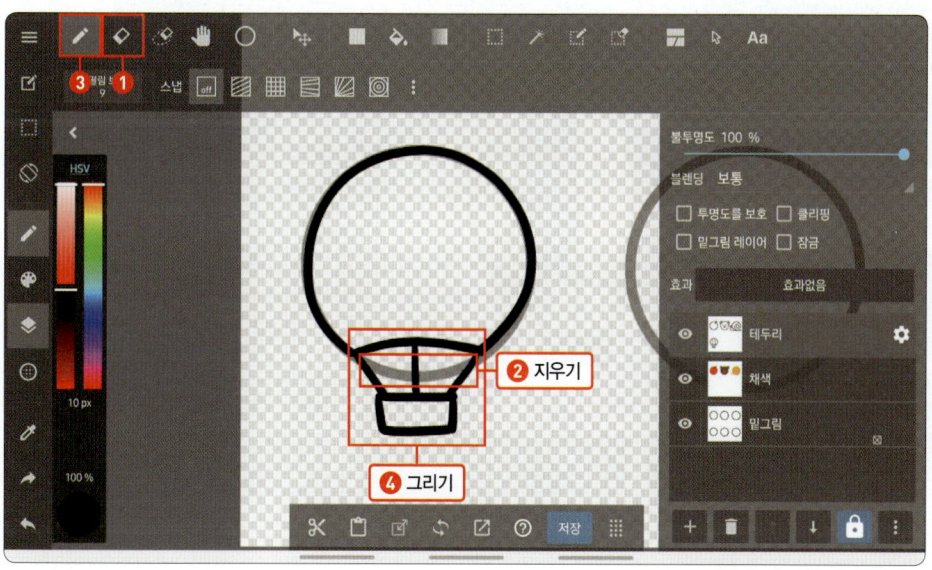

03 열기구 윗부분의 무늬를 둥글게 그립니다.

04 '채색' 레이어를 선택하고 [버킷 툴]을 이용해 윗부분은 파란색과 노란색, 바구니는 갈색으로 채색하면 완성!

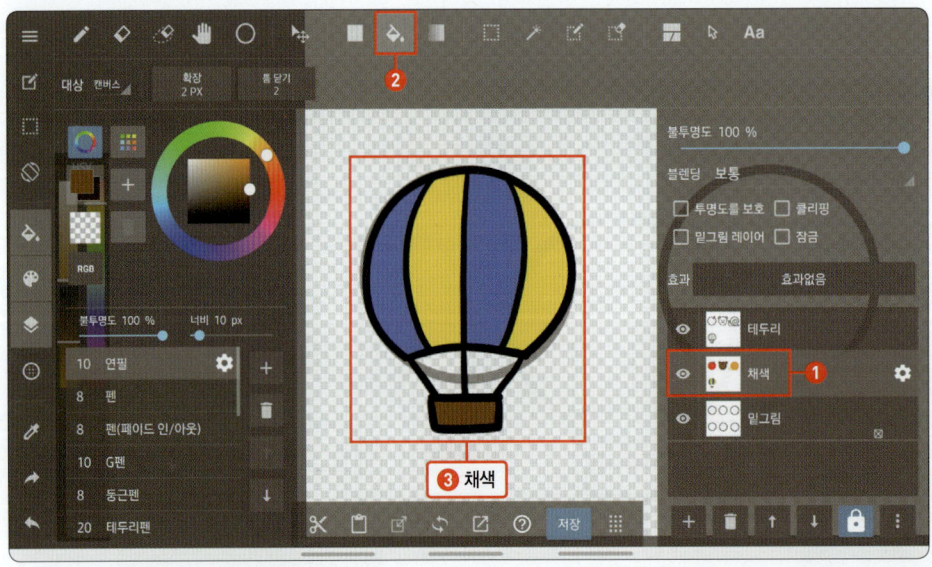

〉 나뭇잎 그리기 〈

01 '테두리' 레이어에 [브러시 툴]-[연필]을 이용해 위가 뾰족한 물방울 모양을 그립니다.

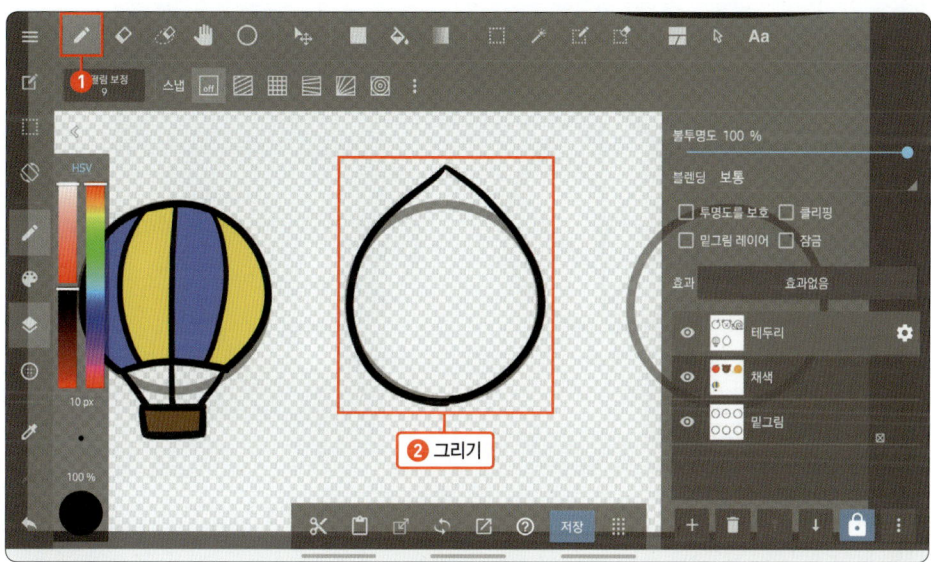

02 [지우개 툴]을 이용해 물방울 모양의 아래쪽을 약간 지우고 [브러시 툴]-[연필]로 잎자루를 그립니다.

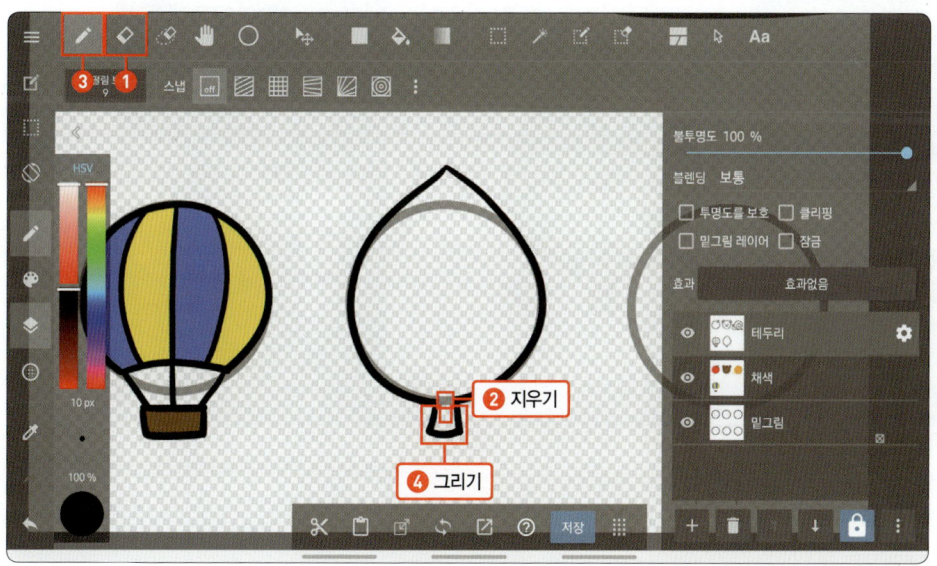

03 세로 선과 대각선을 그려 잎맥을 표현합니다.

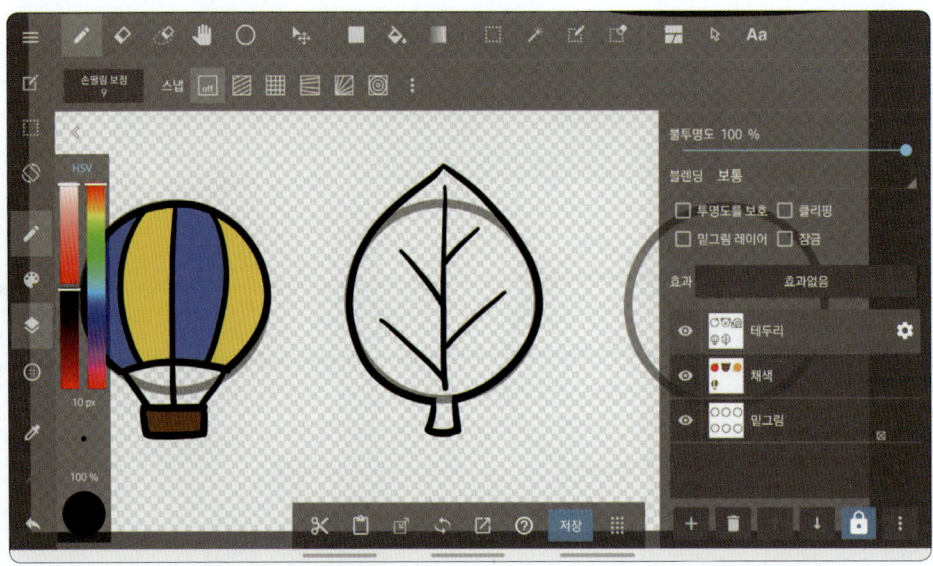

04 '채색' 레이어를 선택하고 [버킷 툴]을 이용해 초록색으로 채색하면 완성!

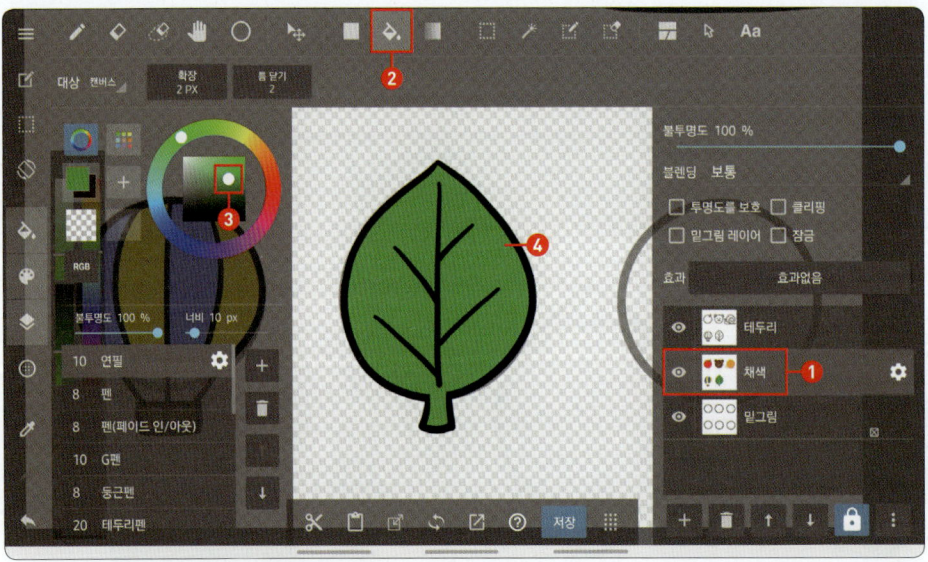

〉나무 그리기 〈

01 '테두리' 레이어에 [브러시 툴]-[연필]을 이용해 울퉁불퉁한 구름 모양을 그립니다.

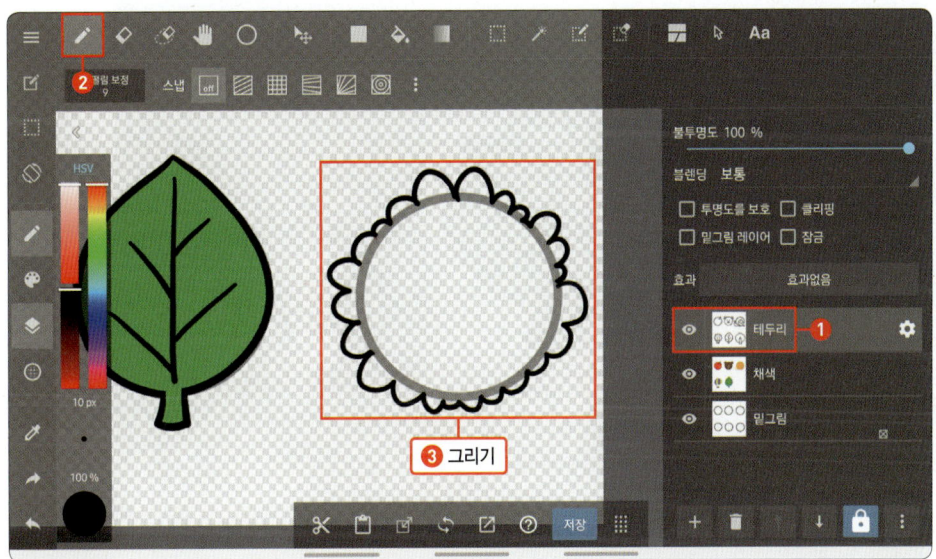

02 [지우개 툴]을 이용해 아래쪽을 약간 지우고 [브러시 툴]-[연필]로 나무줄기를 그립니다.

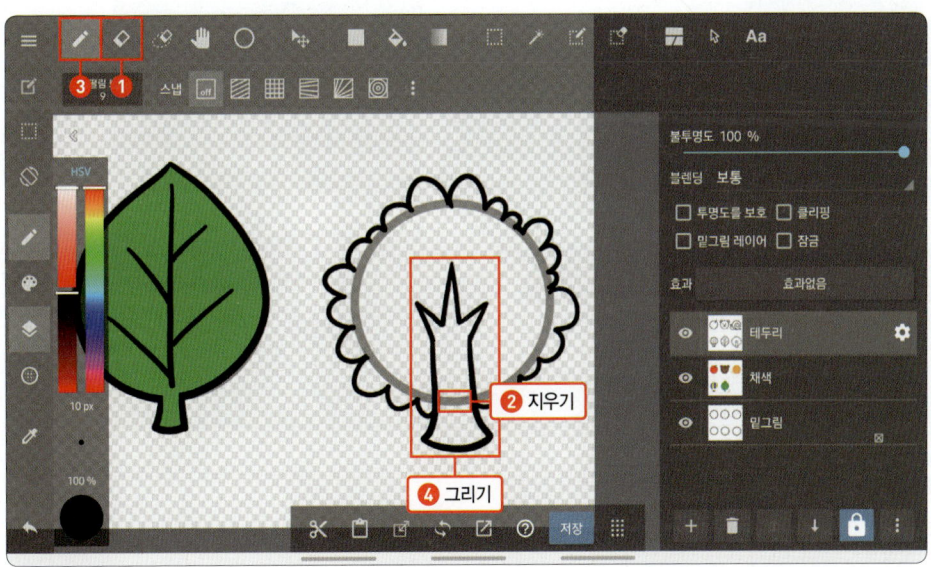

03 '채색' 레이어에 [버킷 툴]을 이용해 잎은 초록색, 줄기는 갈색으로 채색합니다.

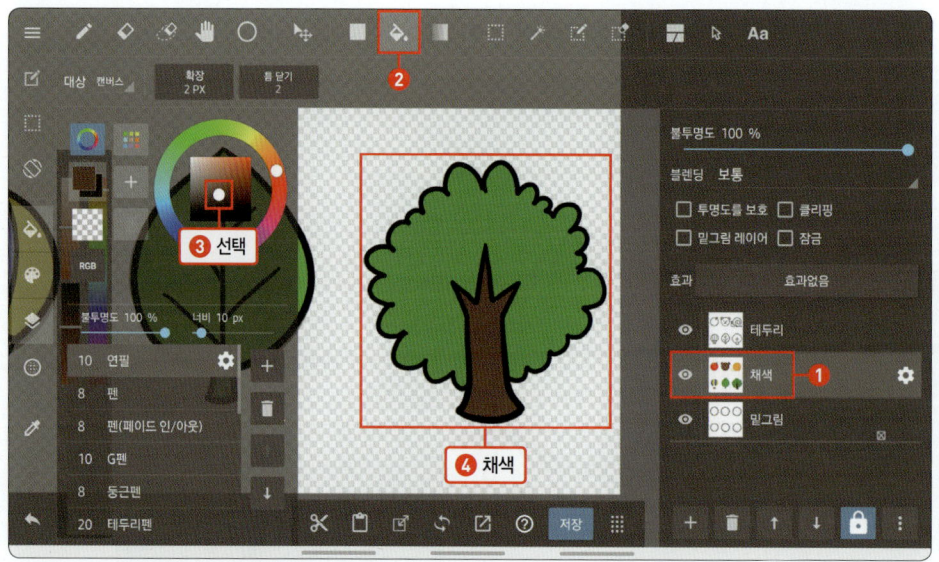

04 [브러시 툴]-[연필]을 선택해 더 진한 초록색으로 나뭇잎을 그리면 완성!

STEP 02 | 네모를 이용한 그림 그리기

'네모의 꿈'이라는 노래를 아나요? 가사에 등장하는 네모난 침대, 네모난 창문처럼 네모 모양의 사물이 정말 많답니다. 여러분이 읽고 있는 이 책도 네모 모양이지요! 네모 모양의 대상 여섯 가지를 함께 드로잉해 봅시다.

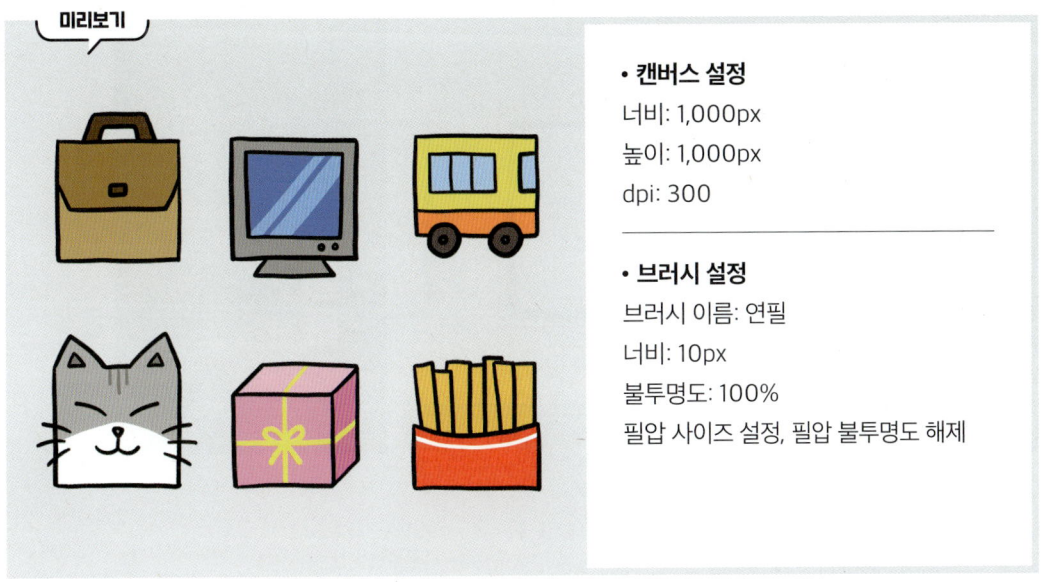

• 캔버스 설정
너비: 1,000px
높이: 1,000px
dpi: 300

• 브러시 설정
브러시 이름: 연필
너비: 10px
불투명도: 100%
필압 사이즈 설정, 필압 불투명도 해제

원을 이용한 그림 그리기와 마찬가지로 '밑그림', '채색', '테두리' 레이어를 만들고, '밑그림' 레이어를 선택해 [밑그림 레이어]에 체크하세요. 투명도를 낮춘 밑그림 레이어에 여섯 개의 네모를 그리면 준비 완료!

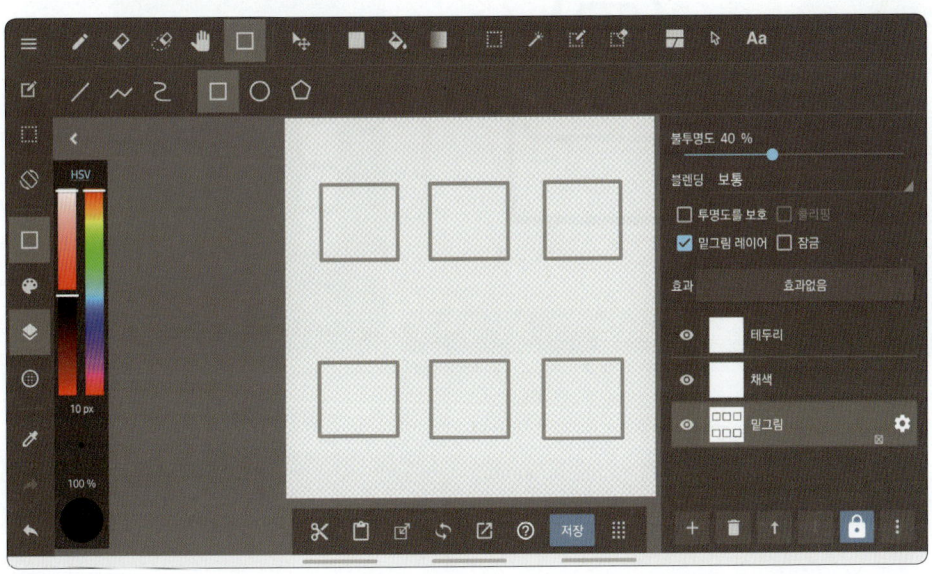

〉 가방 그리기 〈

01 '테두리' 레이어에 [브러시 툴]-[연필]을 이용해 밑그림을 따라 네모를 그립니다.

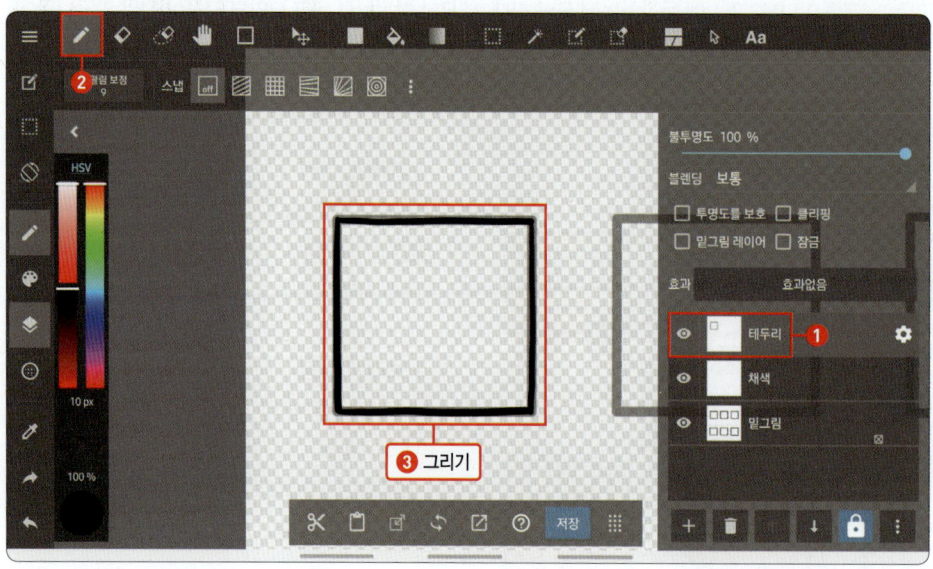

02 가방의 덮개와 손잡이를 그립니다.

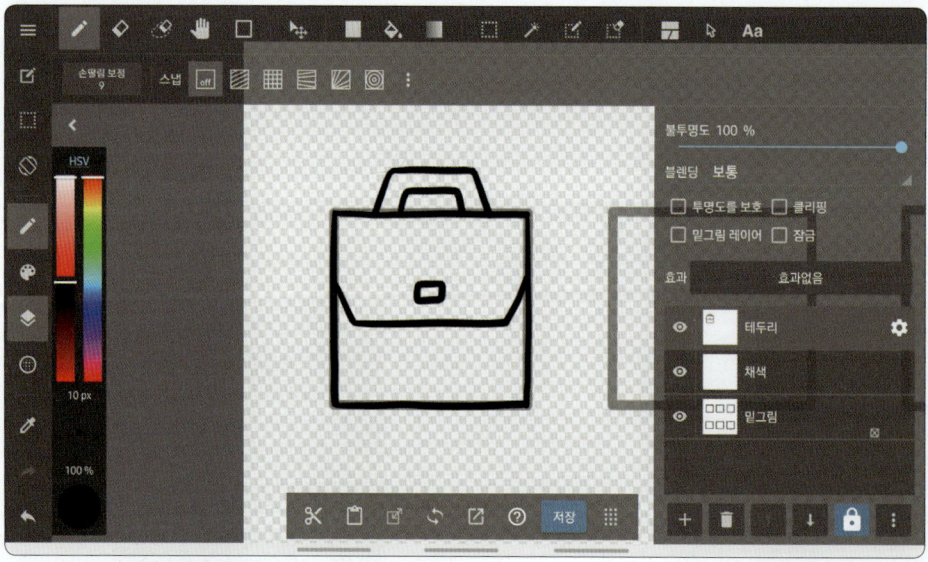

03 '채색' 레이어에 [버킷 툴]을 이용해 가방 몸통은 연한 갈색, 뚜껑과 손잡이는 진한 갈색으로 채색하면 완성!

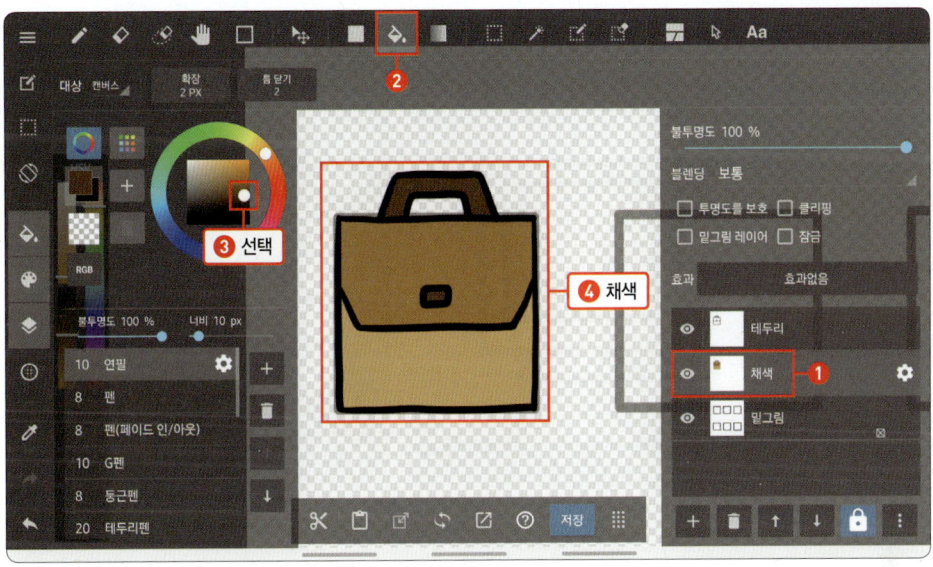

> **모니터 그리기** <

01 '테두리' 레이어에 [브러시 툴]-[연필]을 이용해 밑그림을 따라 네모를 그립니다.

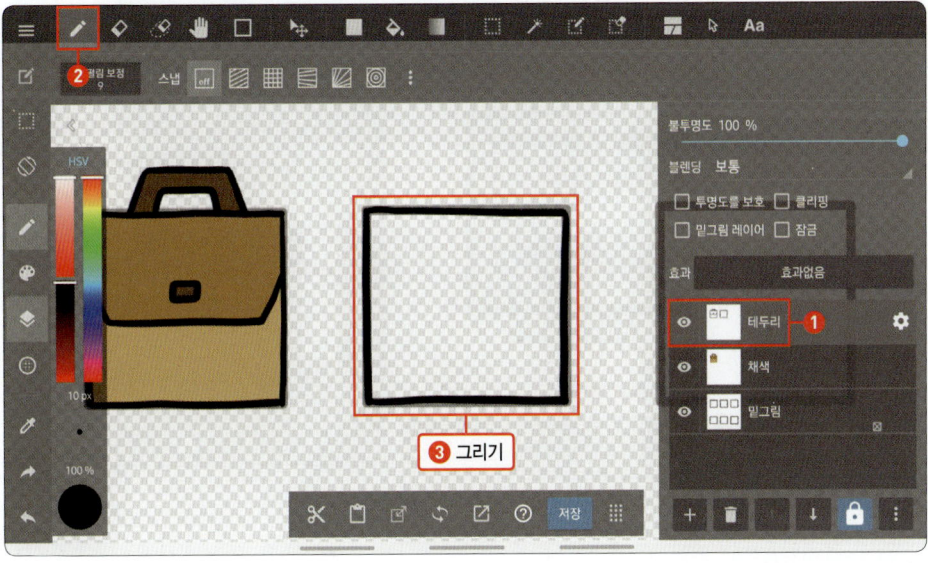

02 모니터 화면과 버튼을 그리고, 모니터 아래에 받침을 그립니다.

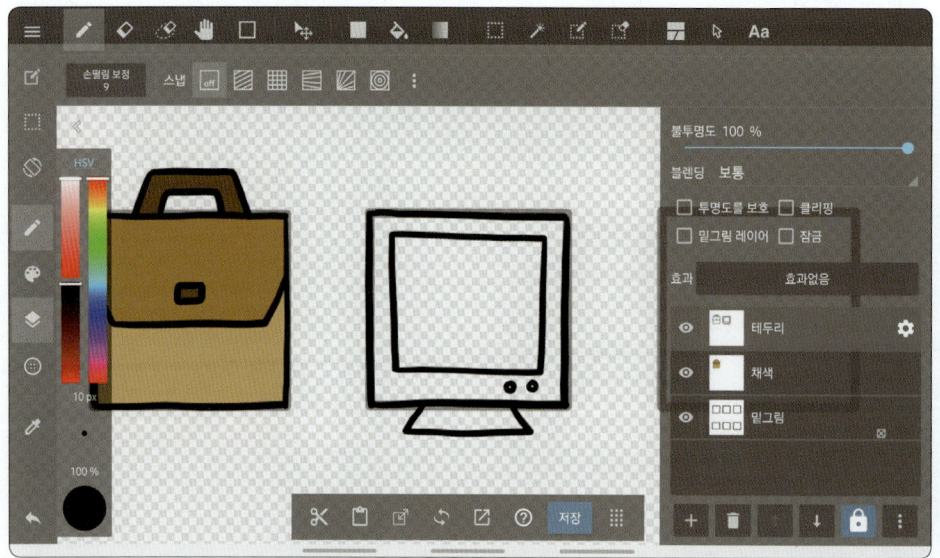

03 '채색' 레이어를 선택하고 [버킷 툴]을 이용해 모니터 테두리와 받침은 회색, 화면은 파란색으로 채색합니다.

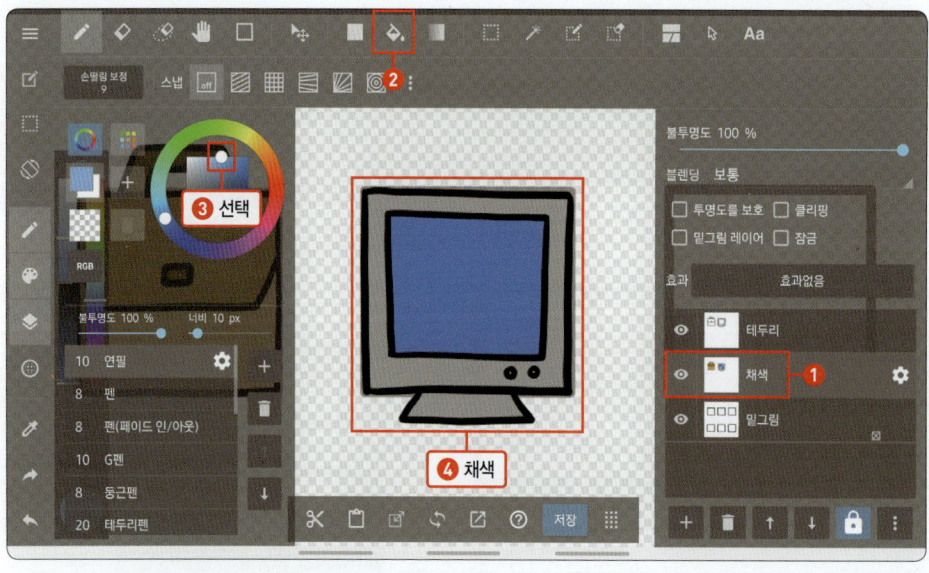

04 [브러시 툴]-[연필]을 선택해 하늘색으로 화면의 밝은 부분을 그리면 완성!

> 버스 그리기 <

01 '테두리' 레이어에 [브러시 툴]-[연필]을 이용해 밑그림보다 세로 길이가 짧은 네모를 그립니다.

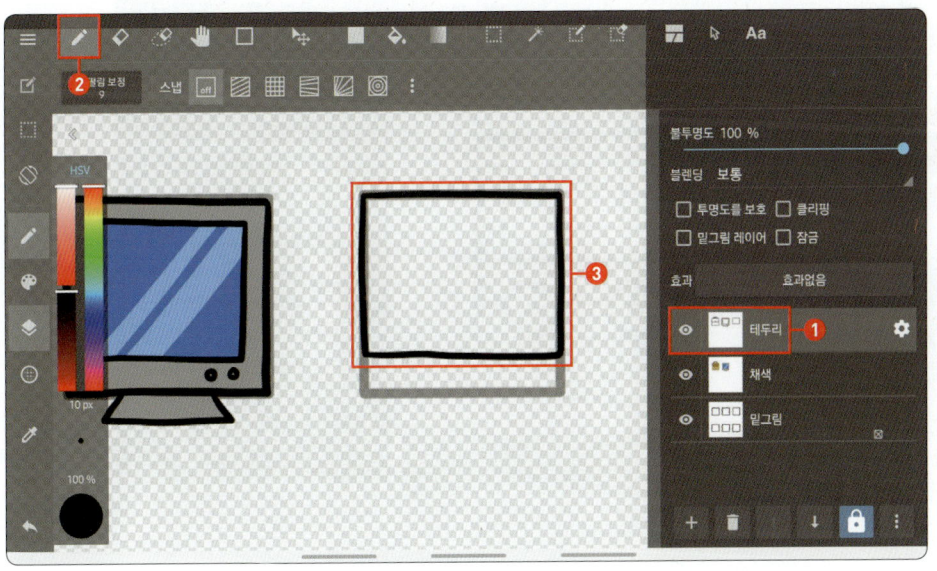

02 [지우개 툴]을 이용해 바퀴가 그려질 부분을 약간 지우고 [브러시 툴]-[연필]로 바퀴를 그립니다.

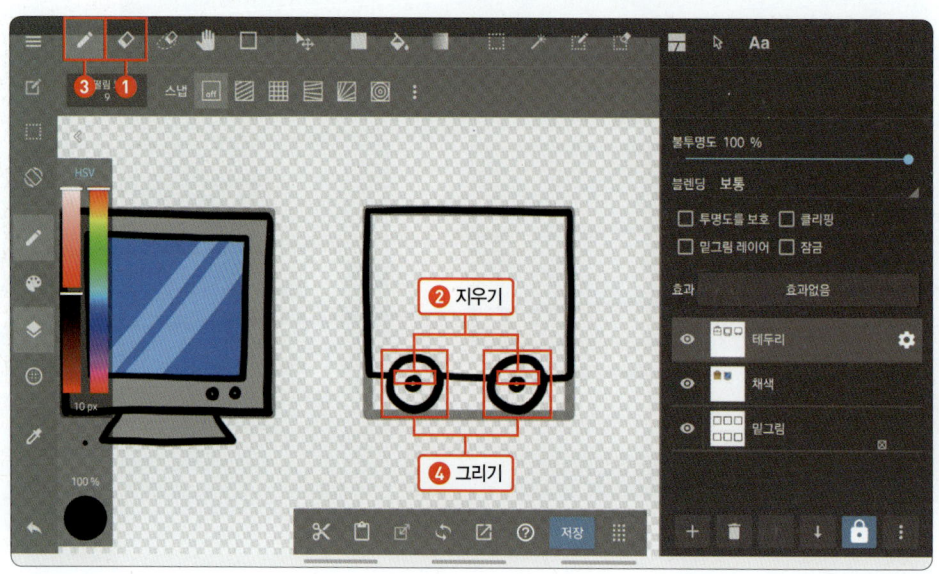

03 버스의 창문을 그리고 창문과 바퀴 사이에 선을 긋습니다.

04 '채색' 레이어를 선택하고 [버킷 툴]을 이용해 채색합니다. 버스의 몸체는 노란색과 주황색, 바퀴는 회색, 창문은 하늘색으로 채색하면 완성!

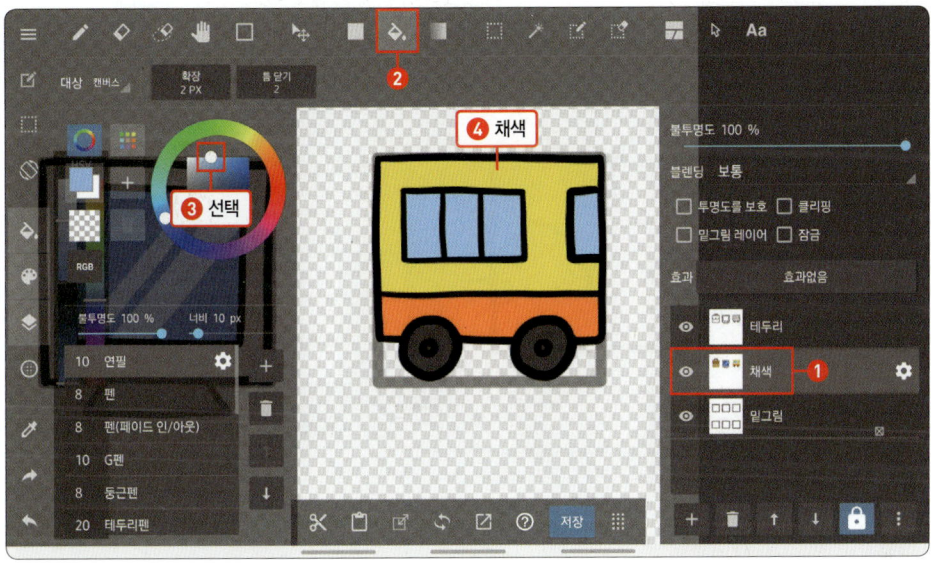

> 고양이 그리기 <

01 '테두리' 레이어에 [브러시 툴]-[연필]을 이용해 네모의 양옆과 아래쪽을 그립니다.

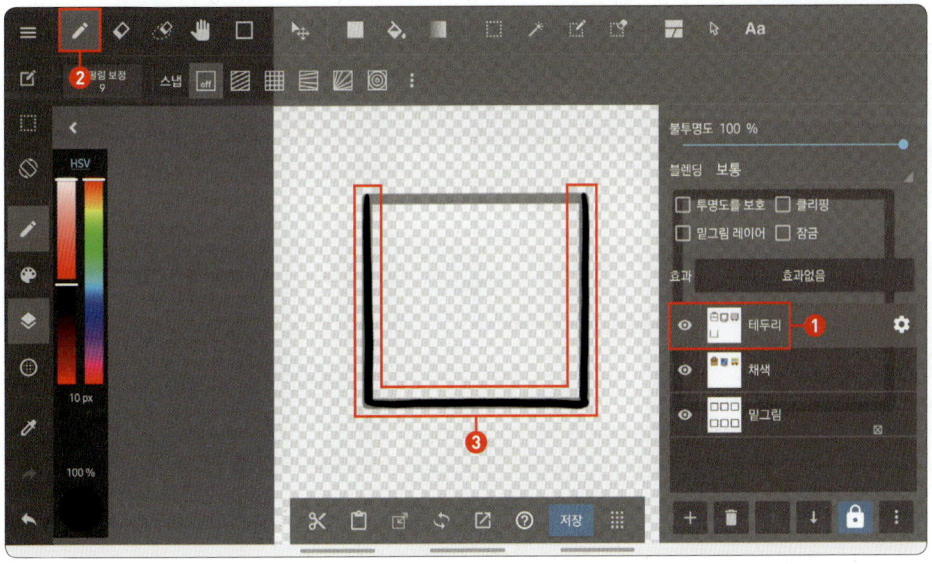

02 네모 위쪽에 고양이의 뾰족한 귀를 그리고 고양이의 표정과 수염도 표현합니다.

03 '채색' 레이어를 선택해 연한 회색으로 눈과 코 사이에 선을 긋고 [버킷 툴]을 이용해 선 위쪽 얼굴과 코는 연한 회색, 선 아래 얼굴은 흰색으로 채색합니다.

04 [브러시 툴]-[연필]을 선택해 진한 회색으로 이마의 무늬와 귀 안쪽을 채색하면 완성!

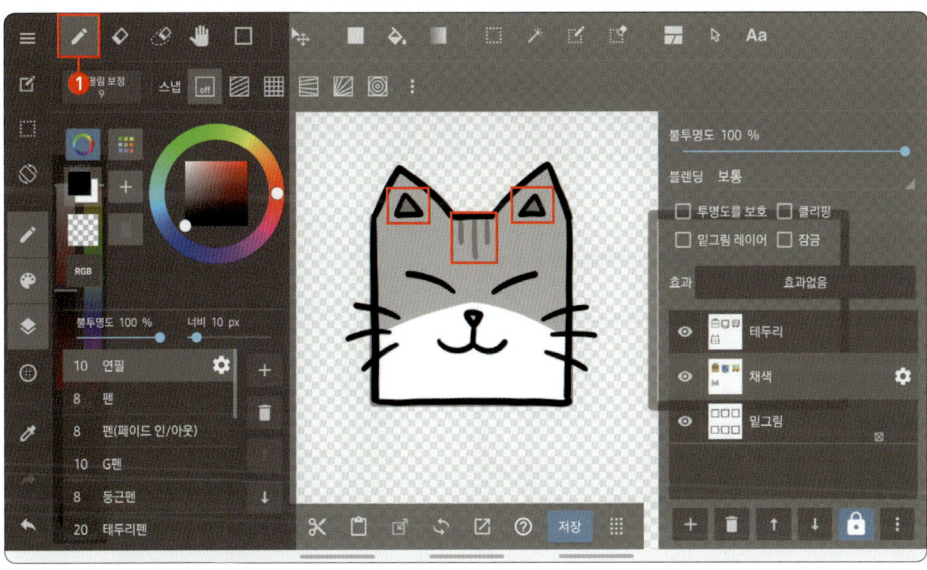

〉 선물 그리기 〈

01 '테두리' 레이어를 선택합니다. [브러시 툴]-[연필]을 이용해 밑그림을 따라 네모를 그리고, 왼쪽 아래에 크기가 조금 작은 네모를 하나 더 그립니다.

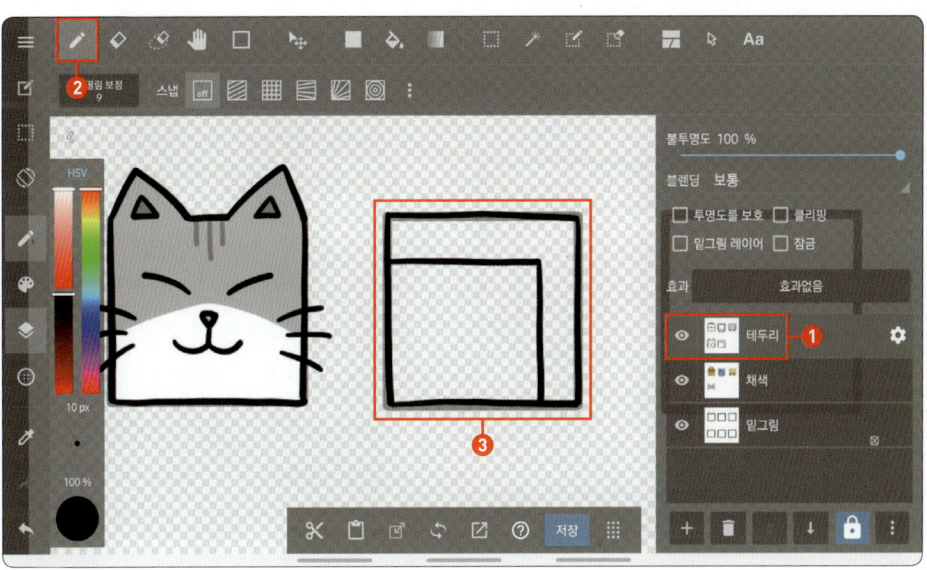

02 사진과 같이 세 개의 대각선을 그리고, 왼쪽 위와 오른쪽 아래의 뾰족한 모서리를 [지우개 툴]로 지워 상자를 표현합니다.

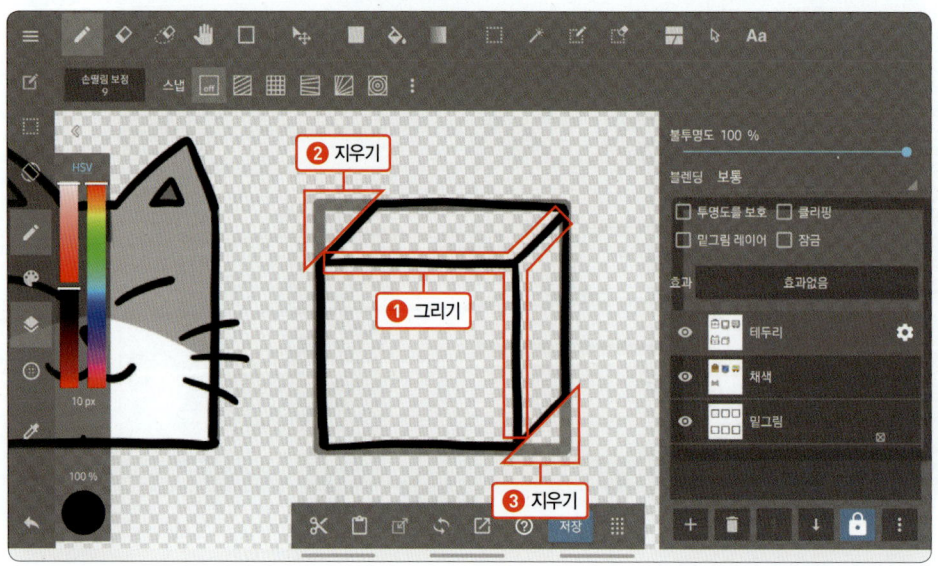

03 '채색' 레이어에 [버킷 툴]을 이용해 분홍색으로 상자를 채색하겠습니다. 상자의 윗면, 앞면, 옆면 순서로 점점 어두워지도록 채색합니다.

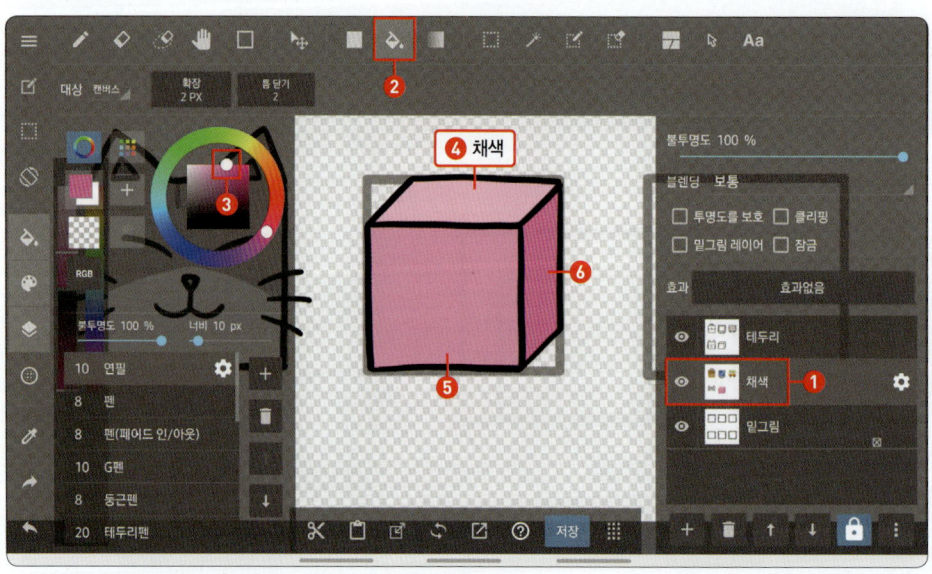

04 [브러시 툴]-[연필]을 선택해 노란색으로 선물에 묶인 리본을 그리면 완성!

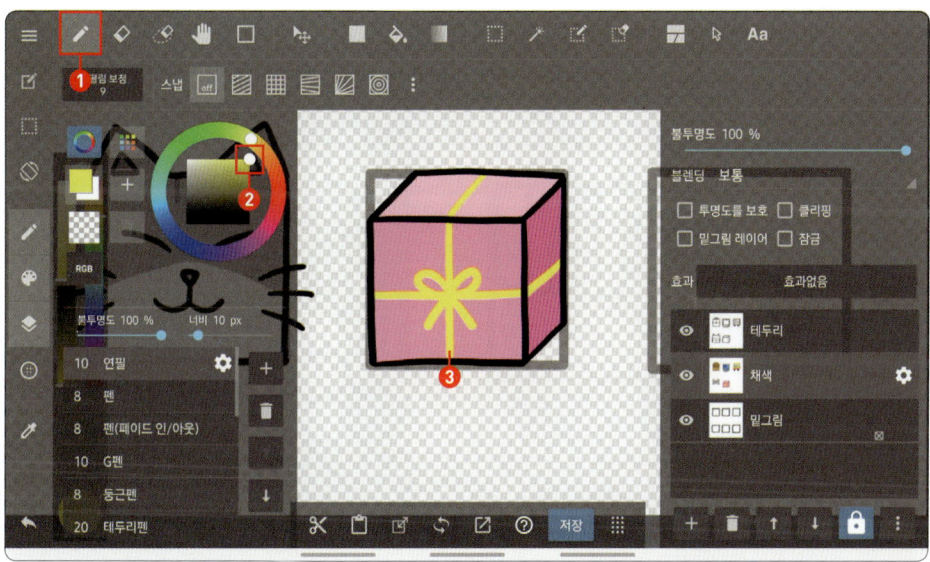

> 감자튀김 그리기 <

01 '테두리' 레이어에 [브러시 툴]-[연필]을 이용해 밑그림의 아래쪽 절반 정도 크기의 네모를 그립니다. 이때, 네모의 위쪽은 곡선으로 그리세요.

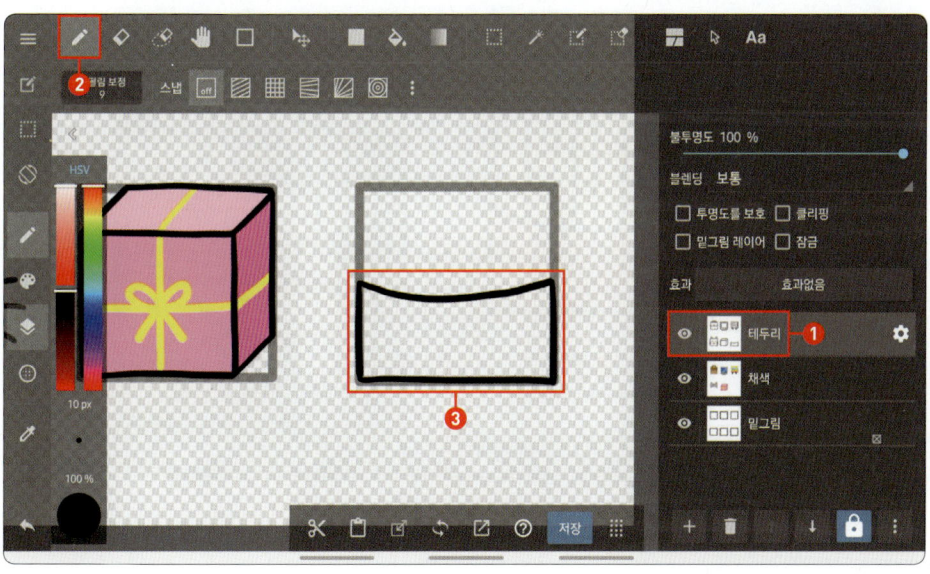

02 밑그림의 위쪽 선을 기준으로 크기가 다른 감자튀김을 여러 개 그립니다.

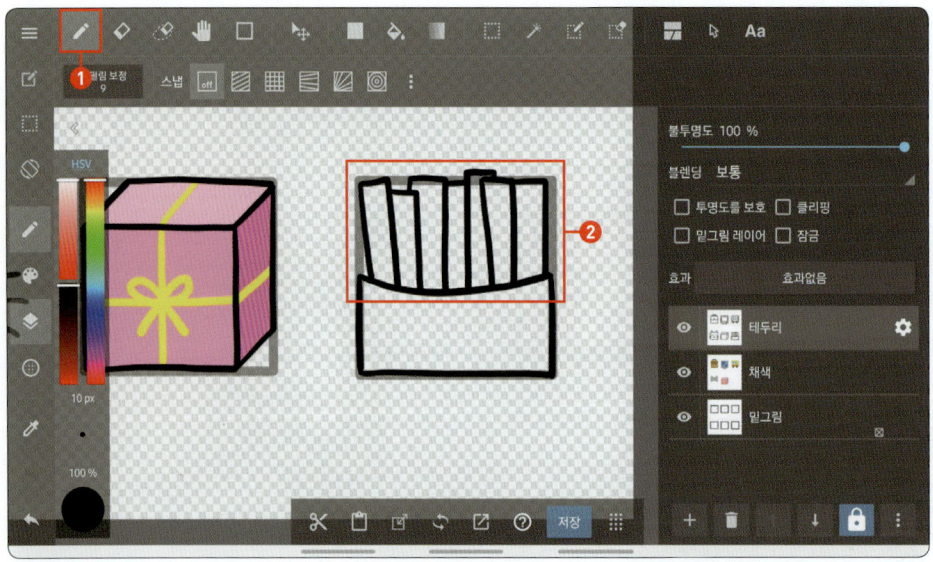

03 '채색' 레이어를 선택하고 [버킷 툴]을 이용해 그릇은 빨간색, 감자튀김은 노란색으로 채색합니다.

04 [브러시 툴]-[연필]을 선택해 흰색으로 포장지의 무늬를 그리면 완성!

STEP 03 세모를 이용한 그림 그리기

세모 모양의 대상을 떠올리는 것은 앞선 두 도형보다 약간 어렵게 느껴질 수 있어요. 하지만 천천히 주변을 둘러보면 고깔모자, 딸기, 피자 등 세모 모양의 대상을 여럿 찾을 수 있답니다. 함께 여섯 가지 그림을 그려 보아요!

• 캔버스 설정
너비: 1,000px
높이: 1,000px
dpi: 300

• 브러시 설정
브러시 이름: 연필
너비: 10px
불투명도: 100%
필압 사이즈 설정, 필압 불투명도 해제

마찬가지로 '밑그림', '채색', '테두리' 레이어를 만들고, '밑그림' 레이어를 선택해 [밑그림 레이어]에 체크하세요. 투명도를 낮춘 밑그림 레이어에 [도형 브러시 툴]-[다각형]을 이용해 여섯 개의 세모를 그리면 준비 완료!

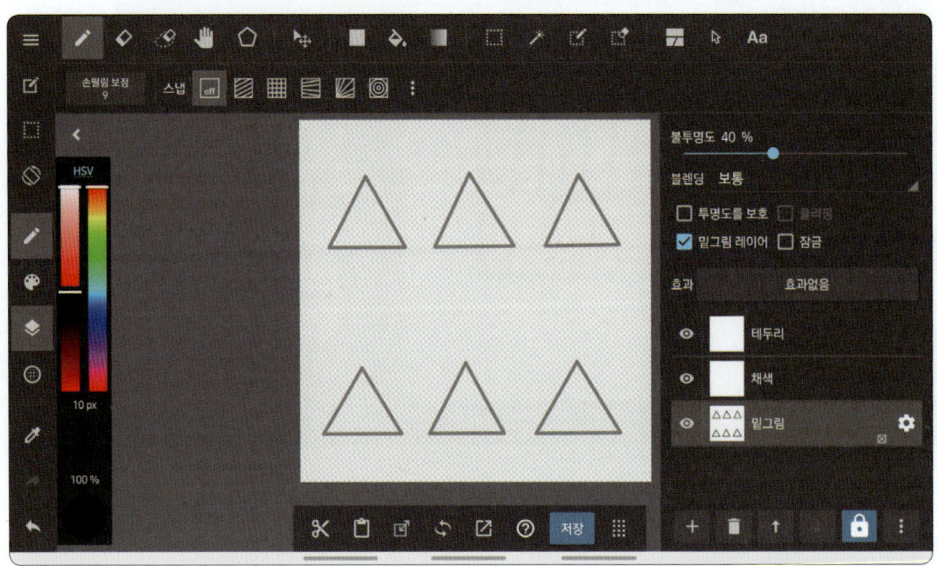

> 돛단배 그리기 <

01 '테두리' 레이어에 [브러시 툴]-[연필]을 이용해 밑그림을 따라 세모를 그립니다.

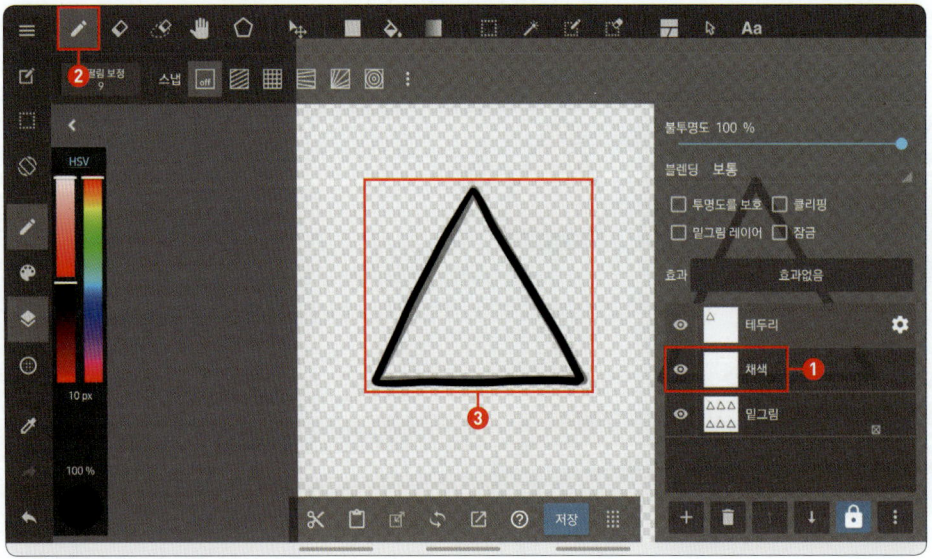

02 긴 세로선을 그어 돛단배의 기둥을 표현하고, 아래쪽에 배를 그립니다.

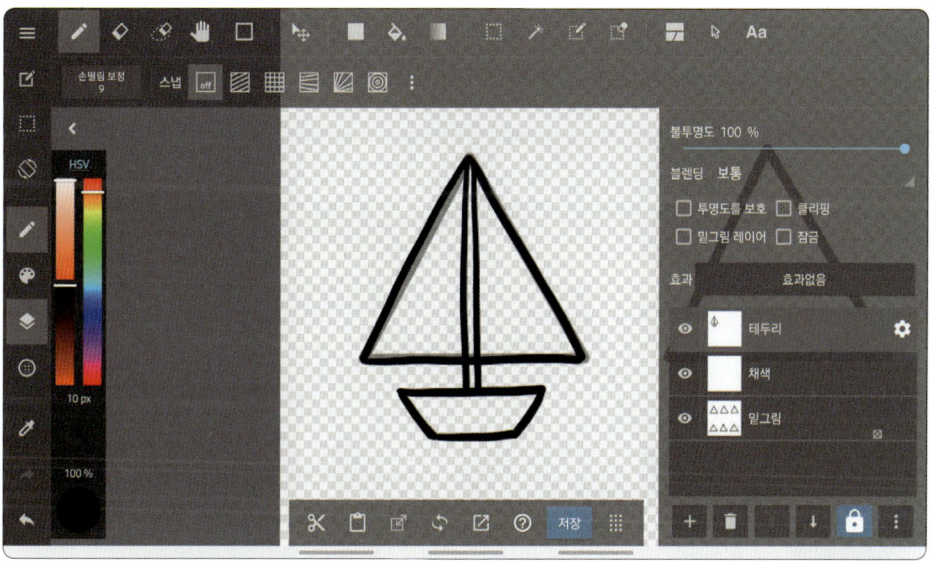

03 '채색' 레이어를 선택하고 [버킷 툴]을 이용해 돛은 파란색과 하늘색, 기둥은 회색, 배는 갈색으로 채색하면 완성!

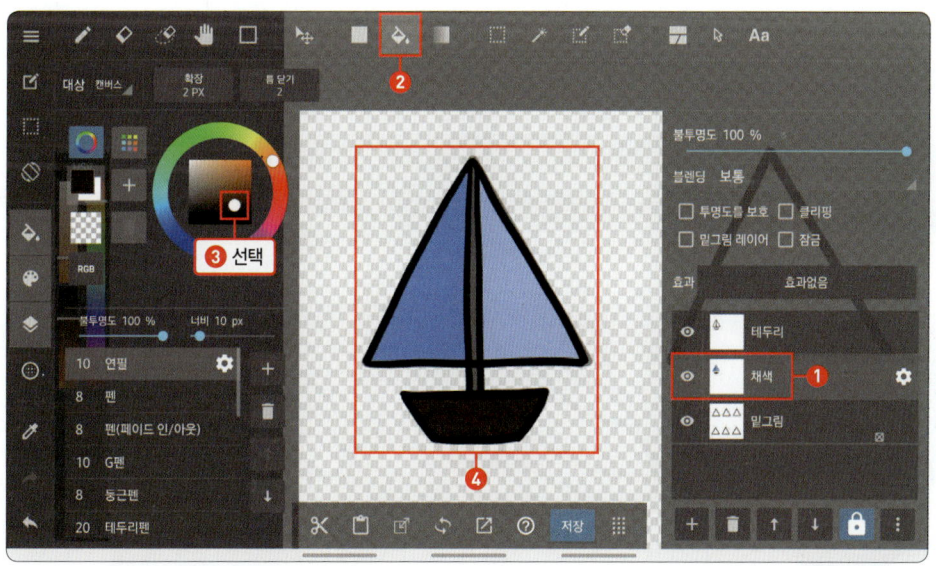

〉고깔 그리기 〈

01 '테두리' 레이어에 [브러시 툴]-[연필]을 이용해 밑그림을 따라 세모를 그립니다. 이때, 아랫부분은 곡선으로 그려 고깔 모양을 표현하세요.

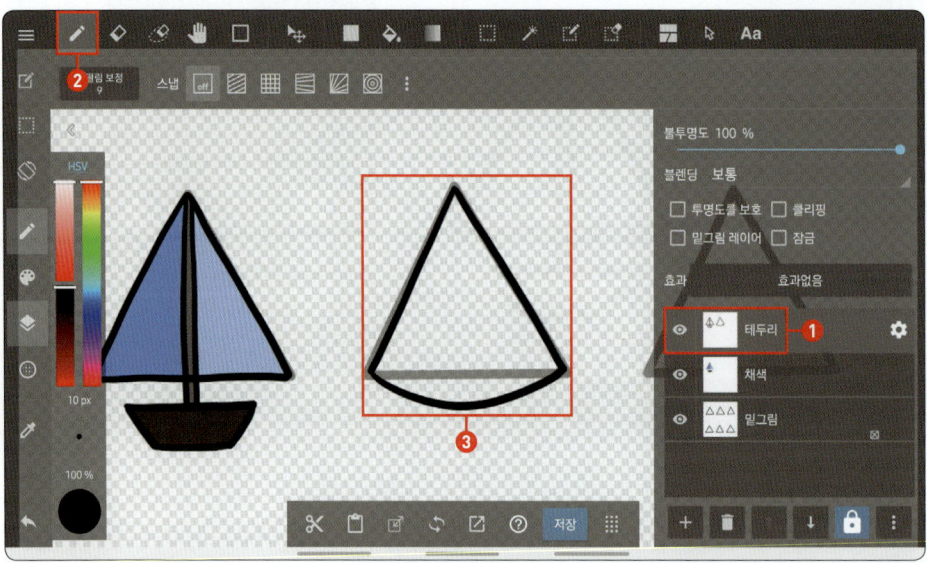

02 [지우개 툴]을 이용해 세모의 꼭대기를 약간 지우고 [브러시 툴]-[연필]로 동그란 장식과 무늬를 그립니다.

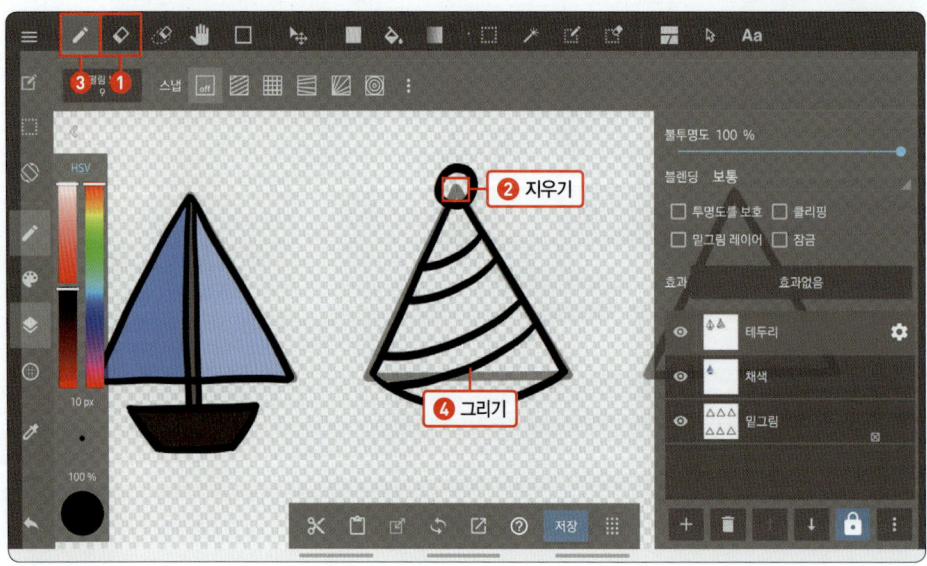

03 '채색' 레이어를 선택하고 [버킷 툴]을 이용해 채색하면 완성!

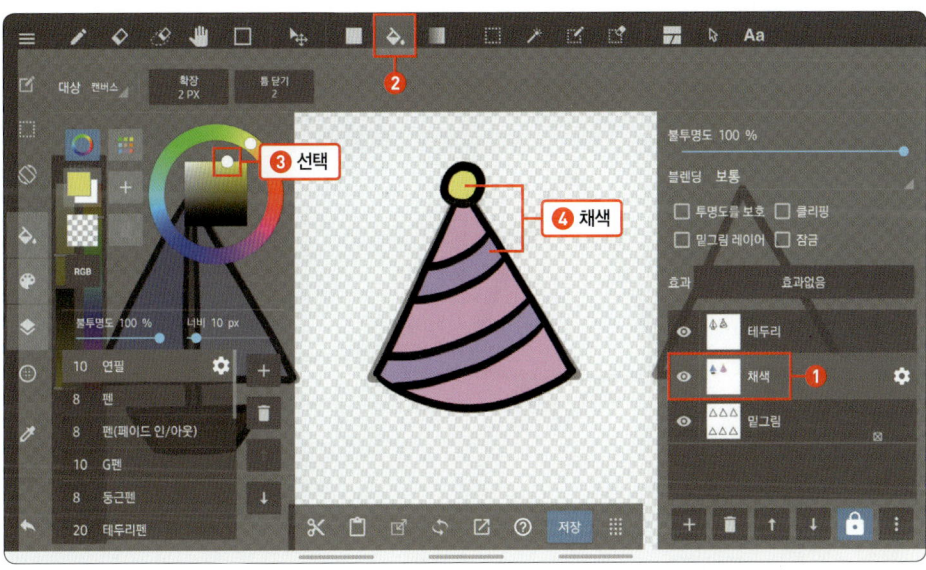

> 딸기 그리기 <

01 '테두리' 레이어를 선택합니다. [브러시 툴]-[연필]을 이용해 밑그림을 따라 가장자리가 둥근 세모를 그립니다.

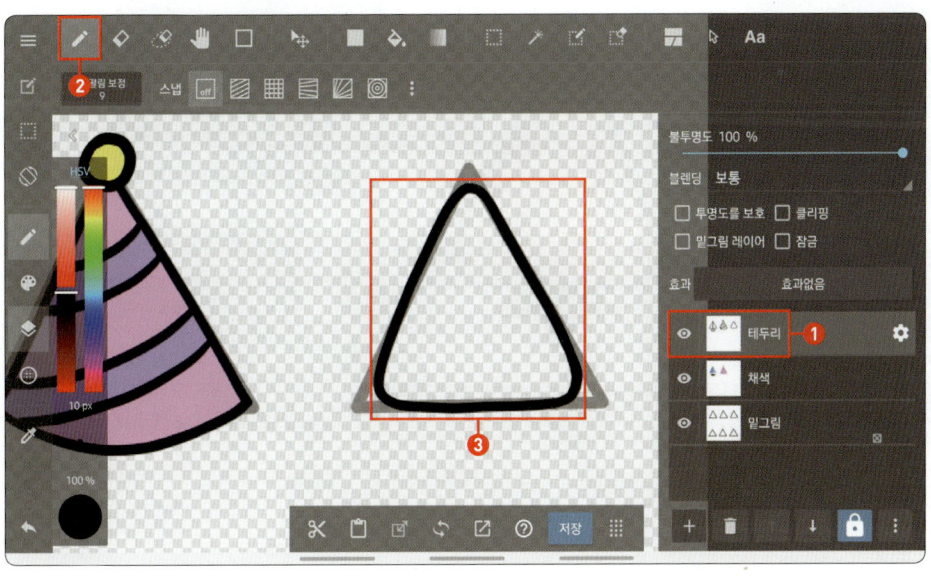

02 세모의 아래에 딸기 꼭지를 그립니다.

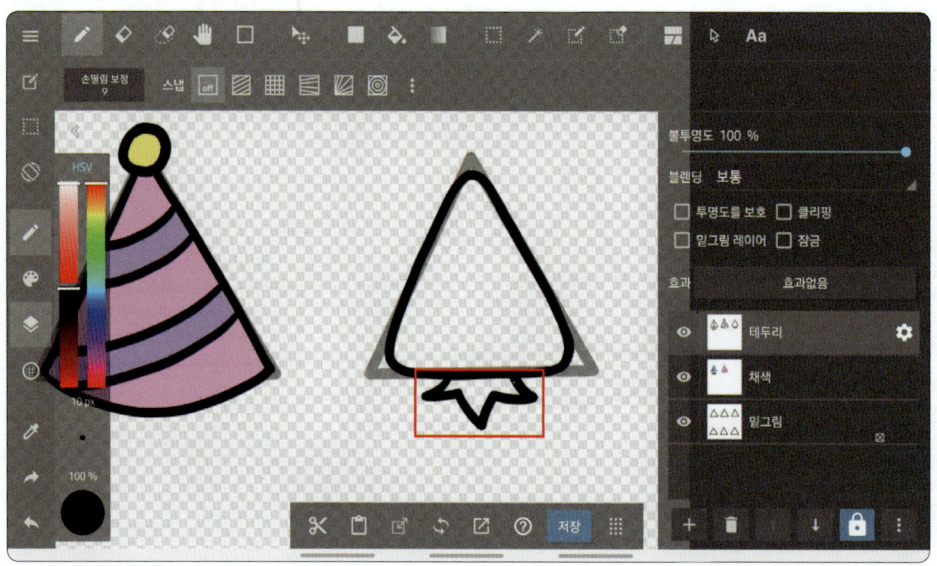

03 '채색' 레이어를 선택하고 [버킷 툴]을 이용해 빨강색과 초록색으로 채색합니다.

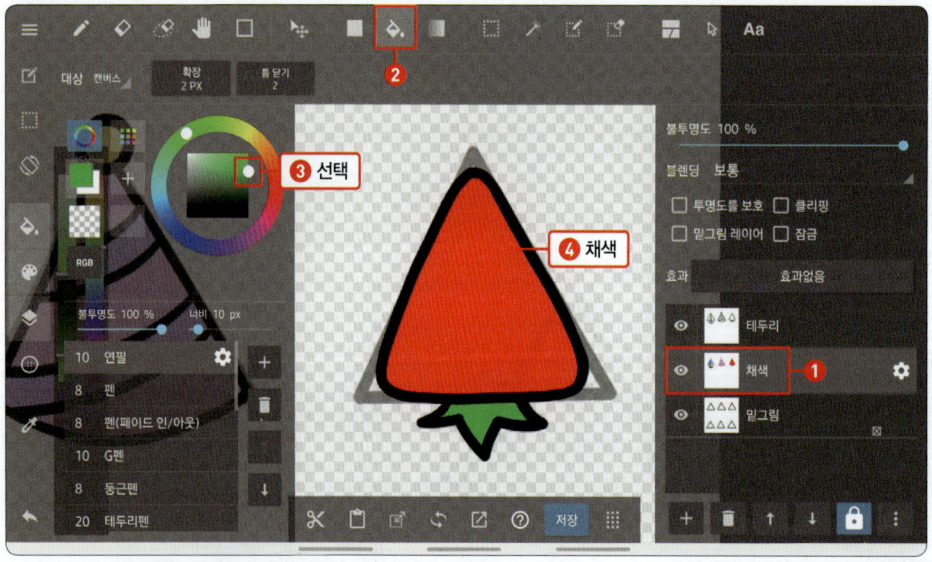

04 [브러시 툴]-[연필]을 선택해 연한 노란색으로 길쭉한 씨를 그리면 완성!

> 피자 그리기 <

01 '테두리' 레이어를 선택하고 [브러시 툴]-[연필]을 이용해 밑그림을 따라 세모를 그립니다. 이때, 한쪽은 곡선으로 그려 피자의 둥근 테두리를 표현하세요.

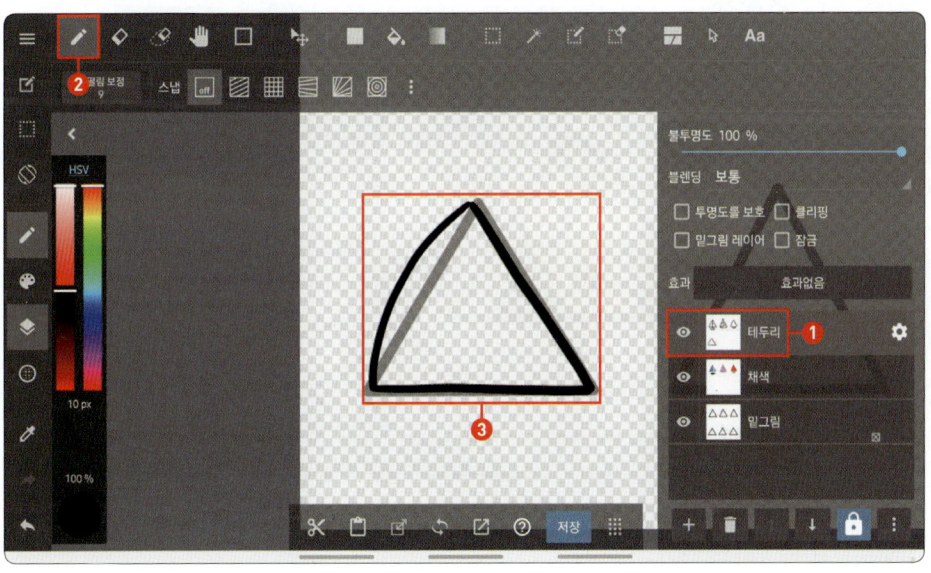

02 피자의 테두리 빵과 올리브, 페퍼로니 등의 크고 작은 토핑을 그려 줍니다.

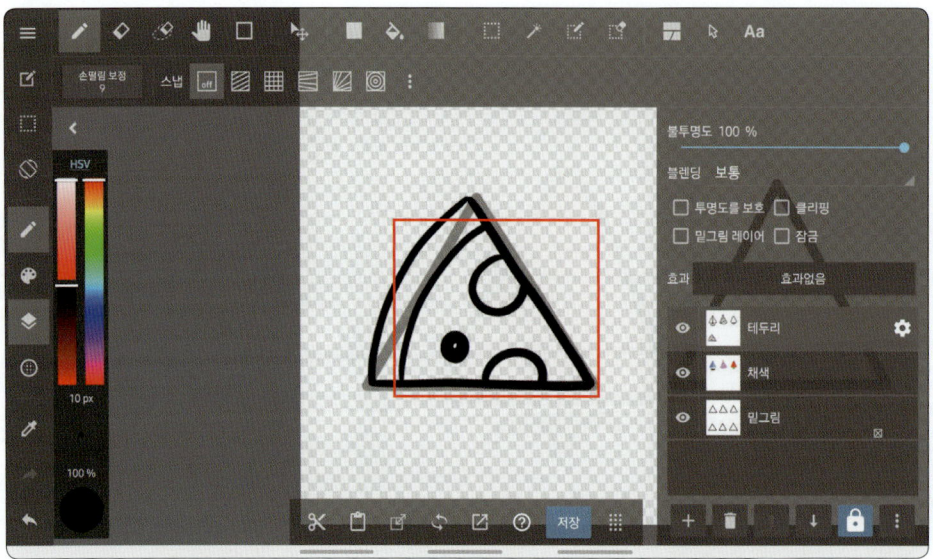

03 '채색' 레이어를 선택하고 [버킷 툴]을 이용해 테두리 빵은 갈색, 치즈는 연한 노란색, 토핑은 빨간색으로 채색하면 완성!

> 크리스마스 트리 그리기 <

01 '테두리' 레이어에 [브러시 툴]-[연필]을 이용해 트리의 잎을 그립니다. 세모를 따라 뾰족한 모양으로 그리세요.

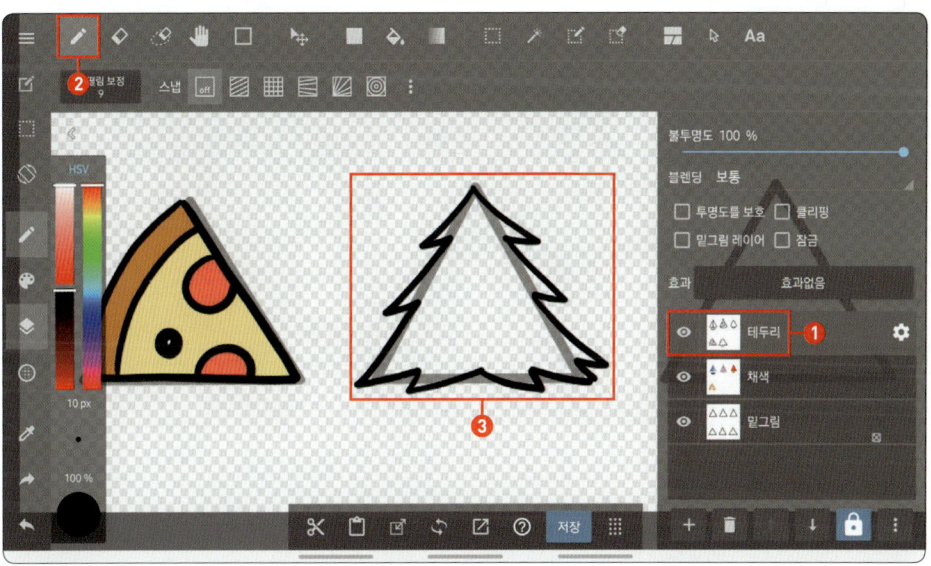

02 잎 아래에 나무줄기를 그립니다.

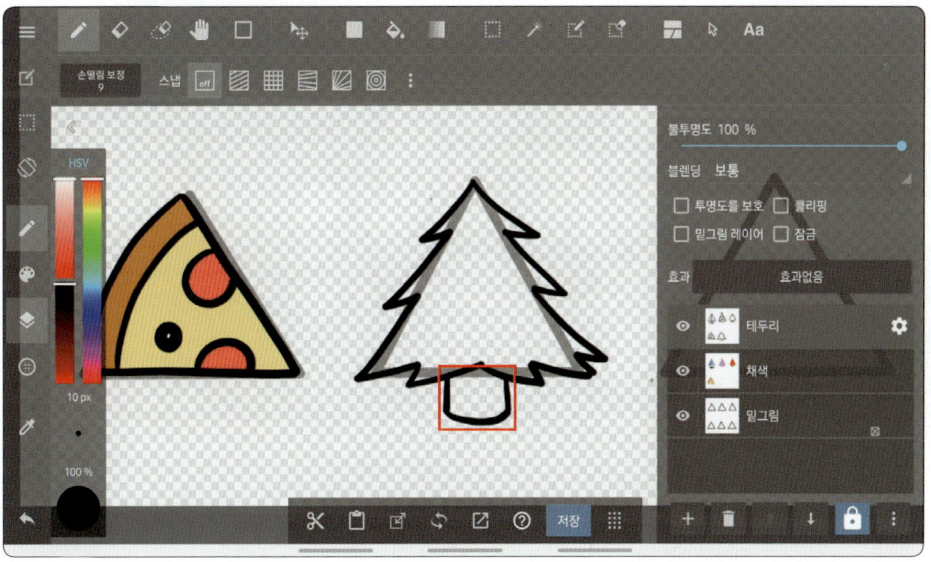

03 '채색' 레이어를 선택하고 [버킷 툴]을 이용해 잎은 초록색, 줄기는 갈색으로 칠합니다.

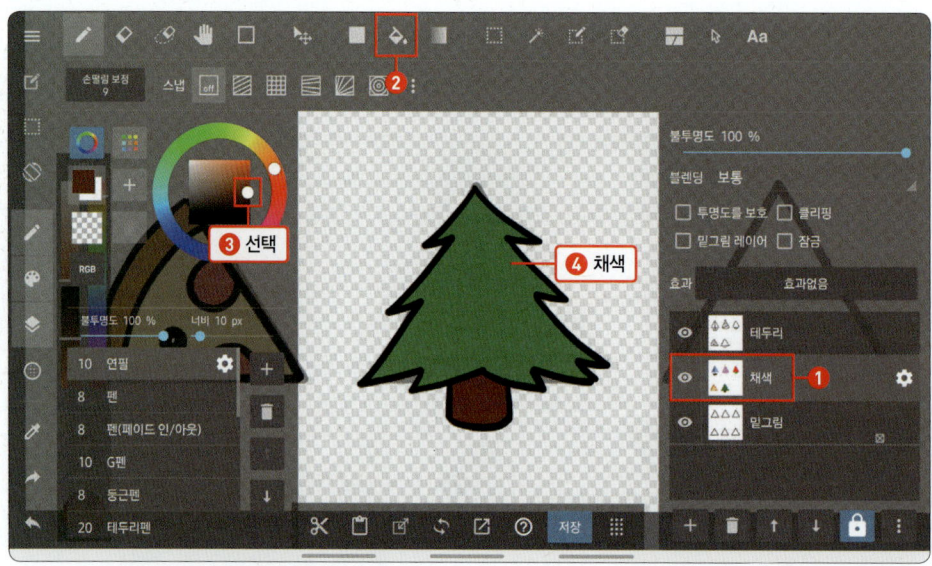

04 [브러시 툴]-[연필]을 선택해 더 진한 초록색으로 뾰족한 나뭇잎을 그리면 완성!

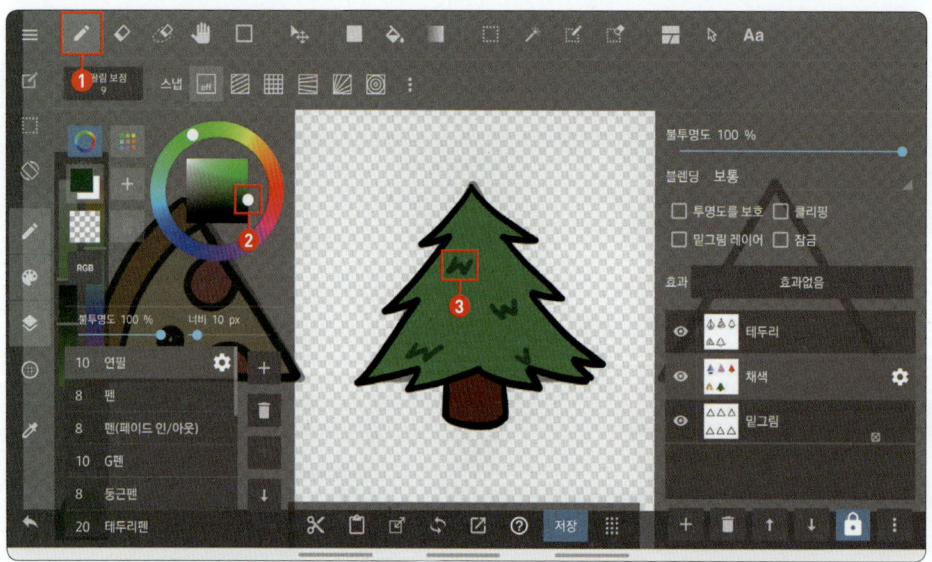

> 여우 그리기 <

01 '테두리' 레이어를 선택하고 [브러시 툴]-[연필]을 이용해 세모의 왼쪽 아래에 둥근 코와 긴 주둥이를 그립니다.

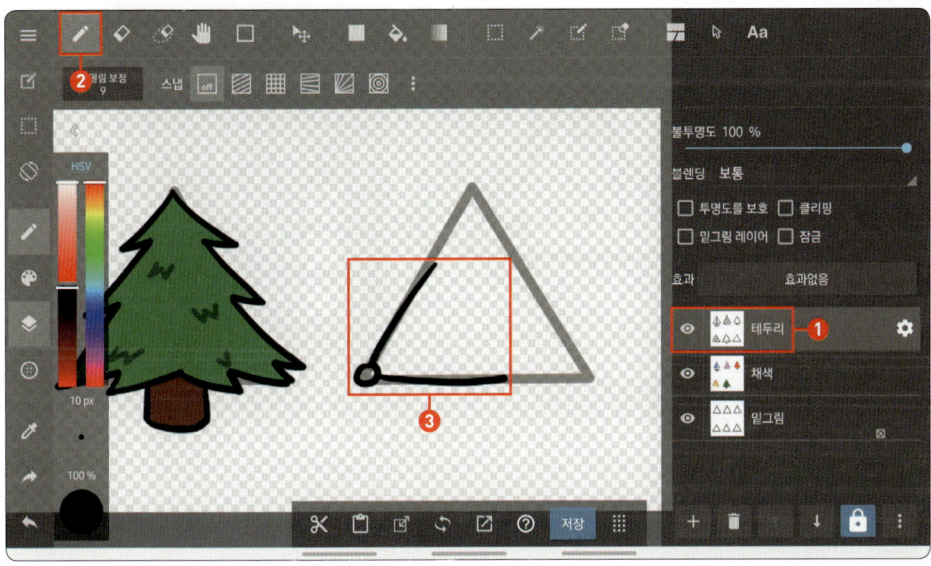

02 세모의 위쪽과 오른쪽 아래에 귀를 그립니다.

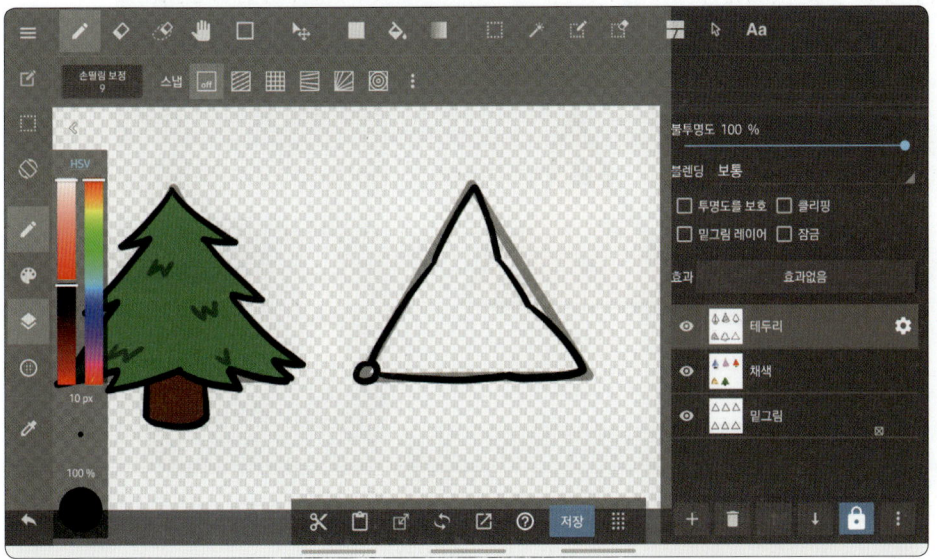

03 귀 안쪽을 나타내는 삼각형과 여우의 눈을 그립니다.

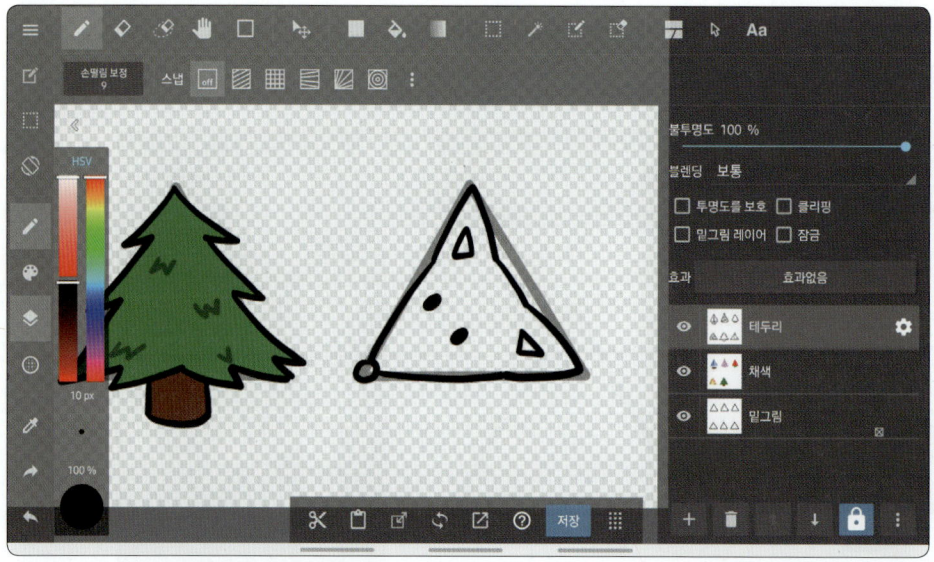

04 '채색' 레이어를 선택하고 [버킷 툴]을 이용해 여우의 털은 주황색, 귀 안쪽과 코는 짙은 갈색으로 채색합니다.

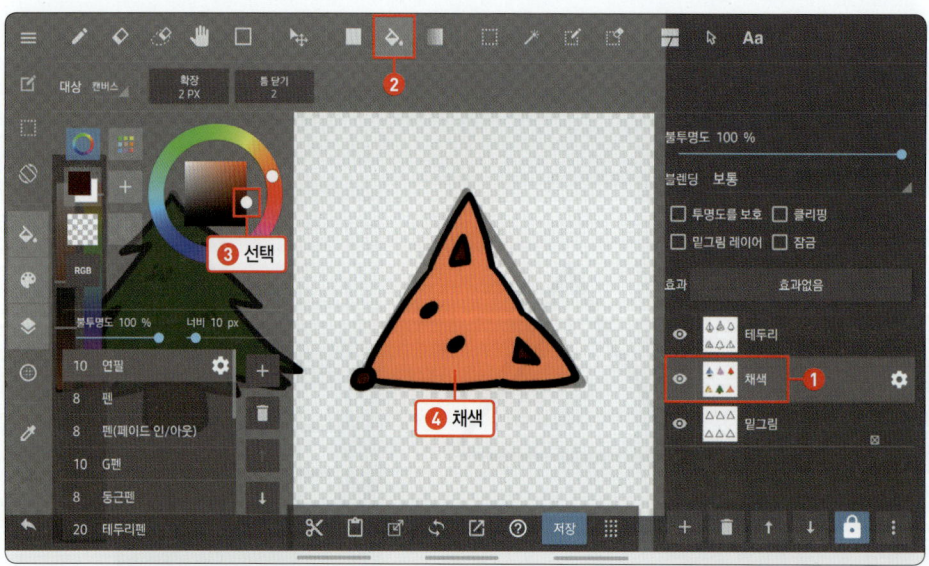

05 [브러시 툴]-[연필]을 선택해 연한 주황색으로 눈 주변의 무늬를 그리면 완성!

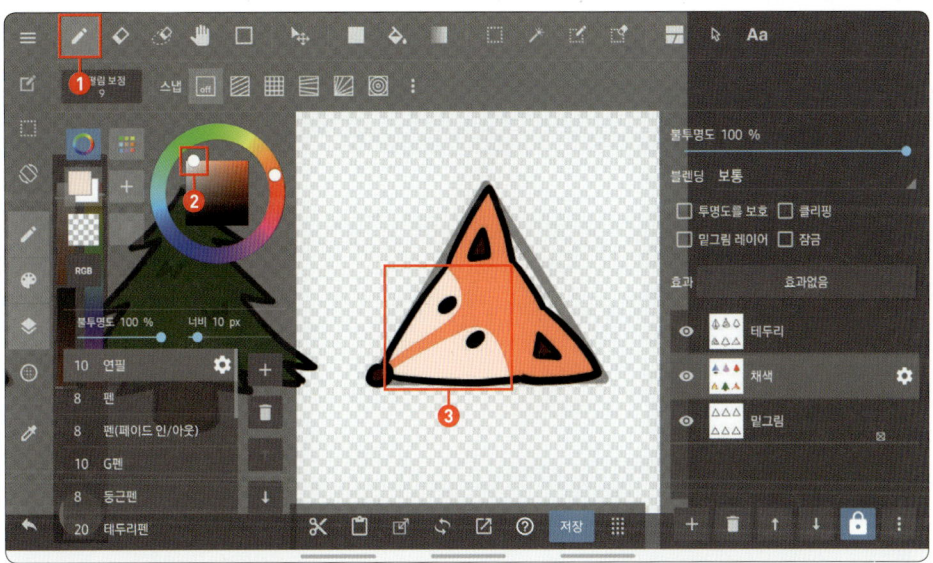

WEEK 07	귀여운 동물 그리기
WEEK 08	맛있는 음식 그리기
WEEK 09	인물 캐릭터 다양하게 그리기
WEEK 10	아름다운 풍경 그리기
WEEK 11	라인드로잉으로 그림 그리기

셋째 마당

실력 쑥쑥!
디지털 드로잉
시작하기

WEEK 07 귀여운 동물 그리기

여러분은 동물을 좋아하나요? 생활 속에서 다양한 동물을 볼 수 있어요. 동물을 키우는 친구들도 있고, 동물을 바탕으로 만들어진 캐릭터도 많지요. 선생님과 함께 동물의 특징을 살려 귀엽게 그려 볼까요? 한 단계씩 그리다 보면 사랑스러운 동물 친구들이 여러분을 반겨줄 거예요!

STEP 01 오리 그리기

둥근 머리와 넓적한 부리가 매력적인 오리를 그려 봅시다. 귀여움을 더하기 위해 머리 위의 작은 깃털과 분홍빛 볼도 함께 그려 줄게요!

미리보기

- **캔버스 설정**
  너비: 1,000px
  높이 1,000px
  dpi: 300

- **브러시 설정**
  브러시 이름: 연필
  너비: 10px
  불투명도: 100%
  필압 사이즈와 필압 불투명도 해제

01 레이어 이름을 '밑그림'으로 변경하고 '밑그림 레이어'에 체크합니다.

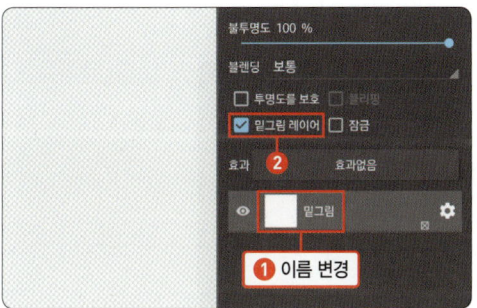

02 [도형 브러시 툴]-[원]을 이용해 약간 납작한 타원을 그려 얼굴을 표현합니다.

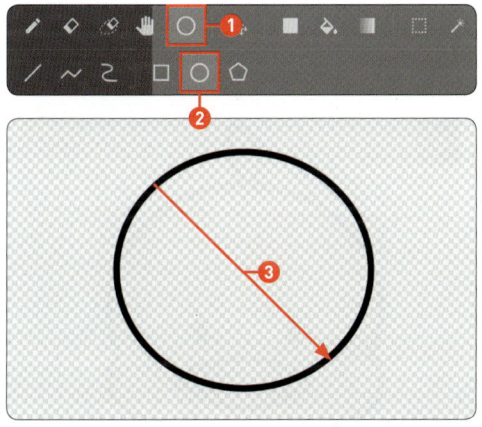

03 귀여운 볼을 표현하기 위해 얼굴 아래 양쪽으로 작은 원을 그립니다.

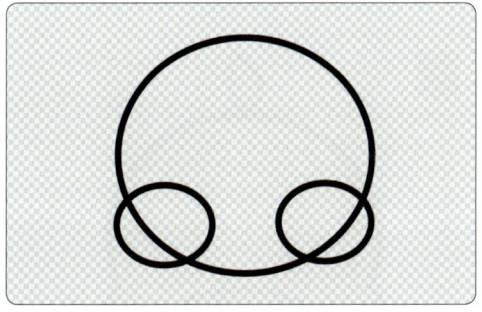

04 긴 타원을 그려 부리의 위치를 표현합니다.

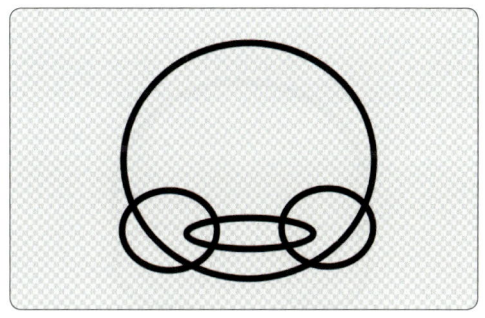

05 밑그림 레이어의 불투명도를 40% 정도로 낮춰 밑그림을 연하게 만듭니다.

06 밑그림 레이어 위에 '테두리'라는 이름의 레이어를 새로 만드세요.

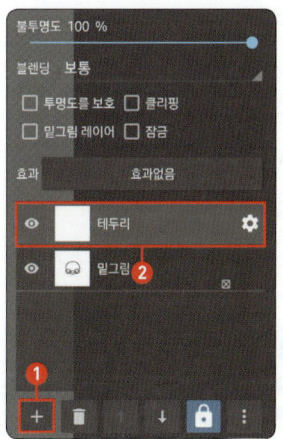

07 [브러시 툴]-[연필]을 선택하고, 밑그림의 바깥 선을 따라 오리의 얼굴을 그립니다.

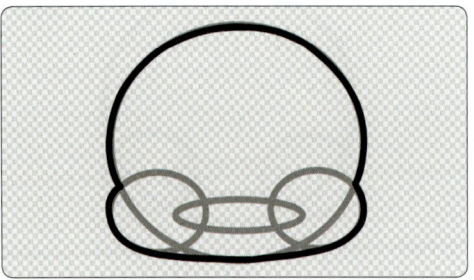

> **Tip** 밑그림은 대략적인 형태와 위치를 알아보기 쉽게 도와 줄 뿐, 테두리가 밑그림과 완전히 똑같을 필요는 없어요. 밑그림 레이어를 껐다 켰다 하며 테두리의 모양을 살펴보고, 마음에 드는 형태의 테두리를 그리세요!

08 밑그림을 따라 오리의 위쪽 부리를 그리고, 조금 더 작게 아래쪽 부리를 그립니다.

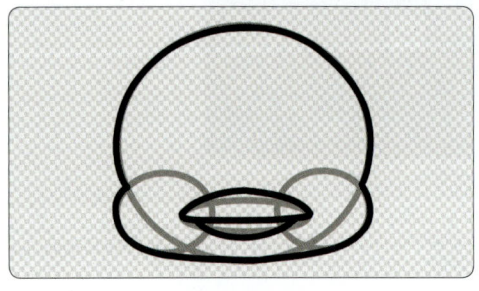

09 대칭을 맞춰 오리의 눈을 표시하고 머리 위에 귀여운 깃털 한 가닥을 그립니다.

10 이제 채색을 해 봅시다. 밑그림 레이어와 테두리 레이어 사이에 '채색' 레이어를 새로 만듭니다.

11 [버킷 툴]을 선택하고, 연한 노란색과 주황색으로 오리의 얼굴과 부리를 채색합니다.

12 [브러시 툴]-[연필]을 선택해 연한 분홍색으로 볼터치를 표현합니다.

13 다음으로 명암을 표현하겠습니다. 채색 레이어와 테두리 레이어 사이에 '명암' 레이어를 새로 만들고 [클리핑]에 체크합니다.

14 [스포이트 툴]을 이용해 얼굴과 같은 색을 추출합니다.

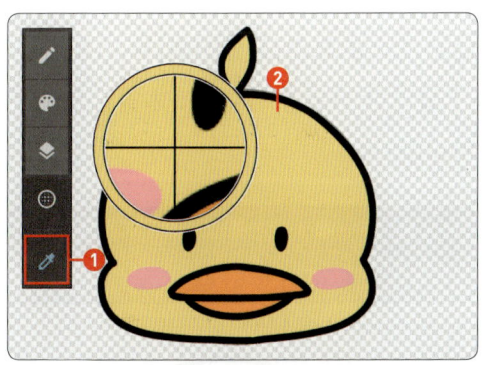

15 사각형 색상 팔레트에서 현재 색상보다 약간 오른쪽 아래를 선택합니다.

16 얼굴 양옆, 아래, 머리 깃털에 어두운 부분을 표현하면 귀여운 오리 완성!

STEP 02 토끼 그리기

토끼의 매력 포인트는 누가 뭐래도 크고 길쭉한 귀가 아닐까요? 귀의 특징을 살려 발랄한 토끼를 그려 봅시다.

• 캔버스 설정
너비: 1,000px
높이 1,000px
dpi: 300

• 브러시 설정
브러시 이름: 연필
너비: 10px
불투명도: 100%
필압 사이즈와 필압 불투명도 해제

01 레이어 이름을 '밑그림'으로 변경하고 '밑그림 레이어'에 체크합니다.

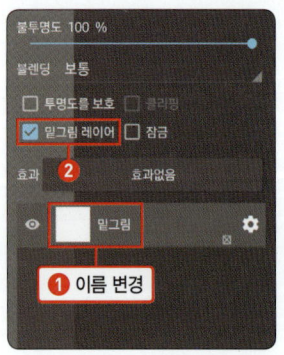

02 [도형 브러시 툴]-[원]을 이용해 약간 납작한 타원을 세 개 그려 얼굴을 표현합니다.

03 길쭉한 타원을 두 개 그려 귀를 표현합니다.

04 밑그림 레이어의 불투명도를 40% 정도로 낮춰 밑그림을 연하게 만듭니다.

05 밑그림 레이어 위에 '테두리'라는 이름의 레이어를 새로 만들고, [브러시 툴]-[연필]로 토끼의 얼굴을 그립니다.

06 토끼 볼 사이에 세모 모양의 코와 곡선의 입을 그리고, 그 위에 눈을 그립니다.

07 이제 채색을 해 봅시다. 밑그림 레이어와 테두리 레이어 사이에 '채색' 레이어를 새로 만듭니다.

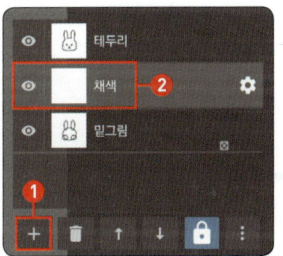

08 [버킷 툴]을 선택하고, 연한 분홍색으로 얼굴을, 갈색으로 코를 채색합니다.

09 [브러시 툴]-[연필]을 선택해 조금 더 진한 분홍색으로 토끼의 볼을 넓게 그리고, 귀 안쪽을 그립니다.

10 [버킷 툴]을 이용해 같은 색으로 볼과 귀를 채색합니다.

11 다음으로 명암을 표현하겠습니다. 채색 레이어와 테두리 레이어 사이에 '명암' 레이어를 추가해 [클리핑]에 체크하고, 불투명도를 20~30%로 낮추세요.

12 [브러시 툴]-[연필]을 눌러 진한 회색을 선택하고 얼굴 양옆, 아래, 귀의 어두운 부분을 표현하면 귀여운 토끼 완성!

STEP 03 강아지 그리기

'강아지' 하면 무엇이 떠오르나요? 동그란 눈과 부드러운 털, 삐죽 나온 혓바닥 등이 떠오를 거예요. 애교 많은 강아지의 모습을 상상하며 드로잉해 보아요!

• **캔버스 설정**
너비: 1,000px
높이 1,000px
dpi: 300

• **브러시 설정**
브러시 이름: 연필
너비: 10px
불투명도: 100%
필압 사이즈와 필압 불투명도 해제

01 레이어 이름을 '밑그림'으로 변경하고 '밑그림 레이어'에 체크합니다. [도형 브러시 툴]-[원]을 이용해 납작한 타원을 세 개 그려 얼굴을 표현합니다.

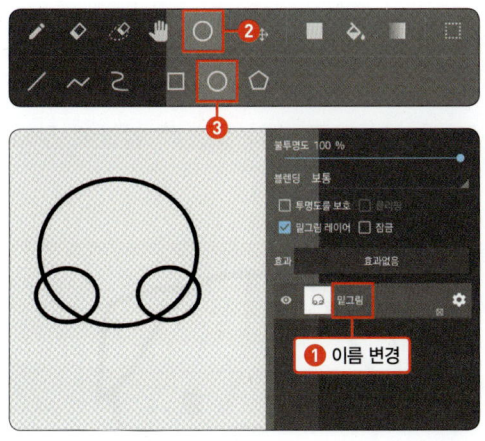

02 [도형 브러시 툴]-[다각형]을 이용해 세모를 두 개 그려 귀를 표현합니다.

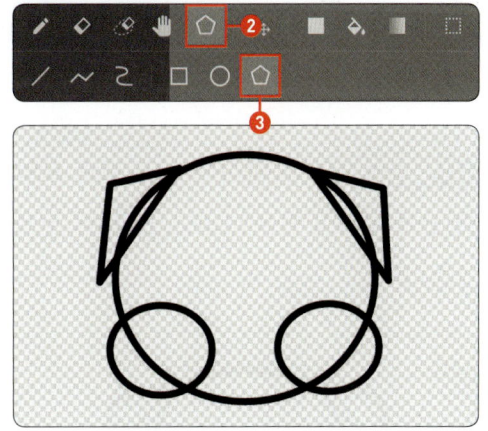

03 밑그림 레이어의 불투명도를 40%로 낮춰 밑그림을 연하게 만듭니다.

04 밑그림 레이어 위에 '테두리'라는 이름의 레이어를 새로 만들고, [브러시 툴]-[연필]로 강아지의 얼굴과 둥근 세모 모양의 귀를 그립니다.

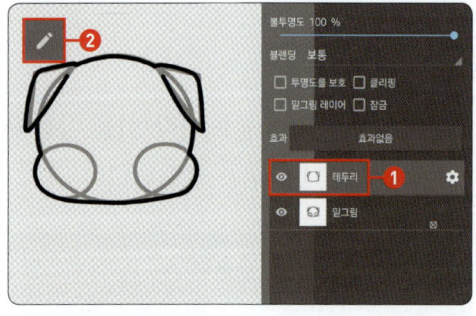

05 강아지의 볼 사이에 둥근 세모 모양의 코와 곡선의 입을 그리고, 그 위에 눈을 그립니다.

06 이제 채색을 해 봅시다. 밑그림 레이어와 테두리 레이어 사이에 '채색' 레이어를 새로 만듭니다.

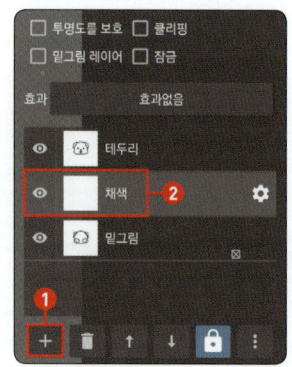

07 [버킷 툴]을 선택하고, 연한 베이지색과 갈색, 빨간색으로 강아지의 얼굴을 채색합니다.

08 [브러시 툴]-[연필]을 선택해 갈색으로 강아지 왼쪽 귀와 오른쪽 얼굴에 무늬를 표현합니다.

09 [버킷 툴]을 이용해 같은 색으로 왼쪽 귀과 오른쪽 얼굴을 채색합니다.

10 다음으로 명암을 표현하겠습니다. 채색 레이어와 테두리 레이어 사이에 '명암' 레이어를 추가해 [클리핑]에 체크하세요.

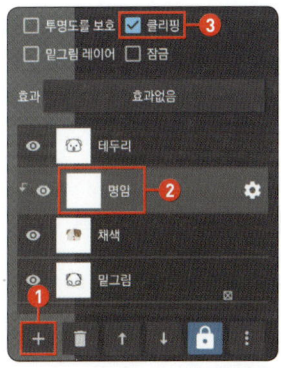

11 [스포이트 툴]을 이용해 얼굴과 같은 색을 추출하고, 색상 팔레트에서 좀 더 오른쪽 아래의 색을 선택합니다.

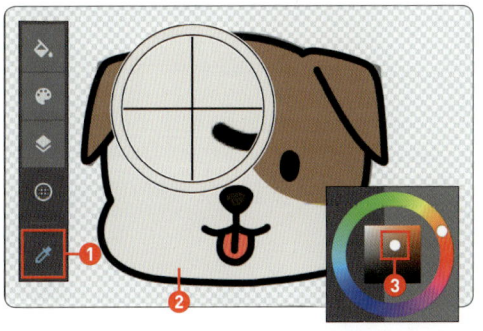

12 [브러시 툴]-[연필]을 선택해 얼굴 아래, 왼쪽 귀 아래에 어두운 부분을 표현합니다.

13 과정 12와 마찬가지로 [스포이트 툴]을 이용해 갈색 무늬보다 약간 어두운 색을 만드세요.

14 오른쪽 귀 아래에 어두운 부분을 표현하면 귀여운 강아지 완성!

STEP 04 원숭이 그리기

원숭이는 동물 중에서 사람과 가장 비슷한 외모를 가지고 있어요. 갈매기 모양의 이마 선과 얼굴 양옆의 큰 귀를 살려 원숭이를 그려 봅시다.

• 캔버스 설정
너비: 1,000px
높이 1,000px
dpi: 300

• 브러시 설정
브러시 이름: 연필
너비: 10px
불투명도: 100%
필압 사이즈와 필압 불투명도 해제

01 레이어 이름을 '밑그림'으로 변경하고 '밑그림 레이어'에 체크합니다. [도형 브러시 툴]-[원]을 이용해 가로로 약간 납작한 타원 세 개를 그려 얼굴을 표현합니다.

02 얼굴 안쪽에 원 두 개를 그려 원숭이의 이마 선을 표현합니다.

03 얼굴의 오른쪽과 왼쪽에 작은 원을 그려 귀를 표현합니다.

04 밑그림 레이어의 불투명도를 40%로 낮춰 밑그림을 연하게 만듭니다.

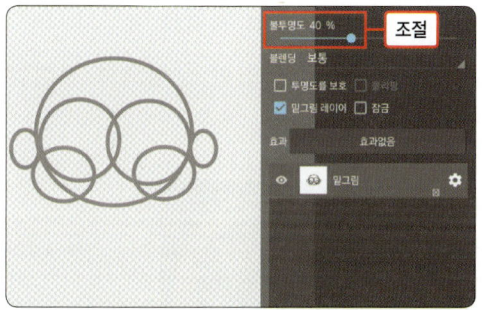

05 밑그림 레이어 위에 '테두리' 레이어를 새로 만들고, [브러시 툴]-[연필]로 원숭이의 얼굴과 귀를 그립니다.

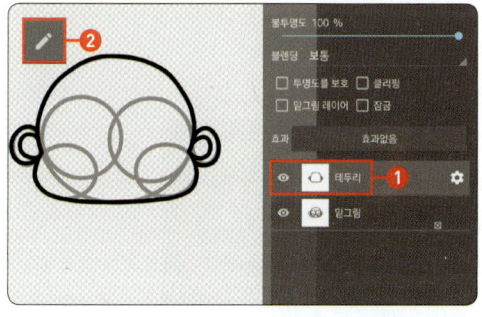

06 밑그림을 따라 원숭이의 이마 선을 그리고 표정을 그립니다.

07 [지우개 툴]을 이용해 원숭이의 머리 윗부분을 약간 지운 후 머리털을 그립니다.

08 이제 채색을 해 봅시다. 밑그림 레이어와 테두리 레이어 사이에 '채색' 레이어를 새로 만듭니다.

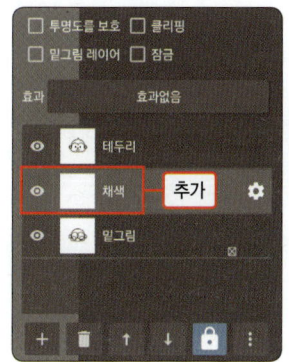

09 [버킷 툴]을 선택하고 살구색으로 원숭이의 얼굴과 귀 안쪽을 채색합니다.

10 원숭이의 머리털을 그라데이션으로 채색하겠습니다. [자동선택 툴]을 사용해 원숭이의 머리를 선택합니다.

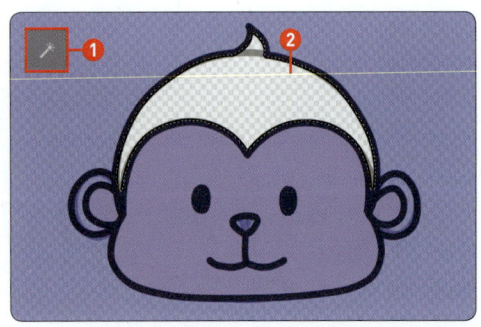

11 화면 위쪽의 [+] 버튼을 눌러 원숭이의 귀와 코까지 함께 선택하세요.

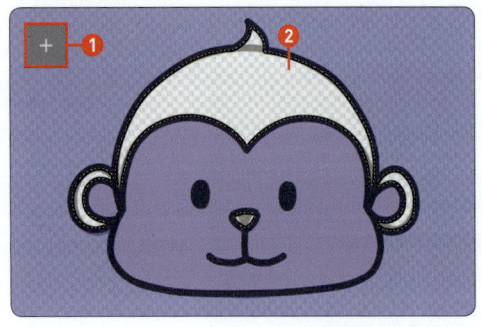

12 [그라데이션 툴]을 선택하고, [컬러 창]에서 그라데이션의 시작 색으로 갈색을 지정합니다.

13 컬러 팔레트 옆의 색 표시 상자를 눌러 두 상자의 앞뒤 위치를 바꾸고, 그라데이션의 끝 색을 진한 갈색으로 지정합니다.

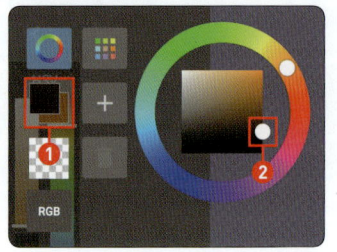

14 색 표시 상자를 한번 더 눌러 갈색 상자가 앞으로, 진한 갈색 상자가 뒤로 가도록 합니다.

15 원숭이의 머리털에서 코까지 펜을 드래그해 그라데이션을 채우고, [선택해제]를 눌러 채색이 제대로 되었는지 확인합니다.

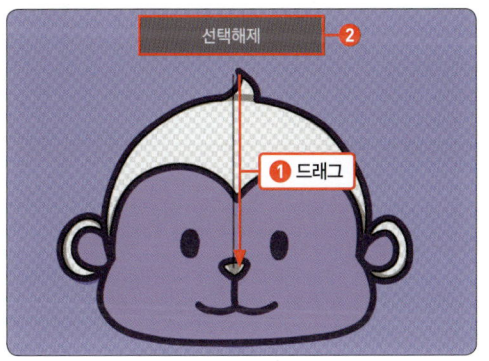

16 [브러시 툴]-[연필]을 선택해 연한 분홍색으로 볼을 그립니다.

17 다음으로 명암을 표현하겠습니다. 채색 레이어와 테두리 레이어 사이에 '명암' 레이어를 추가하고 [클리핑]에 체크하세요.

18 [스포이트 툴]을 이용해 얼굴과 같은 색을 추출하고, 사각형 색상 팔레트에서 오른쪽 아래의 색을 선택합니다.

19 [브러시 툴]-[연필]을 선택해 얼굴 아래와 귀 안쪽 어두운 부분을 표현하면 귀여운 원숭이 완성!

WEEK 08 맛있는 음식 그리기

우리 생활 속에서 빼놓을 수 없는 것! 바로 맛있는 음식이지요. 이번 챕터에서는 바삭한 쿠키, 달콤한 케이크, 산뜻한 초밥처럼 우리 주변에서 쉽게 볼 수 있는 익숙한 음식들을 그릴 거예요. 그림을 눈으로 보기만 해도 음식의 맛이 느껴질 수 있도록 색감과 질감을 살려서 표현해 봅시다.

STEP 01 쿠키 그리기

쿠키를 입에 넣으면 바삭한 식감과 함께 고소함이 느껴져요. 거기다 초코칩까지 콕콕 박힌 쿠키라면 달콤함까지 맛볼 수 있겠죠? 쿠키의 맛을 상상하며 드로잉해 보아요.

미리보기

- **캔버스 설정**
  너비: 1000px
  높이: 1000px
  dpi: 300

- **브러시 설정**
  브러시 이름: 연필
  너비: 10px
  불투명도: 100%
  필압 사이즈와 필압 불투명도 해제

01 레이어 이름을 '밑그림'으로 변경하고 [밑그림 레이어]에 체크합니다.

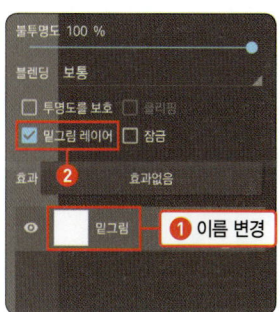

02 [도형 브러시 툴]을 이용해 동그라미 두 개를 겹치게 그리고 [브러시 툴]-[연필]을 선택해 입으로 베어 문 부분을 그립니다.

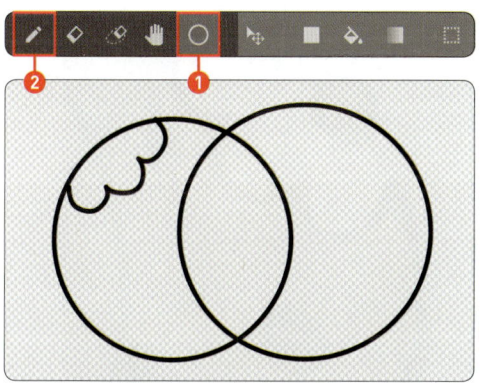

03 밑그림 레이어의 불투명도를 40% 정도로 낮춰 밑그림을 연하게 만듭니다.

04 밑그림 레이어 위에 '테두리'라는 이름의 레이어를 새로 만들고 [브러시 툴]-[연필]로 밑그림을 따라 쿠키의 전체적인 모양을 그립니다.

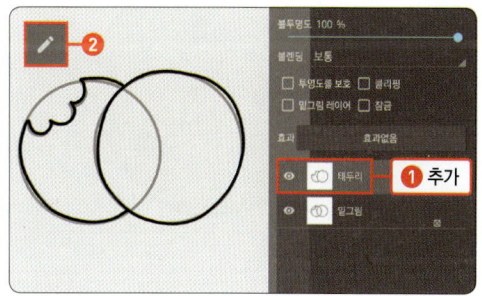

05 쿠키에 들어간 초코칩과 부스러기들을 그립니다. 모양과 크기를 다양하게 그리는 것이 자연스럽습니다.

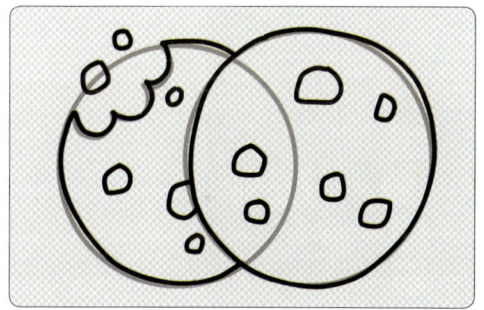

06 이제 채색을 해 봅시다. 밑그림 레이어와 테두리 레이어 사이에 '채색' 레이어를 새로 만듭니다.

07 화면 위쪽의 [버킷 툴]을 누르고, [컬러 창]을 열어 연한 갈색과 진한 갈색으로 채색합니다.

08 다음으로 쿠키에 입체감을 더해 줄 그림자를 그리겠습니다. 채색 레이어와 테두리 레이어 사이에 '그림자' 레이어를 새로 만들고 [클리핑] 항목을 눌러 체크합니다.

09 왼쪽의 [스포이트 툴]을 이용해 쿠키와 똑같은 색을 선택합니다.

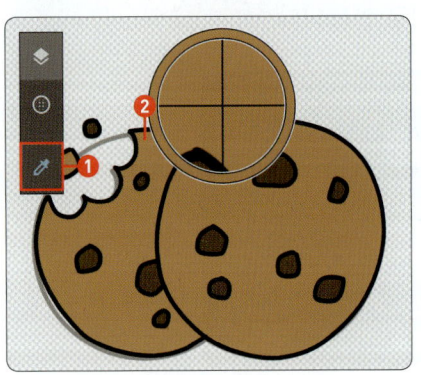

10 색상팔레트에서 조금 더 어두운 색을 선택하고 쿠키의 아래쪽을 따라 그림자를 그립니다.

11 한입 베어 문 부분과 부스러기에도 그림자를 그려줍니다.

12 그림자와 같은 색으로 쿠키에 곡선을 그어 쿠키 표면의 울퉁불퉁함을 나타냅니다.

13 08~10 과정과 마찬가지로 [스포이트 툴]을 이용해 초코칩의 그림자 색을 만들어 줍니다.

14 초코칩의 아래쪽에 그림자를 그리면 바삭한 쿠키 완성!

STEP 02 아이스크림 그리기

더운 여름날에는 어떤 음식이 떠오르나요? 많은 친구들이 시원한 아이스크림이라고 답할 거예요. 보기만 해도 시원해지는 아이스크림을 그려 봅시다.

- **캔버스 설정**
  너비: 1000px
  높이: 1000px
  dpi: 300

- **브러시 설정**
  브러시 이름: 연필
  너비: 10px
  불투명도: 100%
  필압 사이즈와 필압 불투명도 해제

01 레이어 이름을 '밑그림'으로 변경하고 [밑그림 레이어]에 체크합니다. [도형 브러시 툴]에서 원과 직선을 이용해 밑그림을 그립니다.

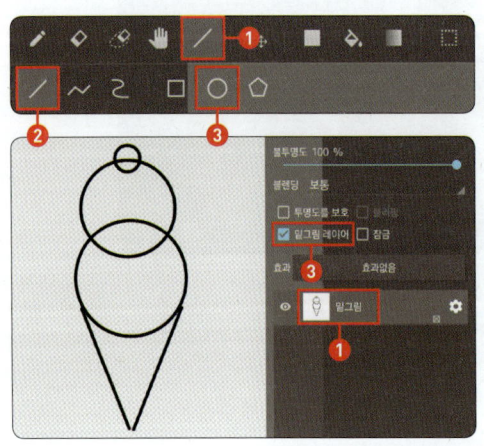

02 밑그림 레이어의 불투명도를 40% 정도로 낮춰 연하게 만들고, 그 위에 테두리 레이어를 만들어 줍니다.

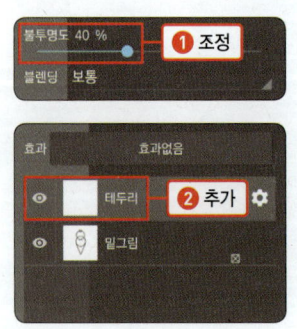

03 [브러시 툴]-[연필]을 선택하고 테두리를 그립니다. 먼저 둥근 하트 모양으로 체리를 그리고 꼭지까지 표현합니다.

04 밑그림을 따라 둥글게 아이스크림 위층을 그리고, 아이스크림 두 개가 겹치는 부분에 물결 모양을 그려줍니다.

05 초코 시럽이 흘러내리는 모양을 불규칙적으로 그리고, 밑그림의 원을 따라 둥근 곡선을 아이스크림 아래쪽에 그려 입체적인 느낌을 더해 줍니다.

06 마찬가지로 아이스크림 아래층과 콘 부분도 밑그림을 따라 그립니다.

07 이제 채색을 해 봅시다. 밑그림 레이어와 테두리 레이어 사이에 채색 레이어를 만들고 빨간색, 진한 갈색, 아주 연한 노란색으로 아이스크림 위층을 채색합니다.

08 연한 분홍색과 연한 갈색으로 아이스크림의 나머지 부분도 채색합니다.

09 [스포이트 툴]을 이용해 콘 색을 선택하고 그보다 조금 어두운 색으로 콘의 무늬를 그려 줍니다. 콘의 모양이 둥글게 말려 있다는 점을 생각해 콘의 무늬도 아래쪽으로 볼록한 곡선이 되도록 그리면 자연스럽습니다.

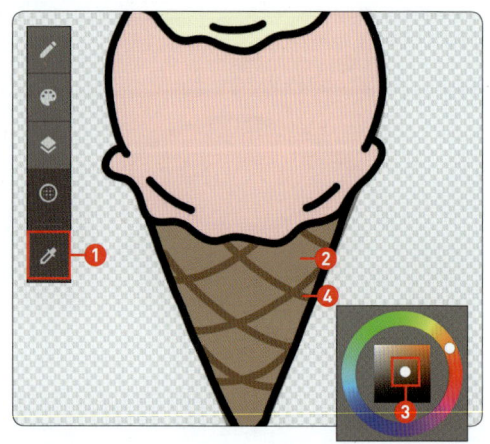

10 이제 그림자를 그려 입체감을 더해 주겠습니다. 채색 레이어 위에 그림자 레이어를 추가해 [클리핑]을 선택하고, 불투명도를 20% 정도로 낮춰줍니다.

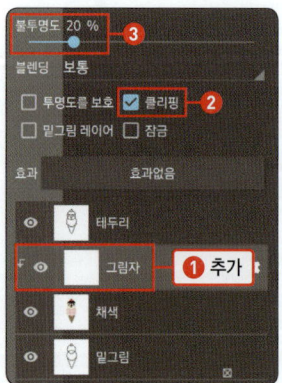

> **Tip** 무늬가 있는 아이스크림 콘처럼 서로 다른 색에 한꺼번에 그림자를 그릴 때는 일일이 알맞은 그림자 색을 찾아내 그리는 것보다 불투명도를 낮춘 레이어에 진한 회색으로 그림자를 그리는 것이 편해요!

11 [브러시 툴]-[연필]을 눌러 진한 회색을 선택하고 체리 아래쪽을 따라 둥글게 그림자를 그려 줍니다. 그리고 바닐라 아이스크림의 둥근 아래쪽 선을 따라 양쪽에 그림자를 그려요.

12 마찬가지로 딸기맛 아이스크림의 아래쪽과 물결선을 따라 그림자를 그려 줍니다.

13 콘의 모양을 따라 오른쪽과 아래쪽에 그림자를 그립니다.

14 그림자 레이어 위에 빛 레이어를 추가하고 불투명도를 70% 정도로 낮추세요. 흰색을 선택하고 체리와 초코 시럽에 광이 나는 밝은 부분을 그려주면 시원한 아이스크림 완성!

STEP 03 케이크 그리기

여러분은 어떤 케이크를 가장 좋아하나요? 진한 달콤함을 느낄 수 있는 초코 케이크도 좋고, 상큼함과 달콤함을 함께 느낄 수 있는 과일 케이크도 맛있죠. 이번에는 딸기가 올라간 과일 케이크를 그려 보아요.

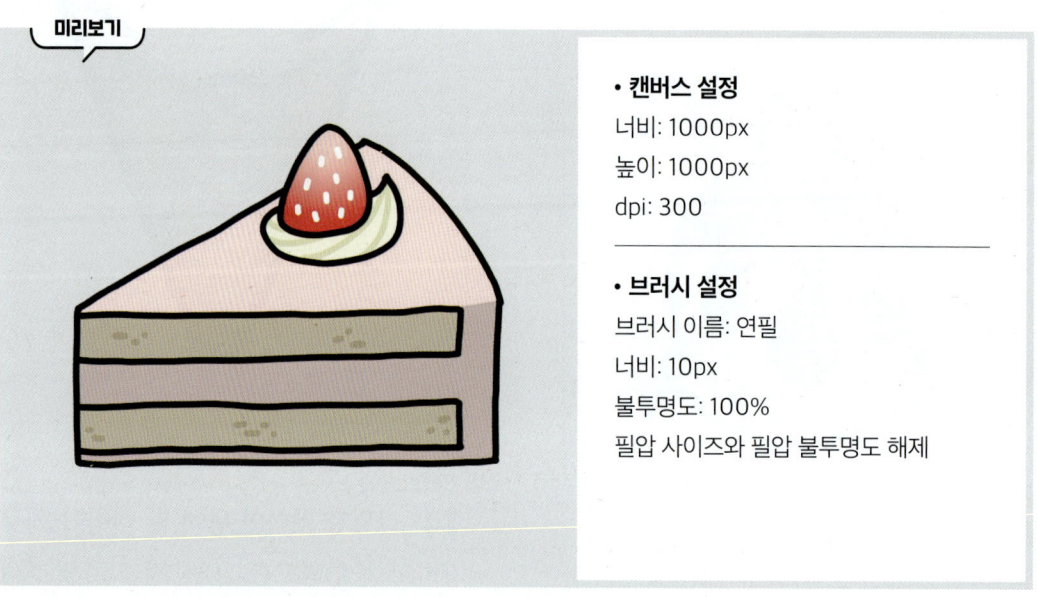

- **캔버스 설정**
  너비: 1000px
  높이: 1000px
  dpi: 300

- **브러시 설정**
  브러시 이름: 연필
  너비: 10px
  불투명도: 100%
  필압 사이즈와 필압 불투명도 해제

01 레이어 이름을 '밑그림'으로 변경하고 [밑그림 레이어]에 체크합니다. [도형 브러시 툴]에서 직선을 이용해 케이크 빵의 모양을 그립니다.

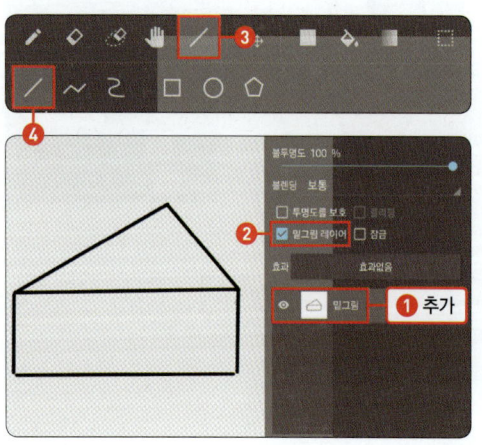

02 원과 직선을 이용해 크림, 딸기, 케이크 단면을 그립니다.

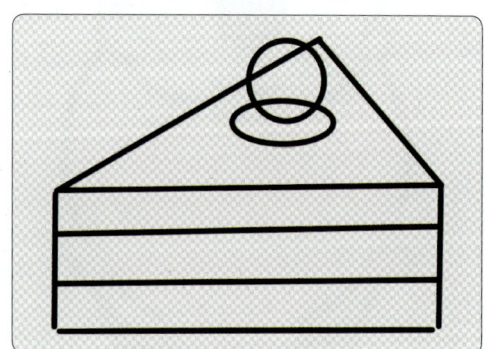

03 밑그림 레이어의 불투명도를 40% 정도로 낮춰 연하게 만들고, 그 위에 테두리 레이어를 만듭니다.

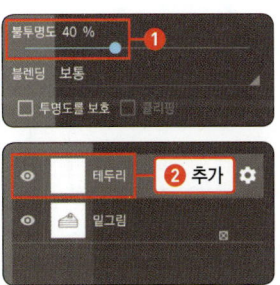

04 [브러시 툴]-[연필]을 이용해 케이크의 전체적인 모양을 그립니다. 그림의 오른쪽 윗부분은 케이크의 둥근 모양을 생각하며 둥글게 그립니다.

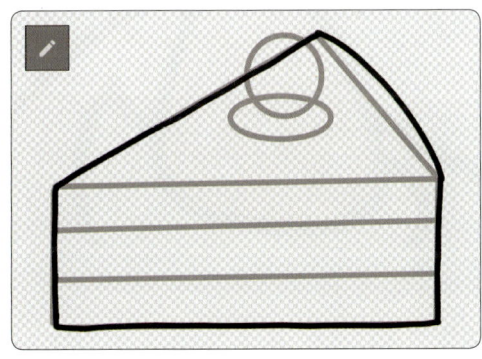

05 [지우개 툴]을 이용해 딸기를 그릴 부분을 약간 지웁니다.

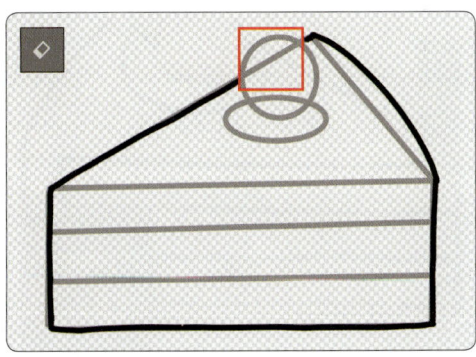

06 모서리가 둥근 삼각형 모양으로 딸기를 그리고 그 아래에 크림을 그립니다.

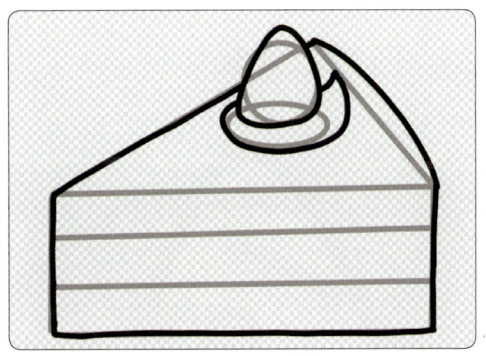

07 밑그림을 기준으로 케이크 단면의 모습을 그립니다.

08 이제 채색을 해 봅시다. 밑그림 레이어와 테두리 레이어 사이에 채색 레이어를 만들고, [자동선택 툴]을 이용해 딸기 부분을 선택합니다. 올바른 영역이 선택되었는지 꼭 확인하세요!

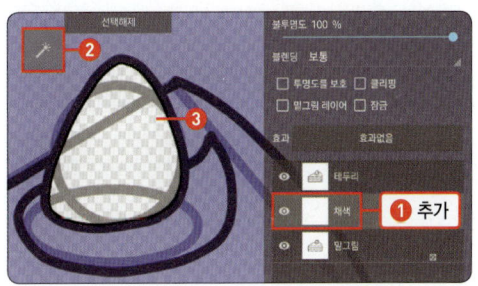

09 [그라데이션 툴]-[원형 그라데이션]을 누릅니다. 색상환 옆의 색 표시 상자를 확인하며 시작 색은 연한 분홍색, 끝 색은 진한 빨간색으로 지정합니다.

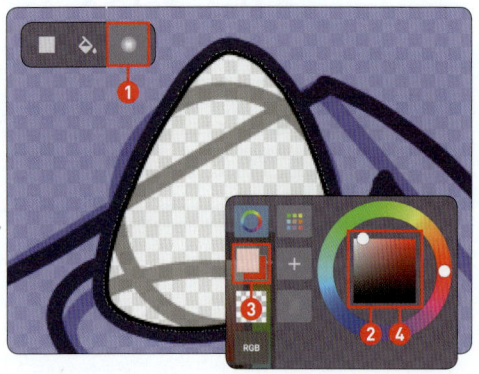

Tip 색 표시 상자를 누르면 두 상자의 위치를 바꿀 수 있고, 위쪽 상자의 색을 색상환에서 지정할 수 있어요. 먼저 진한 빨간색을 선택한 뒤 색 표시 상자를 눌러 두 상자의 위치를 바꾸고, 다시 연한 분홍색을 선택하면 된답니다!

10 딸기의 뾰족한 부분에서 시작해 아래쪽으로 펜을 드래그해 그라데이션으로 채색합니다. 화면 위쪽의 '선택 해제' 버튼을 눌러요.

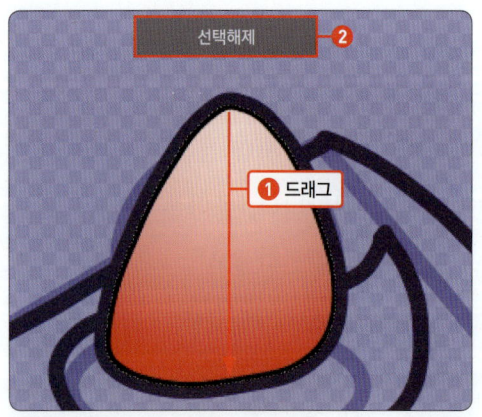

11 [버킷 툴]을 이용해 나머지 부분들을 채색합니다.

12 [브러시 툴]-[연필]을 이용해 흰색으로 딸기 씨를 그리고, 연한 노란색으로 생크림의 줄무늬를 그립니다.

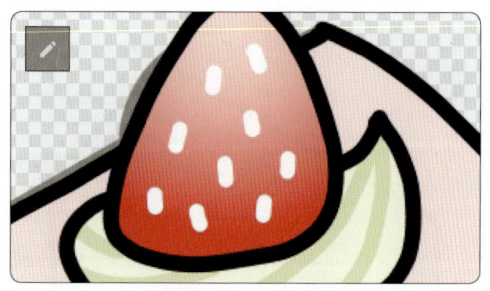

13 [스포이트 툴]을 이용해 케이크 단면의 빵을 선택하고 그보다 조금 어두운 색으로 길쭉한 점들을 그려 빵의 질감을 더합니다.

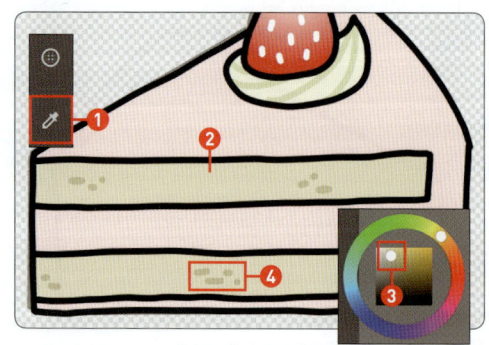

14 이제 케이크의 단면에 그림자를 그리겠습니다. 채색 레이어와 테두리 레이어 사이에 그림자 레이어를 추가해 [클리핑]을 선택하고, 불투명도를 20% 정도로 낮춥니다.

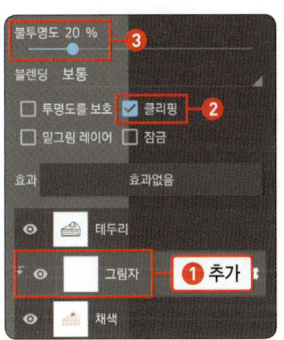

15 채색할 부분이 넓기 때문에 연필 브러시의 너비를 100px정도로 충분히 키우고, 진한 회색으로 케이크의 단면에 그림자를 그리면 달콤한 케이크 완성!

STEP 04 초밥 그리기

일식을 대표하는 초밥은 그 종류가 매우 다양해요. 그중 우리에게 아주 익숙한 계란 초밥, 새우 초밥과 연어 초밥을 그릴 거예요. 싱싱한 초밥의 특징을 살리며 그려 봅시다.

• 캔버스 설정
너비: 1000px
높이: 1000px
dpi: 300

• 브러시 설정
브러시 이름: 연필
너비: 10px
불투명도: 100%
필압 사이즈와 필압 불투명도 해제

브러시 이름: 수채
너비: 40px
불투명도: 40%
필압 사이즈와 필압 불투명도 적용

01 레이어 이름을 '밑그림'으로 변경하고 '밑그림 레이어'에 체크합니다. [브러시 툴]-[연필]을 이용해 타원형의 밥 세 덩어리를 그리고, 그 위에 올라갈 계란, 새우, 연어를 간단히 그립니다.

02 밑그림 레이어의 불투명도를 40% 정도로 낮추고, 그 위에 테두리 레이어를 만듭니다.

03 [브러시 툴]-[연필]을 선택해 밥알이 뭉친 모습을 구름 모양으로 그리고, 그 위에 연어의 모양을 길쭉하게 그립니다.

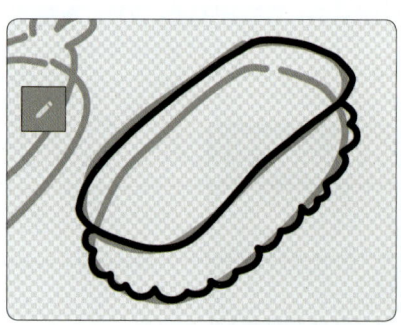

04 구름 모양의 밥을 하나 더 그리고, 그 위에 꼬리 쪽으로 가면서 점점 좁아지도록 새우 모양을 그립니다. 새우의 앞쪽 부분은 하트처럼 살짝 들어간 모양으로 그려 줍니다.

05 구름 모양의 밥을 하나 더 그리고, 그 위에 길쭉한 네모 모양의 계란말이를 그립니다.

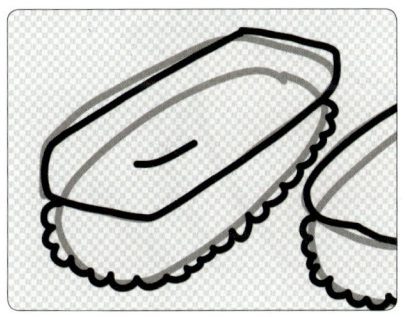

06 밑그림 레이어와 테두리 레이어 사이에 채색 레이어를 만들고, [버킷 툴]을 이용해 채색합니다. 밥은 노란빛을 띠는 흰색으로, 연어는 주황색, 새우는 흰색, 계란은 노란색으로 채웁니다.

07 [자동선택 툴]를 이용해 초밥 재료들에 무늬를 그려 주겠습니다. [선택 툴]을 이용해 연어를 선택합니다.

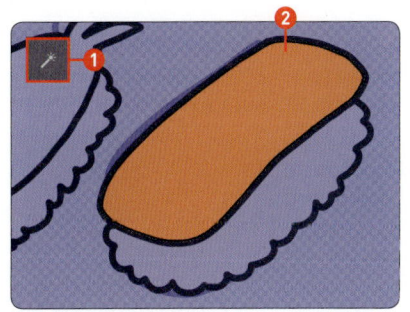

08 [브러시 툴]-[수채]를 선택해 너비를 40px 정도로 맞추고, 주황빛을 띠는 흰색을 선택합니다.

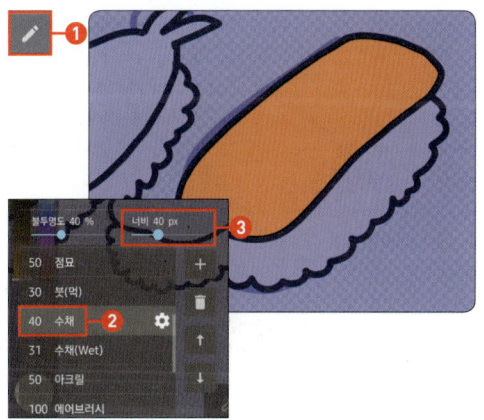

09 손에 힘을 빼고 부드럽게 여러 번 곡선을 그어 연어의 무늬를 그립니다.

> **Tip** 손에 힘을 주고 그리면 한번에 너무 진한 색의 선이 그어집니다. 손에 힘을 빼고 색을 조금씩 더한다는 느낌으로 그리는 것이 좋습니다.

10 나머지 줄무늬도 그린 뒤 [선택 해제] 버튼을 누릅니다.

11 [자동선택 툴]로 새우를 선택하고, 수채 브러시로 빨간색을 선택해 새우 가운데에 연하게 줄을 긋습니다.

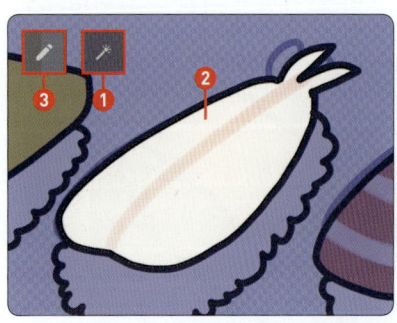

12 새우 가운데의 선을 기준으로 숫자 3을 옆으로 돌린 모양의 무늬를 그립니다. 꼬리는 빨간색으로 칠합니다.

13 새우 꼬리에 어두운 빨간색을 칠한 뒤, [선택 해제] 버튼을 누릅니다.

14 수채 브러시의 너비를 10px 정도로 줄인 뒤, 계란 위에 연한 갈색으로 소용돌이를 그립니다.

15 이제 그림자를 그리겠습니다. 채색 레이어와 테두리 레이어 사이에 그림자 레이어를 추가해 [클리핑]을 선택하고, 불투명도를 20% 정도로 낮춥니다.

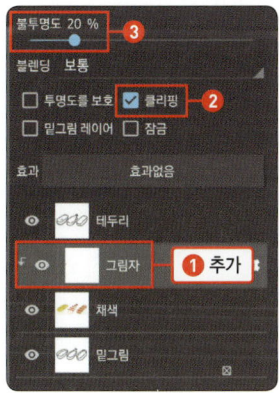

16 [브러시 툴] 연필을 눌러 진한 회색을 선택하고, 연어와 밥이 닿는 면을 따라 그림자를 그립니다. 밥 덩어리의 아래쪽을 따라 그림자를 그리고, 밥 덩어리에는 밥알을 표현합니다.

> **Tip** 밥 덩어리의 구름 모양 테두리를 따라 회색 선을 그으면 자연스러운 그림자를 만들 수 있습니다.

17 같은 방법으로 새우초밥에도 새우와 밥이 닿는 부분, 밥 덩어리에 그림자를 그립니다.

18 계란초밥은 계란말이의 옆면을 모두 그림자로 채우고, 밥의 그림자를 그려줍니다.

19 맛있는 초밥 그림이 완성되었습니다!

WEEK 09 인물 캐릭터 다양하게 그리기

낙서를 하면서 사람의 모습을 그려본 적이 있지요? 캐릭터를 그릴 때 대부분 인물을 본따 그리곤 합니다. 그만큼 친숙하고 거부감이 없기 때문이겠죠? 지금부터 몇 가지 동작을 그림으로 표현해 봅시다. 다양한 동작을 연습하면 인물을 더욱 생동감 있게 그릴 수 있어요.

STEP 01 책상에 앉아서 독서하는 모습 그리기

책을 읽는 학생의 모습을 그려 보겠습니다. 앉아 있는 자세에 집중하며 그림을 그려 봅시다.

미리보기

- **캔버스 설정**
  너비, 높이: 2000px
  dpi: 300

- **브러시 설정**
  스케치 작업: [연필] 3px
  외곽선 작업: [펜] 15px

- **연습할 기능**
  - [버킷 툴]로 특정 부분 채색하기
  - [클리핑] 기능으로 원하는 부분만 칠하거나 명암 효과 추가하기

01 [브러시 툴]-[펜]을 선택하고 색상을 빨간색으로 선택합니다. 캔버스에 캐릭터의 얼굴, 상체, 책상, 의자, 하체 부분을 러프 스케치 형태로 표현합니다.

> **Tip** 밑그림을 그릴 때는 정확하고 세밀한 작업은 필요 없기 때문에 손떨림 보정을 낮게 설정해도 됩니다.

02 [레이어 창]에서 현재 레이어의 [불투명도]를 30%로 변경합니다.

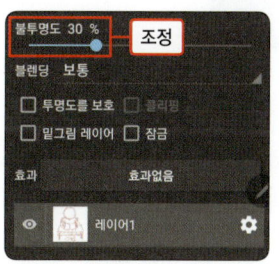

03 새로운 레이어를 추가하고 이름을 '외곽선'으로 변경합니다.

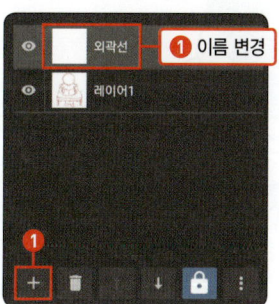

04 [브러시 툴]-[펜]을 선택하고 검은색 색상을 선택한 뒤 얼굴 부분을 그립니다.

05 이어서 책을 잡고 있는 손을 포함해서 상체 부분을 그립니다. 이때 책과 겹쳐진 손 부분은 [지우개 툴]로 지워 줍니다.

06 상체 뒤에 살짝 보이는 의자를 그립니다.

07 책상의 윗부분과 책상 다리를 그립니다.

08 책상 아래쪽에 보이는 인물의 다리를 그립니다.

09 재밌는 부분을 읽고 있다고 생각하고 웃는 표정을 그려 봅시다.

10 러프 스케치를 그렸던 '레이어1'을 보이지 않게 설정합니다.

11 외곽선 레이어 아래쪽에 새로운 레이어를 추가하고 레이어의 이름을 '채색'이라고 변경합니다.

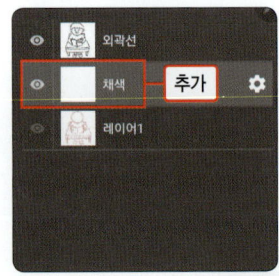

12 [버킷 툴]을 선택하고 피부색, 옷, 책상에 어울리는 색상을 차례대로 고르고 채색합니다.

13 새로운 레이어를 추가하고 [클리핑]을 적용합니다.

14 옷에 줄무늬와 같은 부분을 추가하거나 그림자 등의 명암을 추가합니다. 책상에 앉아서 독서하는 캐릭터가 완성되었습니다.

STEP 02   학교에 지각해서 뛰어가는 캐릭터 그리기

학교에 지각한 경험이 있나요? 혹은 친구와 만나기로 했는데 약속 시간보다 늦었던 경험이 있나요? 그럴 때는 마음이 조급해지고 발이 빨라지겠죠? 그 모습을 상상하며 그려 봅시다.

- **캔버스 설정**
  너비, 높이: 2000px
  dpi: 300

- **브러시 설정**
  스케치 작업: [연필] 3px
  외곽선 작업: [펜] 15px

- **연습할 기능**
  - [버킷 툴]로 특정 부분 채색하기
  - [클리핑] 기능으로 원하는 부분만 칠하거나 명암 효과 추가하기

01 먼저 러프 스케치로 대략적인 모습을 그려 봅시다. [브러시 툴]-[연필], 색상은 빨간색을 선택합니다. 달려가는 동작을 효과적으로 표현하기 위해 상체의 팔 부분과 하체의 다리의 방향이 서로 교차되도록 그립니다.

02 [레이어 창]에서 현재 레이어의 [불투명도]를 30%로 변경합니다.

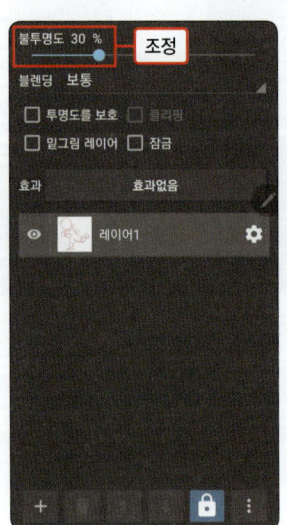

03 새로운 레이어를 추가하고 새로운 레이어의 이름을 '외곽선'으로 변경합니다.

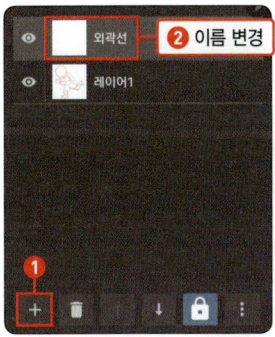

06 두 다리 사이를 넓게 벌려 뛰어가는 동작을 더 효과적으로 표현합니다.

04 [브러시 툴]-[펜]을 선택하고 얼굴을 그려줍니다. 빠르게 뛰어가는 것을 표현하기 위해 머리는 바람에 날리게 그려 줍니다.

07 지각해서 선생님께 혼날 것을 걱정하는 표정이 드러나도록 그려 봅시다. 얼굴에 땀을 그려 넣으면 더 효과적이겠죠?

05 메고 있는 가방을 포함해 상체를 그립니다. 이때 뛰느라 옷이 살짝 들려서 배가 보인다면 더 귀여울 것 같네요.

08 버튼을 눌러 밑그림을 그렸던 [레이어1]을 보이지 않게 설정합니다.

09 외곽선 레이어 아래쪽에 새로운 레이어를 추가하고 레이어의 이름을 '채색'이라고 변경합니다.

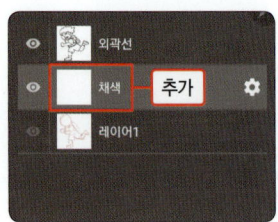

10 [버킷 툴]을 선택하고 피부색, 옷, 가방 등에 어울리는 색상을 차례대로 골라 채색합니다.

11 새로운 레이어를 추가하고 [클리핑]을 적용합니다.

12 옷에 자유롭게 무늬를 추가하고, 그림자 등의 명암을 추가합니다.

13 '외곽선' 레이어를 선택하고 펜 도구를 이용하여 땀 효과를 그리고, 빨리 달리고 있다는 느낌을 주기 위해 상체와 하체 주변에 선을 추가해 봅시다. 학교에 지각해서 뛰어가는 캐릭터가 완성되었습니다.

STEP 03 자료를 활용해 발표하는 캐릭터 그리기

자료를 활용해 다른 사람들 앞에서 멋지게 발표하는 모습을 상상해 봅시다. 자신감 있는 표정으로 발표하는 사람을 그림으로 표현해 볼게요.

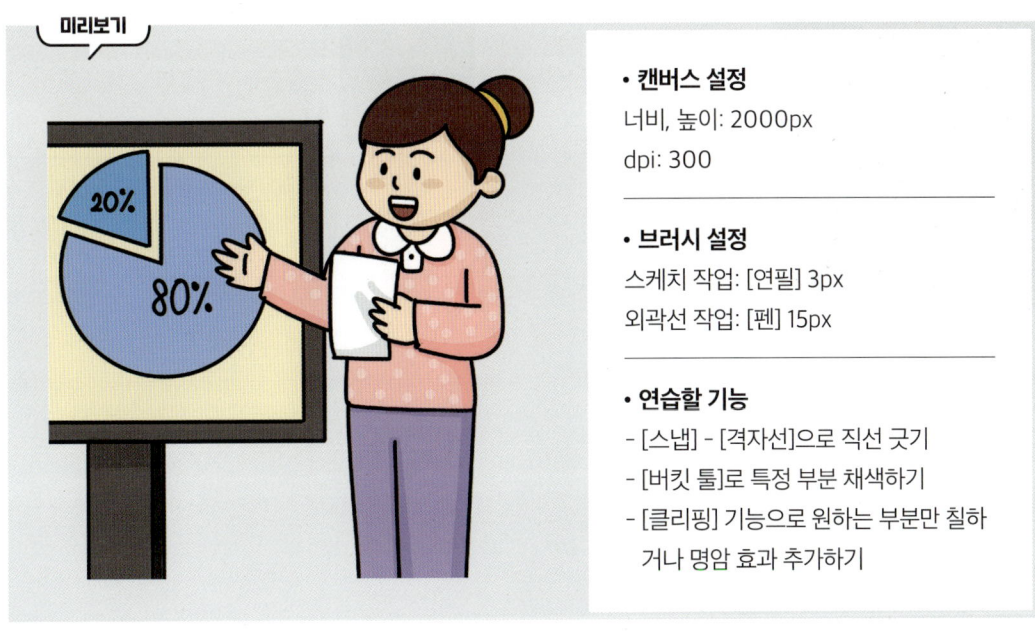

• **캔버스 설정**
너비, 높이: 2000px
dpi: 300

• **브러시 설정**
스케치 작업: [연필] 3px
외곽선 작업: [펜] 15px

• **연습할 기능**
- [스냅] - [격자선]으로 직선 긋기
- [버킷 툴]로 특정 부분 채색하기
- [클리핑] 기능으로 원하는 부분만 칠하거나 명암 효과 추가하기

01 먼저 러프 스케치로 대략적인 모습을 그려 봅시다. [브러시 툴]-[연필], 색상은 빨간색으로 선택합니다. 왼쪽에는 발표 자료가 나오는 텔레비전을 배치하고 인물이 한 손으로 자료를 가리키도록 합니다. 다른 한 손은 종이를 들고 있도록 그립니다.

02 [레이어 창]에서 현재 레이어의 [불투명도]를 30%로 변경합니다.

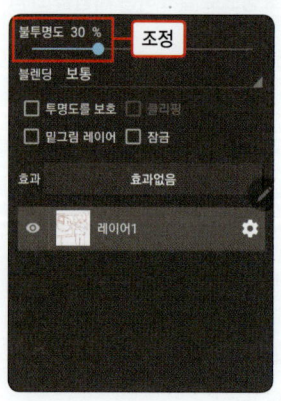

03 새로운 레이어를 추가하고 새로운 레이어의 이름을 '외곽선'으로 변경합니다.

04 [브러시 툴]-[펜]을 선택하고 얼굴 부분을 그려 줍니다. 머리는 단정하게 묶은 모습이고, 얼굴은 발표 자료를 보고 있도록 해 봅시다.

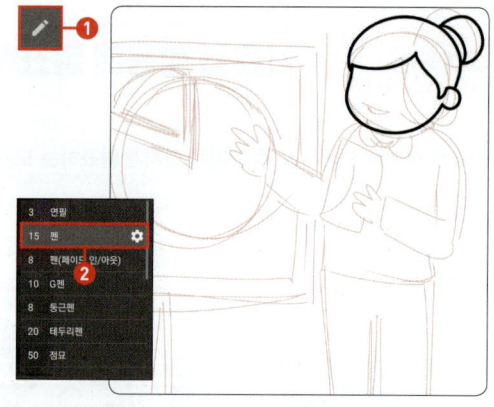

05 이어서 상체를 그립니다. 한 손은 텔레비전 화면에 있는 자료를 가리키고 다른 한 손은 종이를 들고 있습니다.

06 하체는 바르게 서 있는 자세로 그려 볼까요?

07 텔레비전을 그리기 위해 스냅의 격자선을 활성화하고 텔레비전 모양을 직선으로 반듯하게 그려 봅시다.

> **Tip** 격자선 기능을 켜면 자동으로 선이 격자 모양으로 그려집니다.

08 텔레비전 화면 안에 발표 자료로 활용하는 차트 모양을 그립니다.

09 자신감 있게 발표하는 표정을 그려볼까요? 발표하는 상황이니까 입은 살짝 벌린 모습으로 그려주는 것이 좋겠어요.

10 러프스케치를 그렸던 '레이어1'을 보이지 않게 설정합니다.

11 외곽선 레이어 아래쪽에 새로운 레이어를 추가하고 레이어의 이름을 '채색'이라고 변경합니다.

12 [버킷 툴]을 이용해 어울리는 색상을 차례대로 고르고 채색합니다.

13 새로운 레이어를 추가하고, 아래쪽 레이어에 [클리핑]을 적용합니다. 그리고 옷에 자유롭게 무늬를 추가하고, 그림자 등의 명암을 추가합니다.

14 외곽선 레이어를 선택하고 차트 자료에 수치를 퍼센트로 입력합니다. 캐릭터가 완성되었습니다.

WEEK 10 아름다운 풍경 그리기

아름다운 풍경을 보고 있으면 기분이 좋아지고 마음이 정화되는 느낌을 받습니다. 여러분은 어떤 풍경을 좋아하나요? 우리나라는 사계절이 뚜렷하기 때문에 계절마다 독특하고 아름다운 풍경을 선물받는 기분입니다. 아름다운 풍경을 함께 그림으로 그려 봅시다.

STEP 01 바다가 보이는 풍경 그리기

여러분은 '여름'하면 어떤 풍경이 떠오르나요? 바다가 보이는 뜨거운 해변의 모습을 상상하며 그려 봅시다.

미리보기

- **캔버스 설정**
  너비, 높이: 2000px
  dpi: 300

- **브러시 설정**
  스케치 작업: [연필] 5px
  외곽선 작업: [펜] 13px, 17px, [에어브러시] 228px, 108px

- **연습할 기능**
  - [스냅] - [격자선]으로 직선 긋기
  - [버킷 툴]로 특정 부분 채색하기
  - [클리핑] 기능으로 원하는 부분만 칠하거나 명암 효과 추가하기

01 [브러시 툴]-[연필], 색상은 빨간색으로 선택합니다. 여름 풍경을 러프 스케치로 그려 봅니다.

02 현재 레이어의 불투명도를 50%로 변경합니다.

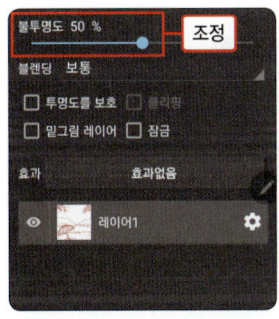

03 새로운 레이어를 러프스케치 레이어 아래에 추가하고 새로운 레이어의 이름을 '하늘'로 변경합니다.

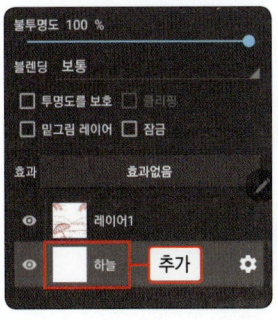

04 잠시 '레이어1'을 안 보이게 설정할게요. [버킷 툴]을 선택하고 하늘색으로 캔버스 전체를 채웁니다.

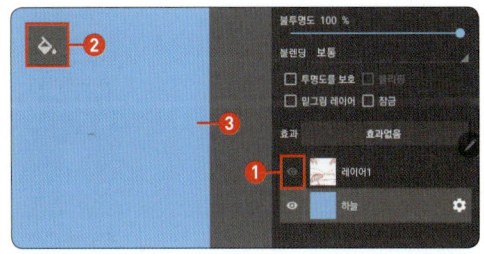

05 다시 '레이어1'을 보이게 설정하고, 새로운 레이어를 추가한 뒤 레이어의 이름을 '바다'로 변경합니다. 그리고 레이어를 '하늘' 레이어의 위쪽에 배치합니다.

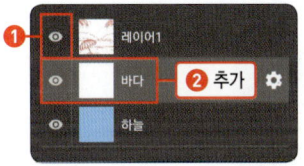

06 [브러시 툴]-[펜]을 눌러 바다를 표현하기 위한 파란색을 선택한 후, 스냅의 격자선틀을 선택하고 직선으로 수평선을 긋습니다.

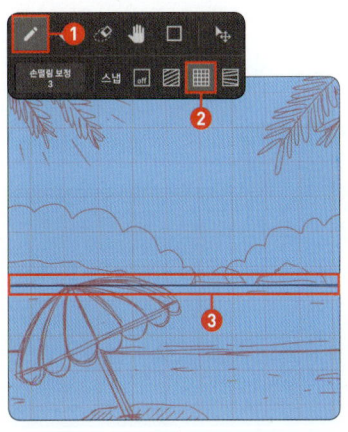

07 '레이어1'을 안 보이게 설정하고, [버킷 툴]을 선택한 후, '바다' 레이어를 채웁니다.

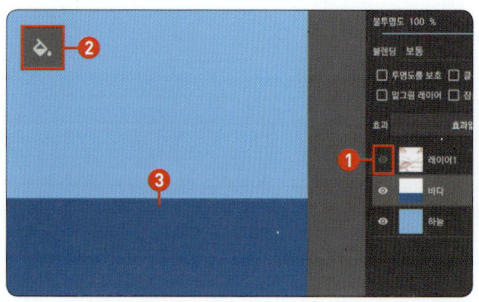

08 다시 '레이어1'을 보이게 설정합니다. 새로운 레이어를 추가하고 레이어의 이름을 '해변'으로 변경합니다. 그리고 레이어를 '바다' 레이어의 위쪽에 배치합니다.

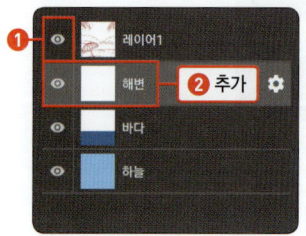

09 [브러시 툴]-[펜]을 누르고 모래사장을 표현하기 위한 베이지색을 선택합니다. 스냅의 격자선을 선택하고 바다의 아래쪽 부분에 가로로 직선으로 긋습니다.

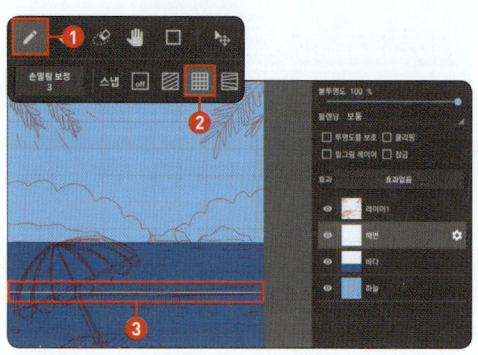

10 '레이어1'을 안 보이게 설정하고 [버킷 툴]을 선택해 '해변' 레이어를 채웁니다.

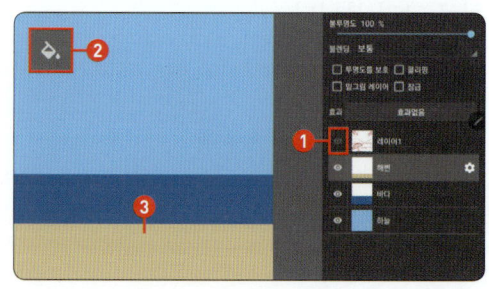

11 다시 '레이어1'을 보이게 설정합니다. 새로운 레이어를 추가하고 레이어의 이름을 '구름'으로 변경합니다. 그리고 레이어를 '바다' 레이어의 아래쪽에 배치합니다.

12 [브러시 툴]-[펜]을 누르고 흰색을 선택한 후 러프 스케치를 따라서 구름을 그리고 색칠합니다.

13 새로운 레이어를 추가하고 레이어의 이름을 '산과 섬'으로 변경합니다. 그리고 레이어를 '구름' 레이어의 위쪽에 배치합니다.

14 [브러시 툴]-[펜]을 선택하고 멀리 있는 산을 표현하기 위한 어두운 남색을 선택한 후, 러프 스케치를 따라서 왼쪽 부분에 산을 그려 봅시다.

15 이어서 어두운 녹색을 선택하고 중앙과 우측에 섬을 그려 봅시다.

16 섬의 아랫부분을 표현하기 위해 황토색을 선택하고 녹색 아래쪽에 선을 그립니다.

17 '레이어1' 아래쪽에 새로운 레이어를 추가하고 레이어의 이름을 '파라솔'로 변경합니다.

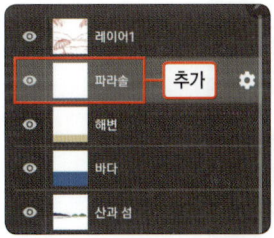

18 [브러시 툴]-[펜]을 누르고 흰색을 선택한 후 러프 스케치의 선을 따라서 파라솔의 윗부분을 그립니다.

19 이어서 회색을 선택하고 파라솔의 기둥을 그립니다.

20 새로운 레이어를 추가하고 [클리핑]을 적용합니다.

21 [브러시 툴]-[펜]을 누르고 빨간색을 선택한 후, 파라솔의 패턴을 구분지어 칠합니다.

22 다시 새로운 레이어를 추가하고 클리핑을 적용한 후 파라솔 천막의 명암 부분을 표현합니다.

23 '해변' 레이어 위에 새로운 레이어를 추가하고 클리핑을 적용합니다.

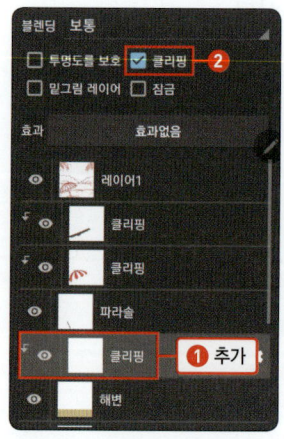

24 [브러시 툴]-[펜]을 누르고 짙은 황토색을 선택한 후 파라솔의 그림자 부분을 그려 봅시다.

25 모래사장의 명암과 질감도 함께 나타내고 레이어의 불투명도를 80%로 변경합니다.

26 '레이어1' 아래에 새로운 레이어를 추가하고 레이어의 이름을 '햇빛'으로 변경합니다.

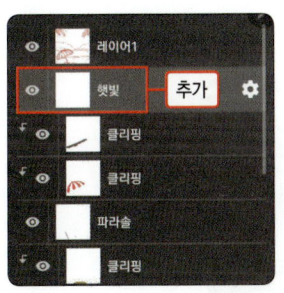

27 브러시를 [에어브러시]로 선택하고 흰색으로 캔버스의 왼쪽 윗부분을 동그랗게 칠해 강렬하게 내리쬐는 한여름의 해를 표현해 봅시다.

28 이어서 [에어브러시]의 브러시 크기를 줄여서 방사형 직선을 그어 햇빛을 표현합니다.

29 '햇빛' 레이어 위에 새로운 레이어를 추가하고 레이어의 이름을 '나뭇잎'으로 변경합니다.

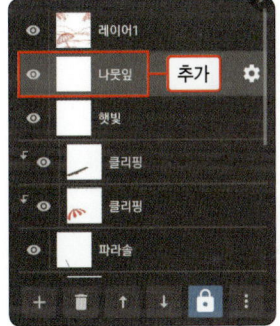

30 [브러시 툴]-[펜]을 누르고 짙은 초록색을 선택한 후 위쪽에 나뭇잎을 그려 봅시다.

31 '레이어1'을 안 보이게 설정하고 그림의 전체적인 부분을 살펴봅니다.

32 '바다' 레이어 위에 새로운 레이어를 추가하고 '클리핑'을 적용합니다.

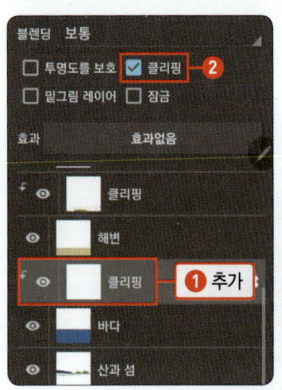

33 [브러시 툴]-[펜]을 누르고 흰색을 선택한 후 [스냅]의 격자선틀을 켭니다. 가로선을 그어 바다의 빛나는 부분을 표현해 봅시다.

34 클리핑 레이어의 불투명도를 80%로 변경합니다.

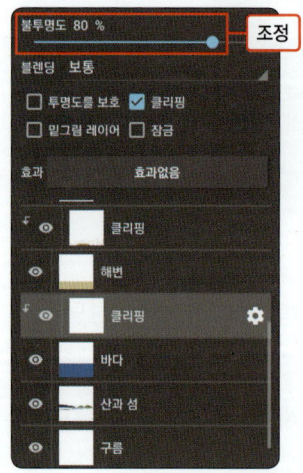

35 클리핑 레이어 위에 다시 레이어를 추가하고 [클리핑]을 적용합니다.

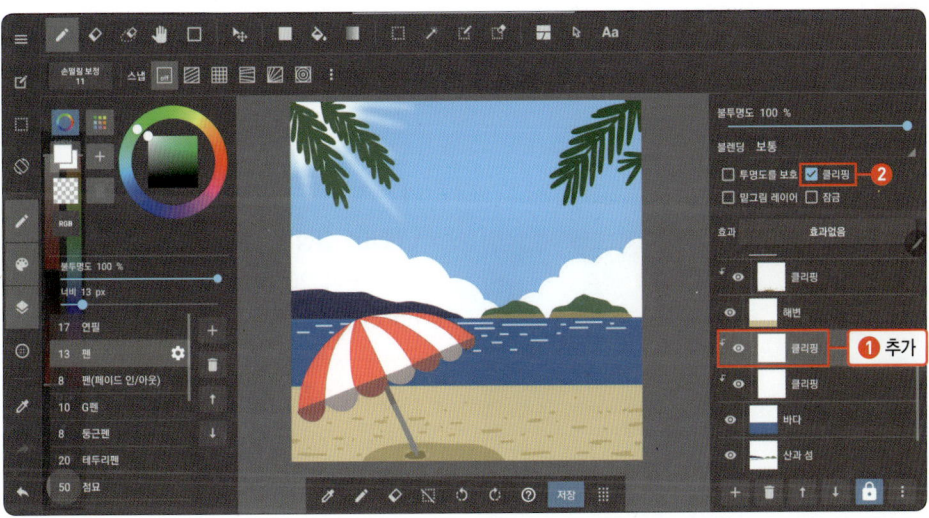

36 [브러시 툴]-[펜]을 활용해 해변과 바다가 맞닿는 부분을 흰색으로 표현해 봅시다. 부서지는 파도가 완성되었습니다.

STEP 02 눈 내리는 마을 풍경 그리기

함박눈이 펑펑 내리는 풍경을 본 적 있나요? 흰 눈이 마을을 온통 희게 만든 모습을 상상하며 눈 내리는 풍경을 그려 봅시다.

- **캔버스 설정**
  너비, 높이: 2000px
  dpi: 300

- **브러시 설정**
  스케치 작업: [연필] 7px
  외곽선 작업: [펜] 22px, 30px, 38px

- **연습할 기능**
  - [버킷 툴]로 특정 부분 채색하기
  - [클리핑] 기능으로 원하는 부분만 칠하거나 명암 효과 추가하기

01 [브러시 툴]-[연필], 색상은 빨간색으로 선택합니다. 눈 내리는 마을 풍경을 상상하며 스케치합니다.

02 [레이어] 메뉴에서 현재 레이어의 [불투명도]를 50%로 변경합니다.

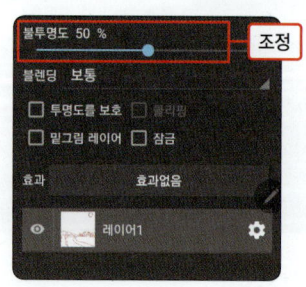

03 새로운 레이어를 스케치 레이어 아래쪽에 추가하고 '하늘'로 변경합니다.

04 잠시 레이어1을 안 보이게 설정합니다. [버킷 툴]을 누르고 어두운 하늘색으로 캔버스 전체를 채웁니다.

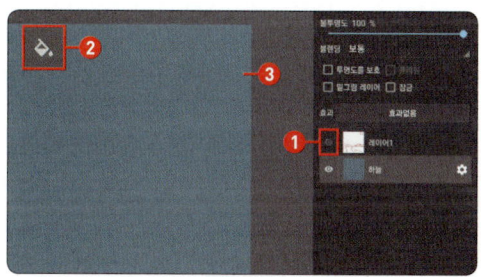

05 다시 레이어1을 보이게 설정하고, 새로운 레이어를 추가한 뒤 레이어의 이름을 '땅(1)'로 변경합니다. 그리고 레이어를 '하늘' 레이어의 위에 배치합니다.

06 [브러시 툴]-[펜]을 누르고 밝은 회색을 선택한 후, 러프 스케치 선을 따라서 캔버스의 왼쪽 부분에 눈이 덮인 땅을 그립니다.

07 새로운 레이어를 추가한 뒤 레이어의 이름을 '땅(2)'로 변경합니다. 그리고 레이어를 '땅(1)' 레이어의 위쪽에 배치합니다.

08 [브러시 툴]을 선택하고 '땅(1)' 레이어보다 밝은 회색을 선택한 후, 러프 스케치 선을 따라 캔버스 아래쪽에 눈이 덮인 땅을 그립니다.

09 새로운 레이어를 추가한 뒤 레이어의 이름을 '산'으로 변경합니다. 그리고 레이어를 '하늘' 레이어의 위쪽에 배치합니다.

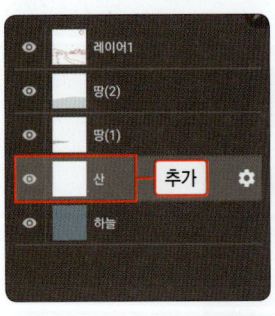

10 [브러시 툴]을 누르고 회색을 선택한 후, 러프 스케치 선을 따라 '땅(1)' 레이어의 위쪽에 눈이 덮여 있는 산을 그립니다.

11 새로운 레이어를 추가한 뒤 레이어의 이름을 '나무'로 변경합니다. 그리고 레이어를 '산' 레이어의 위쪽에 배치합니다.

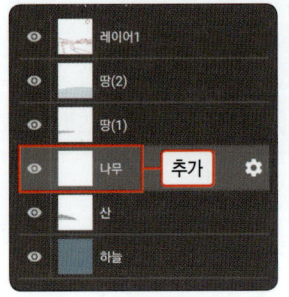

12 [브러시 툴]을 선택하고 어두운 녹색을 선택한 후 있는 나무들을 그립니다.

13 새로운 레이어를 추가하고 레이어의 이름을 '집'으로 변경합니다. 그리고 레이어를 '나무' 레이어의 위쪽에 배치합니다.

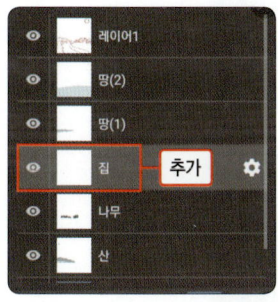

14 [브러시 툴]을 선택하고 어두운 갈색을 선택한 후 집을 그립니다.

15 '집' 레이어 위에 새로운 레이어를 추가하고 [클리핑]을 적용합니다.

16 [브러시 툴]을 누르고 흰색을 선택한 후 지붕 위에 쌓인 눈을 그립니다.

17 노란색을 선택한 후 불이 켜진 창문을 그립니다.

18 '땅(2)' 레이어 위에 새로운 레이어를 추가하고 [클리핑]을 적용합니다.

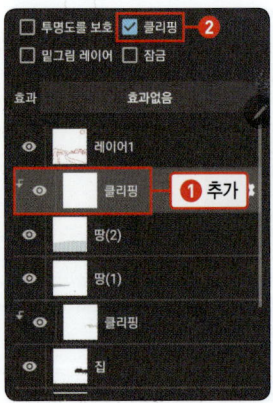

19 [브러시 툴]을 누르고 어두운 회색을 선택한 후 큰 길을 그립니다.

20 새로운 레이어를 추가하고 레이어의 이름을 '큰 나무'로 변경합니다. 그리고 레이어를 러프스케치 레이어의 아래쪽에 배치합니다.

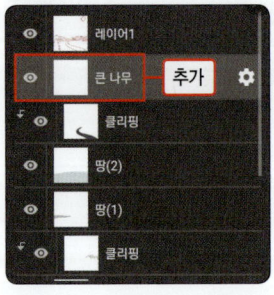

21 [브러시 툴]을 누르고 짙은 녹색을 선택한 후 왼쪽에 큰 나무를 그립니다.

22 '큰 나무' 레이어 위에 새로운 레이어를 추가하고 [클리핑]을 적용합니다.

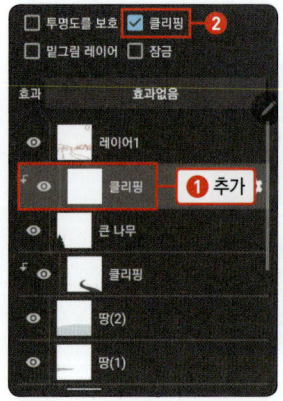

23 [브러시 툴]을 선택하고 흰색을 선택한 후 나무 위에 소복히 쌓인 눈을 그립니다.

24 새로운 레이어를 추가하고 레이어의 이름을 '달'로 변경합니다. 그리고 레이어를 러프스케치 레이어의 아래쪽에 배치합니다.

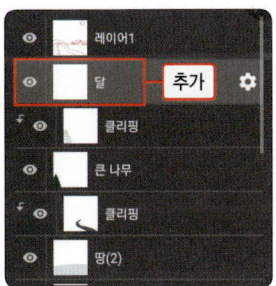

25 [브러시 툴]을 누르고 흰색을 선택한 후 러프스케치를 따라서 오른쪽 위에 달을 그립니다.

26 '달' 레이어의 불투명도를 80%로 변경합니다.

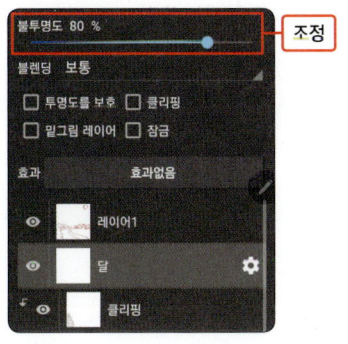

27 레이어1을 안 보이게 설정하고 그림의 전체적인 부분을 살펴봅니다.

28 새로운 레이어를 추가하고 레이어의 이름을 '눈'으로 변경합니다. 그리고 레이어를 '달' 레이어의 위쪽에 배치합니다.

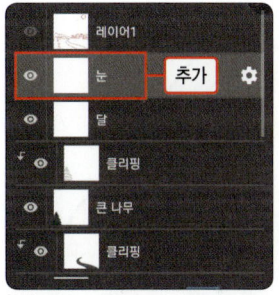

29 [브러시 툴]을 누르고 흰색을 선택한 후 하늘에서 내리는 눈을 점을 찍듯이 표현합니다.

WEEK 11 라인드로잉으로 그림 그리기

그림 위에 비치는 종이를 대고 선을 따라 그려 본 경험이 있나요? 선을 따라서 그리면 내 머릿속에 있는 그림을 그리는 것보다 훨씬 쉽고, 원본 그림과 똑같이 그릴 수 있기 때문에 결과물도 만족스러운 경우가 많습니다. 그림 연습도 덩달아 되고요! 이번에는 라인드로잉을 활용해서 그림을 그려 볼게요.

STEP 01 라인드로잉으로 도넛 따라 그리기

알록달록 스프링클이 뿌려진 도넛을 그려 봅시다. 라인드로잉을 활용해 쉽게 그릴 수 있어요.

미리보기

- **캔버스 설정**
  너비, 높이: 2000px
  dpi: 300

- **브러시 설정**
  [펜] 15px

- **연습할 기능**
  - [이미지 선택 후 추가]로 캔버스에 이미지 불러오기
  - 선화 추출하기

01 [+] 버튼을 누르고 [이미지 선택 후 추가]를 선택합니다.

02 갤러리 앱에서 라인드로잉으로 표현할 사진을 선택합니다.

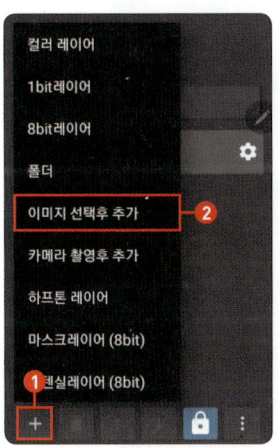

03 사진의 각도, 배율, 위치를 조정하고 [확정] 버튼을 누릅니다.

04 그럼 '선화를 추출할까요?'라는 메시지가 나타날 거예요. [네]를 눌러 주세요.

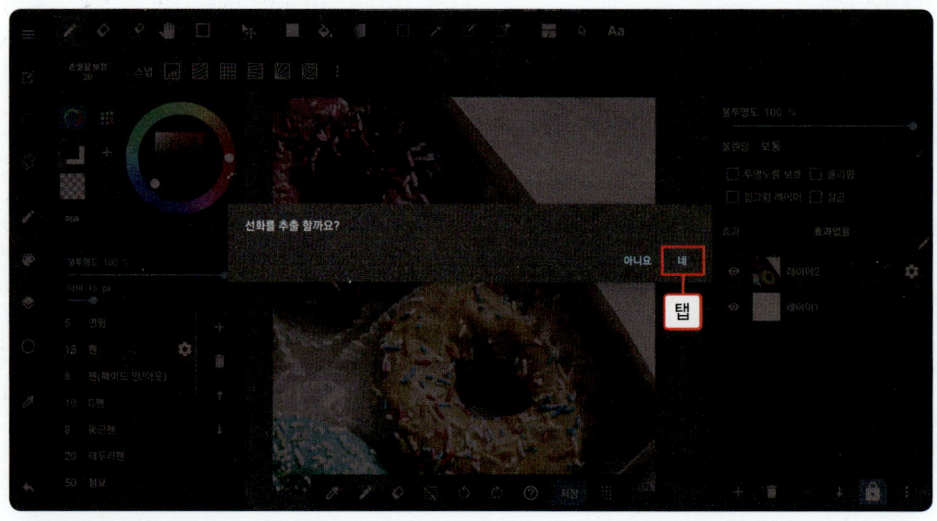

05 이어서 섀도우(어두운 부분), 하프톤(중간 톤), 하이라이트(밝은색 부분)를 조정하고 [확정]을 누릅니다.

05 그럼 '선화 위로 계속해서 그리시겠습니까?' 팝업 메시지가 나타날 거예요. [네]를 눌러 주세요.

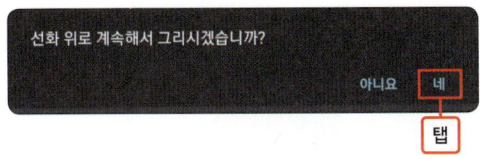

07 레이어 창을 보면 총 세 개의 레이어가 있을 거예요. 가장 아래에 기본 레이어가 있고, 그 위에 불러온 사진 레이어, 맨 위에 방금 생성한 레이어가 있습니다.

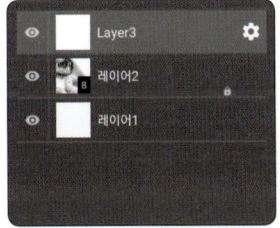

08 사진 레이어의 [불투명도]를 80%로 조정합니다.

09 가장 위에 있는 레이어의 이름을 '라인드로잉'으로 변경합니다.

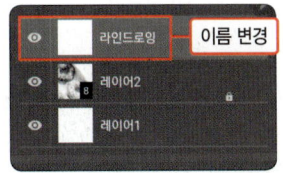

10 [브러시 툴]-[펜]을 선택하고, 사진의 외곽선만 참고해서 라인드로잉을 합니다. 캔버스 화면을 확대해서 선으로 표현하고, 복잡하거나 선으로 나타내기 어려운 부분은 과감하게 생략하도록 해요.

11 라인드로잉을 마쳤다면 참고 사진 레이어를 잠시 보이지 않게 설정해서 라인드로잉의 완성도를 점검해 봅시다. 부족한 부분이 있다면 추가로 그려 주세요.

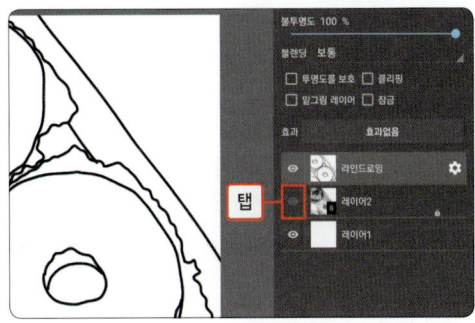

12 '라인드로잉' 레이어 아래에 채색 레이어를 넣어 봅시다. 이미 가장 아래쪽에 기본 레이어가 있으므로 이 레이어를 '참고 사진' 레이어 위로 올려 주세요. 그리고 이름을 '채색'으로 변경해 봅시다.

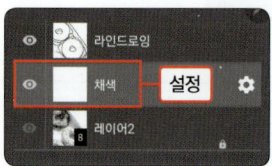

13 '참고 사진' 레이어의 색상을 추출하기 위해 [+] 버튼을 누르고 [이미지 선택 후 추가]를 선택합니다.

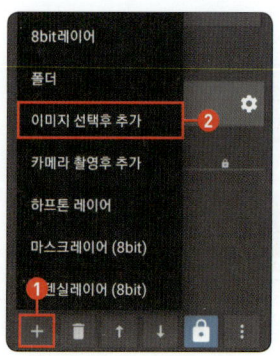

14 갤러리 앱에서 다시 참고 사진을 선택해서 불러옵니다.

15 라인드로잉을 참고하여 각도와 배율, 위치를 이전과 동일하게 설정하고 [확정]을 누릅니다.

16 '선화를 추출할까요?' 메시지에서 [아니오]를 선택합니다.

17 '채색' 레이어를 선택하고 색상 추출을 위해 [스포이트 툴]을 선택합니다.

18 캔버스 사진의 한 부분을 눌러 색상을 추출합니다.

19 참고 사진 레이어는 안 보이게 설정하고, '채색' 레이어에 [버킷 툴]을 이용해 추출한 색으로 채웁니다.

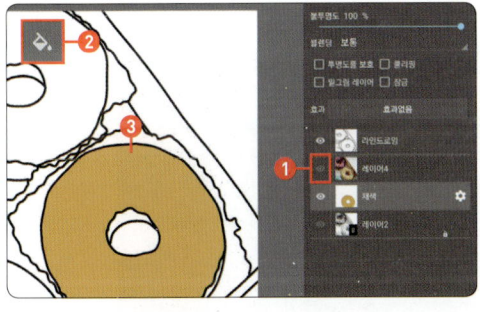

20 위의 과정을 반복해서 다른 부분의 색상도 추출한 후 [버킷 툴]로 채색 작업을 합니다.

21 '채색' 레이어 위에 새로운 레이어를 추가하고 [클리핑]에 체크합니다.

22 [브러시 툴]-[펜]으로 명암이나 강조하고 싶은 부분을 표현합니다.

23 새로운 레이어를 추가하고 레이어의 이름을 '스프링클'로 변경합니다. [브러시 툴]-[펜]으로 도넛 위에 뿌려진 스프링클을 다양한 색으로 그려 봅시다.

24 그린 그림을 내보내기 위해 메뉴 버튼을 누르고 [png/jpg형식으로 엑스포트]를 선택합니다.

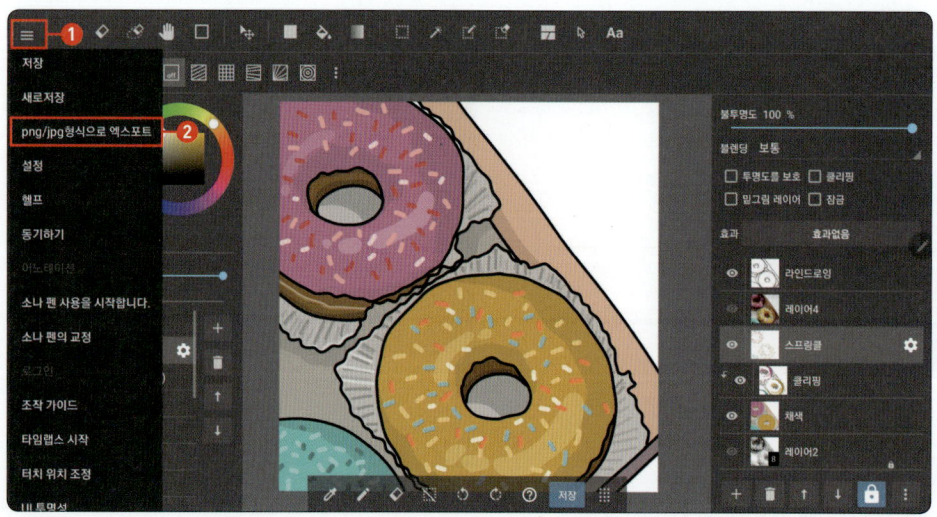

25 PNG형식 그대로 두고 [확인]을 선택합니다.

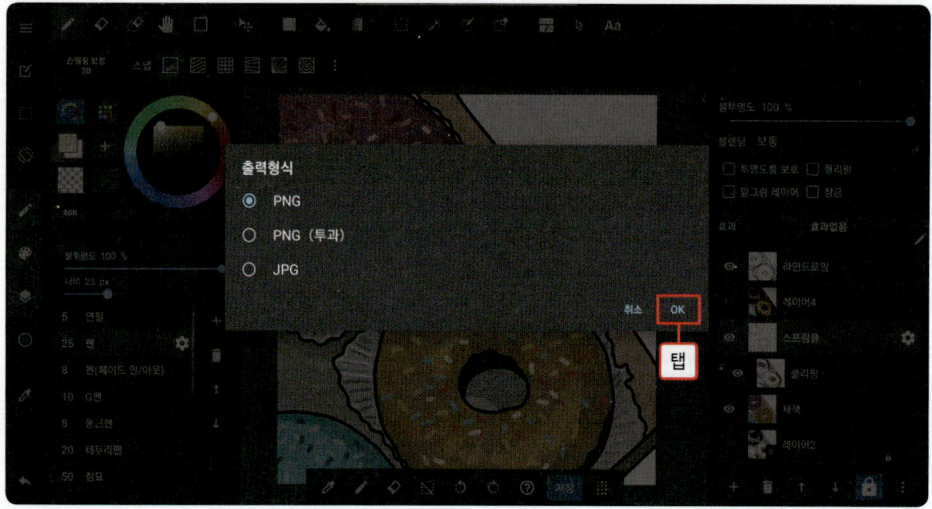

STEP 02 라인드로잉으로 인물 따라 그리기

활짝 웃고 있는 친구의 모습을 그려 봅시다. 친구의 사진을 불러와 라인드로잉으로 따라 그린 후, 친구에게 선물해 보는 것은 어떨까요?

- **캔버스 설정**
  너비, 높이: 2000px
  dpi: 300

- **브러시 설정**
  [펜] 6px, 11px

- **연습할 기능**
  - [이미지 선택 후 추가]로 캔버스에 이미지 불러오기
  - 선화 추출하기

01 [+] 버튼을 누르고 [이미지 선택 후 추가]를 선택합니다.

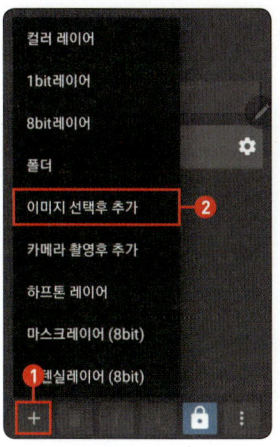

02 갤러리 앱에서 라인드로잉으로 표현할 인물 사진을 선택합니다.

03 사진의 각도, 배율, 위치를 조정하고 [확정] 버튼을 누릅니다.

04 '선화를 추출할까요?'라는 메시지가 나타나면 [네]를 눌러 주세요.

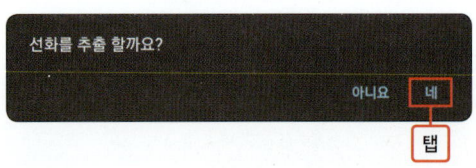

05 이어서 섀도우(어두운 부분), 하프톤(중간 톤), 하이라이트(밝은색 부분)를 조정하고 [확정]을 누릅니다.

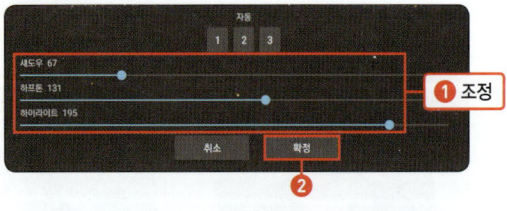

06 '선화 위로 계속해서 그리시겠습니까?'라는 메시지가 나타날 거예요. [네]를 눌러 주세요.

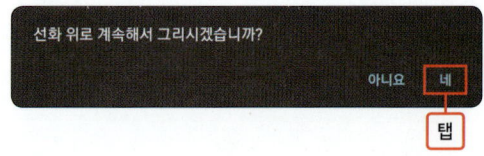

07 [레이어 창]을 보면 총 3개의 레이어가 있을 거예요. 가장 밑에 기본 레이어가 있고, 그 위에 사진 레이어, 맨 위에 방금 생성한 레이어가 있습니다.

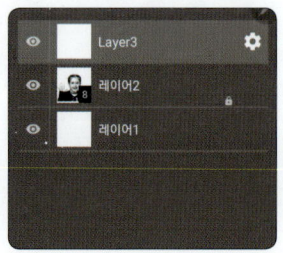

08 라인드로잉을 위해 사진 레이어의 [불투명도]를 80%로 조정합니다.

09 가장 위에 있는 레이어의 이름을 '라인드로잉'으로 변경합니다.

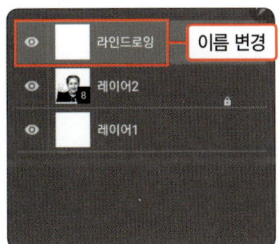

10 [브러시 툴]-[펜]을 선택하고, 사진의 전체적인 외곽선만 참고해서 라인드로잉을 합니다.

11 참고 사진 레이어를 잠시 보이지 않게 설정해서 라인드로잉의 완성도를 점검해 봅시다. 부족한 부분이 있다면 추가로 그려 주세요.

12 라인드로잉 레이어 아래쪽에 채색 레이어를 넣어 봅시다. 이미 가장 아래에 기본 레이어가 있으므로 이 레이어를 '참고 사진' 레이어 위로 올려 주세요. 그리고 '채색'이라고 이름을 변경해 봅시다.

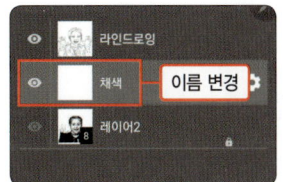

13 '참고 사진' 레이어의 색상을 추출하기 위해 레이어 추가 버튼을 누르고 [이미지 선택 후 추가]를 선택합니다.

14 갤러리 앱에서 다시 참고 사진을 선택해서 불러옵니다.

15 라인드로잉을 참고하여 각도와 배율, 위치를 이전과 동일하게 설정하고 [확정]을 누릅니다.

16 '선화를 추출할까요?' 팝업 메시지에서 [아니오]를 선택합니다.

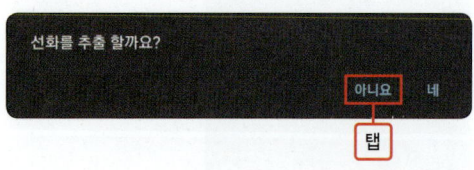

17 '채색' 레이어를 선택하고 색상 추출을 위해 [스포이트 툴]을 선택합니다.

18 캔버스 사진의 한 부분을 [스포이트 툴]로 찍어서 색상을 추출합니다. 그럼 색상 팔레트에 추출한 색이 선택됩니다.

19 참고 사진 레이어는 안 보이게 설정하고 '채색' 레이어로 이동한 뒤, [버킷 툴]을 선택해 추출한 색으로 채웁니다.

20 위의 과정을 반복해서 다른 부분의 색상도 추출한 후 [버킷 툴]로 채색 작업을 합니다.

21 '채색' 레이어 위에 새로운 레이어를 추가하고 [클리핑]을 체크합니다.

22 [브러시 툴]-[펜]으로 명암이나 강조하고 싶은 부분을 표현합니다.

23 그린 그림을 내보내기 위해 메뉴 버튼을 누르고 [png/jpg형식으로 엑스포트]를 선택합니다.

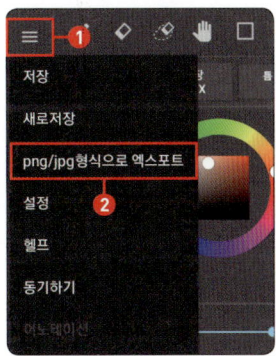

24 PNG 형식 그대로 두고 [OK]를 선택합니다.

WEEK 12	스마트폰, 컴퓨터 배경화면 만들기
WEEK 13	상상력 담아 웹툰 그리기
WEEK 14	이모티콘 작가 되기
WEEK 15	움직이는 그림 만들기

넷째 마당

도전!
디지털 드로잉
전문가!

WEEK 12 스마트폰, 컴퓨터 배경화면 만들기

여러분이 사용하고 있는 태플릿과 스마트폰의 배경화면은 무엇인가요? 아마 많은 친구들이 기본 배경화면이나 다른 사람이 만든 배경화면을 사용하고 있을 거예요. 여러분이 직접 그림을 그려 배경화면으로 활용해 보는 것은 어떨까요? 나의 취향을 담은 배경화면을 만들어 봅시다.

STEP 01 풍경 그림 그려서 스마트폰 배경화면 설정하기

여러분이 가지고 다니는 스마트폰에 좋아하는 풍경 그림을 담아 보는 것은 어떨까요? 예쁜 꽃이 만발한 봄 풍경을 그려 배경화면으로 지정해 봅시다.

미리보기

- **캔버스 설정**
  너비: 1080px / 높이: 2355px
  dpi: 300

- **브러시 설정**
  [펜] 11px, 97px

- **연습할 기능**
  - [그라데이션 툴]로 캔버스 칠하기
  - [레이어 조작]-[아래로 통합]으로 레이어 합치기
  - [선택 툴]로 특정 부분 선택 후 [확대/축소]하기
  - [이동 툴]로 원하는 위치로 옮기기

> **Tip** 스마트폰은 종류가 다양하므로 여러분이 사용하는 스마트폰의 화면 크기에 맞게 캔버스 사이즈를 설정해도 됩니다.

01 캔버스에 배경화면으로 넣을 그림을 구상해 봅시다. 동물, 풍경, 음식 등 그리고 싶은 대상을 선택해서 [브러시 툴]-[연필]로 러프스케치합니다.

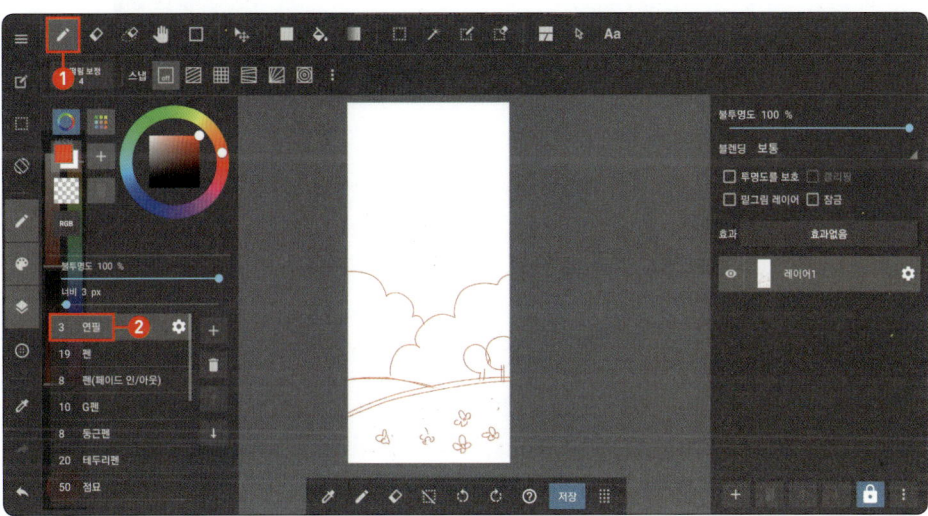

02 러프스케치 레이어의 불투명도를 30%로 변경합니다.

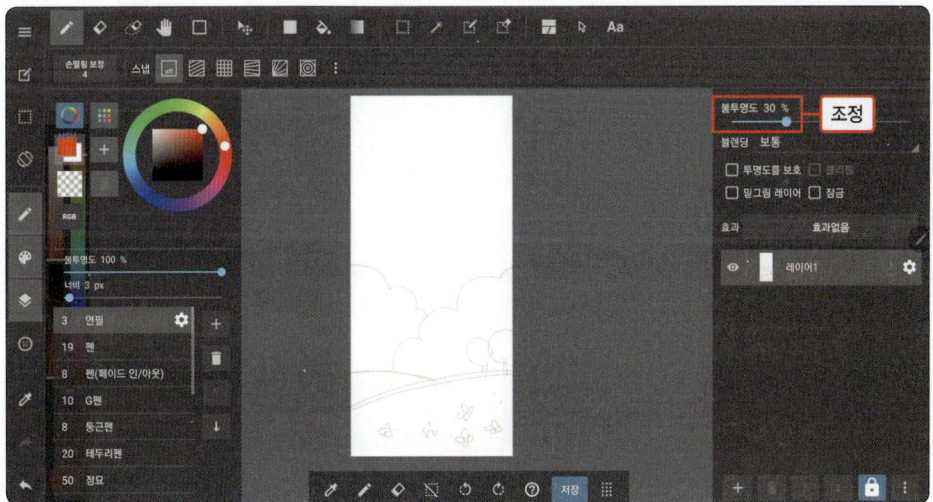

03 새로운 레이어를 추가하고 새로운 레이어의 이름을 '하늘 배경'으로 변경합니다.

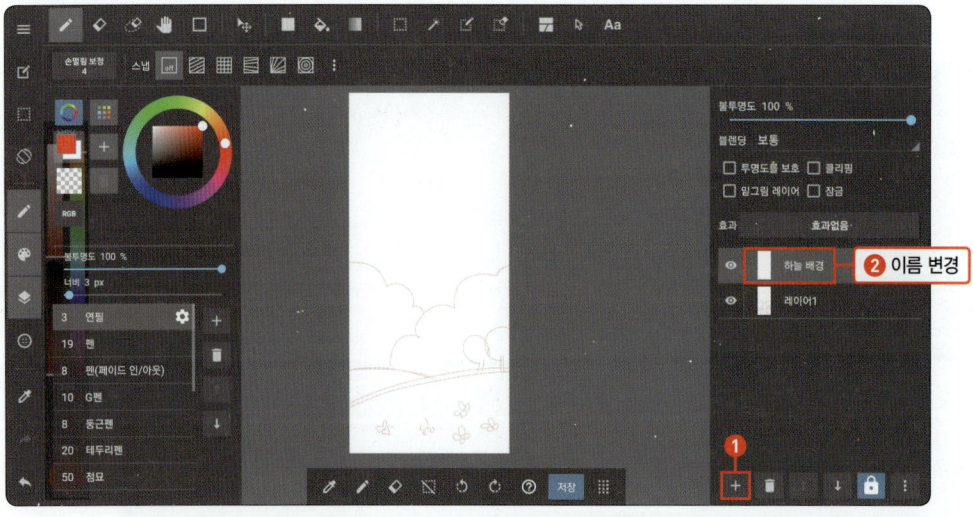

04 [그라데이션 툴]을 선택하고 색상 팔레트에서 하늘색을 선택합니다.

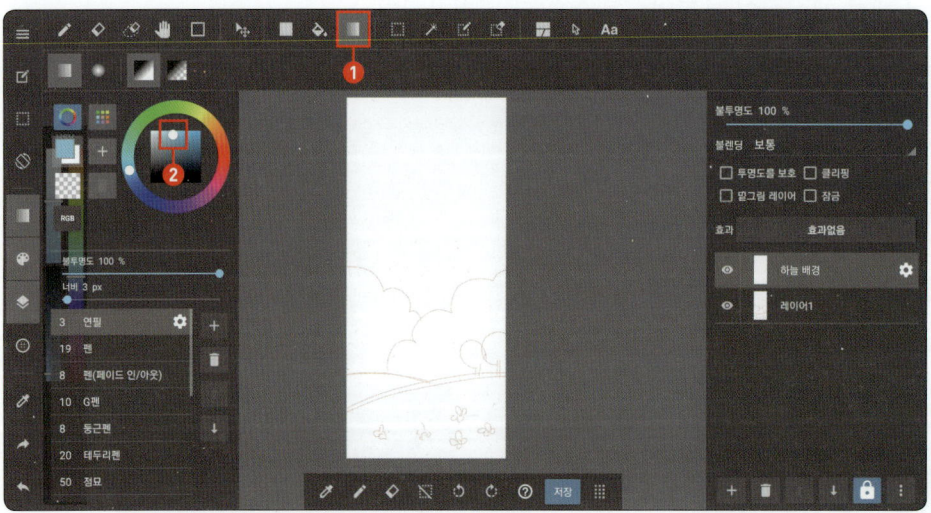

05 캔버스의 위에서 아래쪽으로 선을 그어서 그라데이션 하늘색을 칠합니다. 이때 선의 길이에 따라 그라데이션의 길이도 달라집니다. 가장 위에서 가장 아래쪽까지 선을 그어 볼까요?

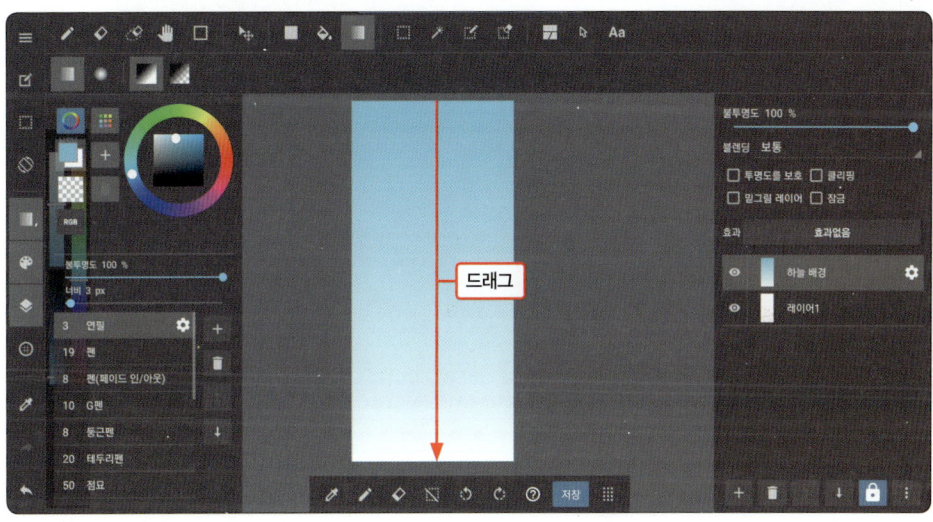

06 스케치를 보기 위해 '하늘 배경' 레이어를 스케치 레이어의 아래쪽으로 옮겨 봅시다.

07 '하늘 배경' 레이어 위에 새 레이어를 추가하고 레이어의 이름을 '언덕(1)'로 변경합니다.

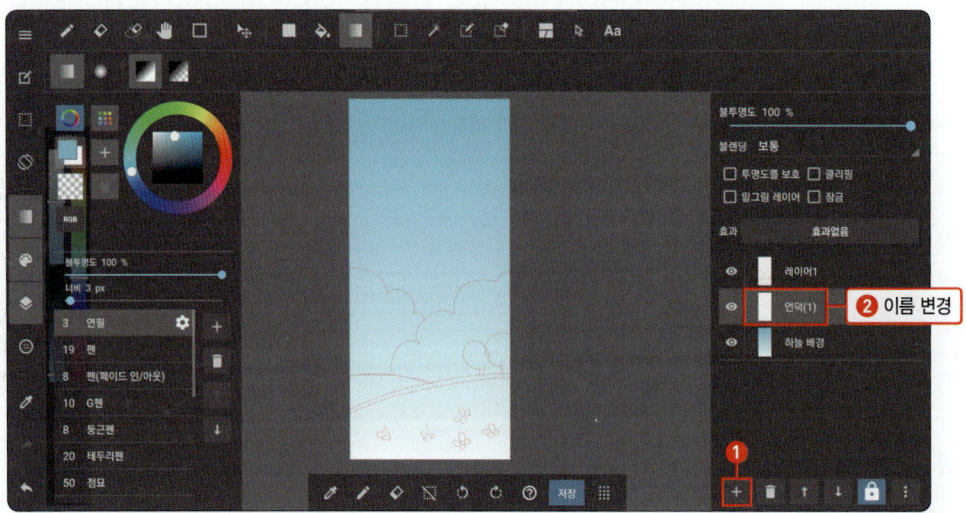

08 [브러시 툴]-[펜], 연두색을 선택한 뒤 언덕을 볼록한 모양으로 그려 봅시다.

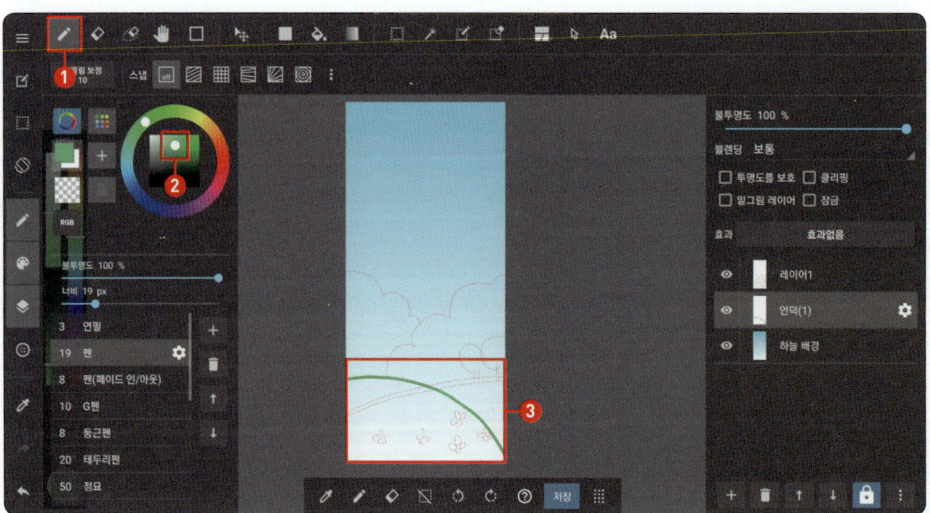

09 '언덕(1)' 레이어를 제외한 나머지 레이어는 모두 안 보이게 설정합니다. [버킷 툴]을 선택하고 같은색으로 '언덕(1)'을 칠해요.

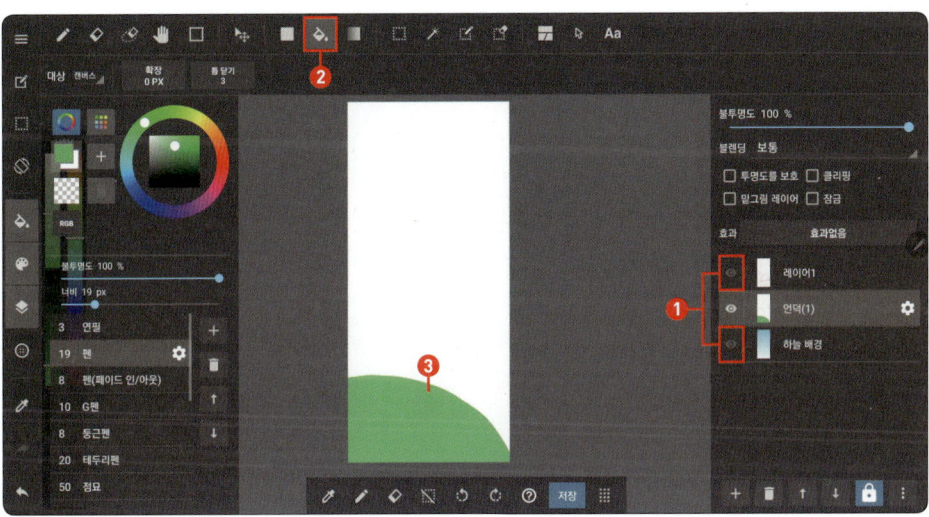

10 다시 스케치 레이어를 보이게 설정합니다. 그리고 '언덕(1)' 레이어 위에 새로운 레이어를 추가하고 이름을 '언덕(2)'로 변경합니다.

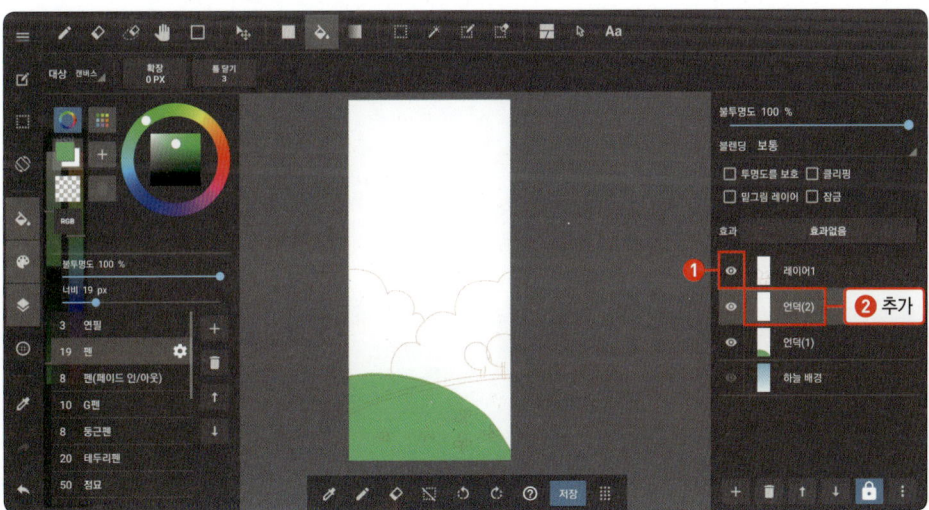

11 [브러시 툴]-[펜]을 선택하고 '언덕(1)'보다 더 진한 초록색을 선택한 다음 스케치 선을 따라 언덕(2)의 모양을 그려 봅시다.

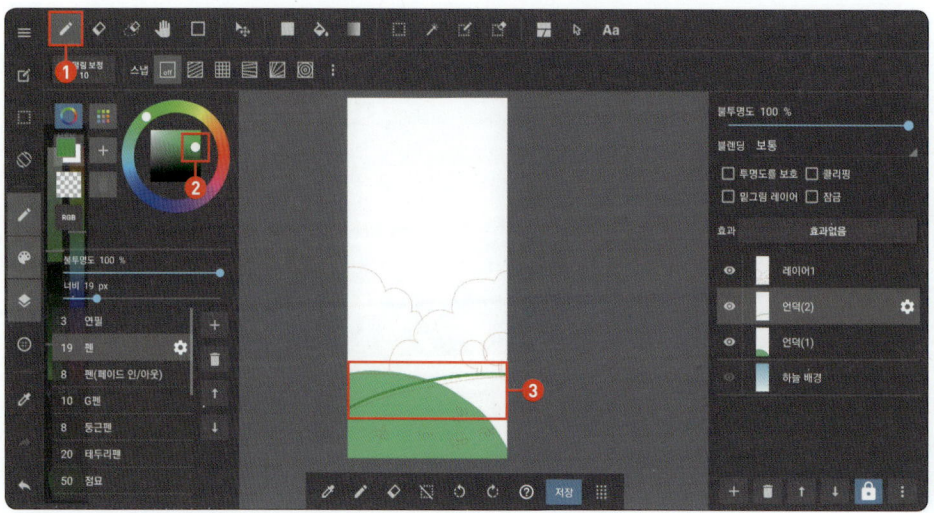

12 '언덕(2)' 레이어를 제외한 나머지 레이어는 모두 안 보이게 설정한 후 [버킷 툴]을 선택하고 같은 색으로 '언덕(2)'을 칠합니다.

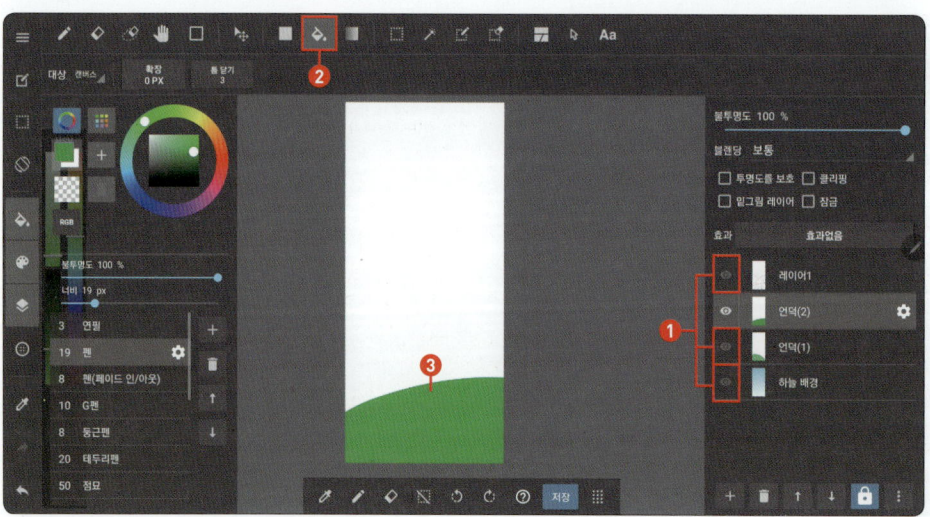

13 모든 레이어를 보이게 설정합니다. 가장 밑에 있는 '하늘 배경' 레이어 위에 새로운 레이어를 추가한 다음 레이어의 이름을 '구름'으로 변경합니다.

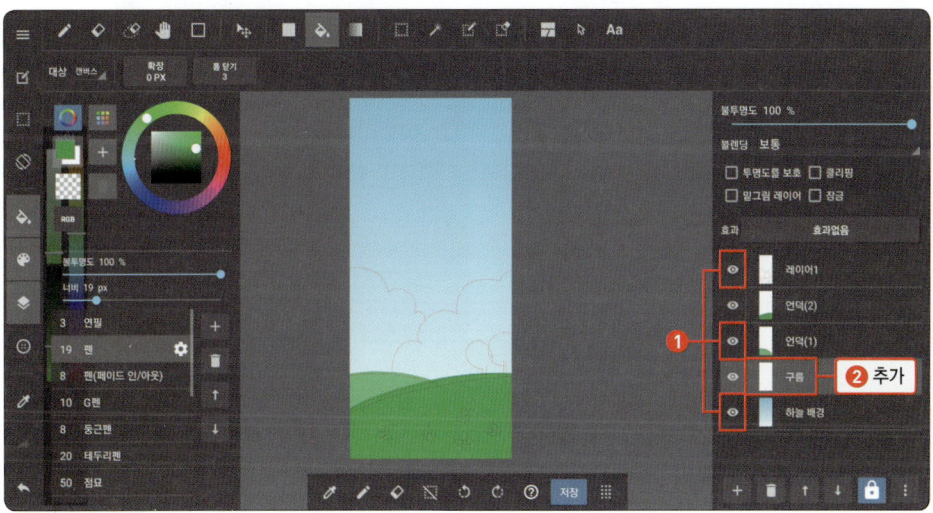

14 [브러시 툴]-[펜], 흰색을 선택한 뒤 언덕 위에 구름을 뭉게뭉게 피어나듯이 그리고 같은 색으로 색칠합니다.

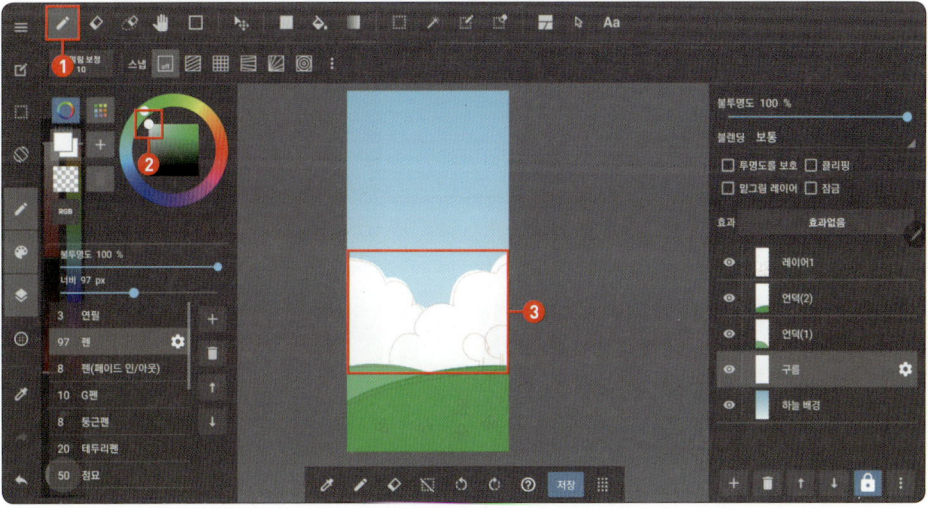

15 '구름' 레이어 위에 새로운 레이어를 추가하고 이름을 '나무'라고 변경합니다.

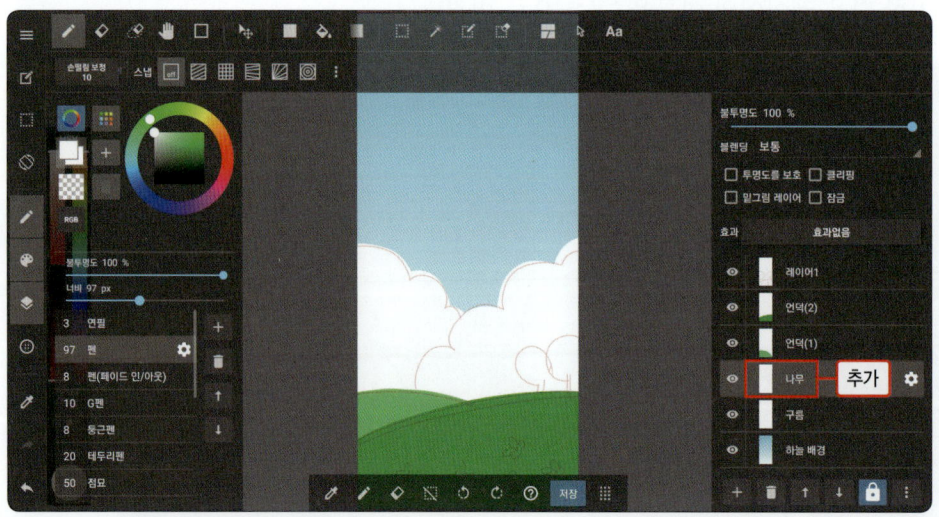

16 [브러시 툴]-[펜]을 선택하고 언덕(2)의 오른쪽 위에 나무 두 그루를 그립니다. 분홍색 나뭇잎 부분을 먼저 그린 후 갈색으로 줄기와 나뭇가지를 그립니다.

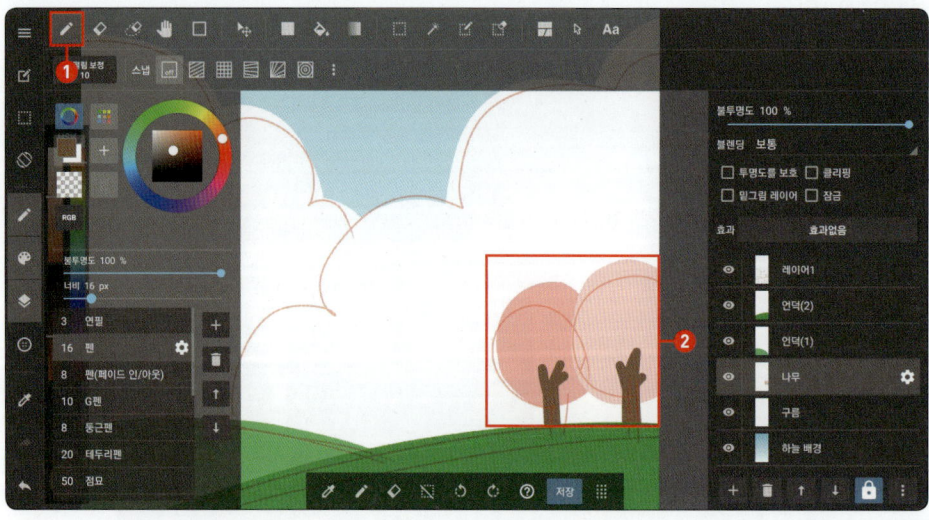

Tip 이때 캔버스를 조금 확대해서 그리면 세밀하게 그리기 더 좋겠죠?

17 이제 가장 위에 있는 스케치 레이어를 안 보이게 설정합니다.

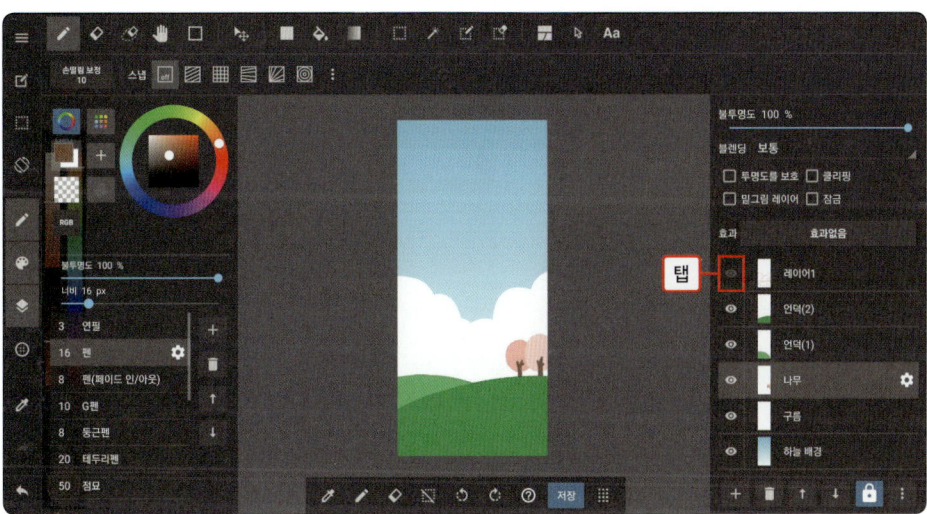

18 '언덕(2)' 레이어 위에 새 레이어를 추가하고 이름을 '꽃'이라고 변경합니다.

19 캔버스를 확대하여 언덕 위에 핀 꽃을 그려 봅시다. [브러시 툴]-[펜]을 선택해 그리면 되겠죠?

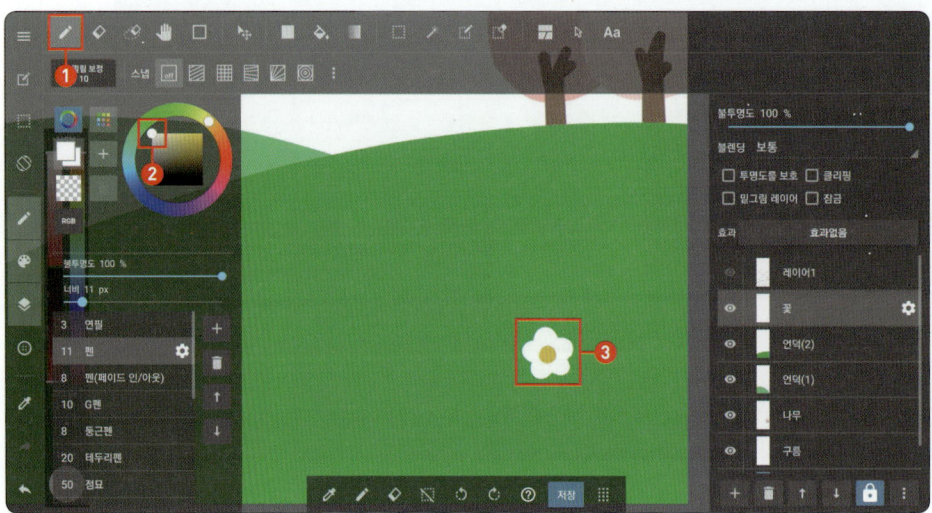

20 레이어 조작 메뉴에서 [복제]를 선택하여 '꽃' 레이어를 복제합니다. 그리고 [이동 툴]을 이용하여 복제된 꽃을 다른 곳으로 옮겨 주세요.

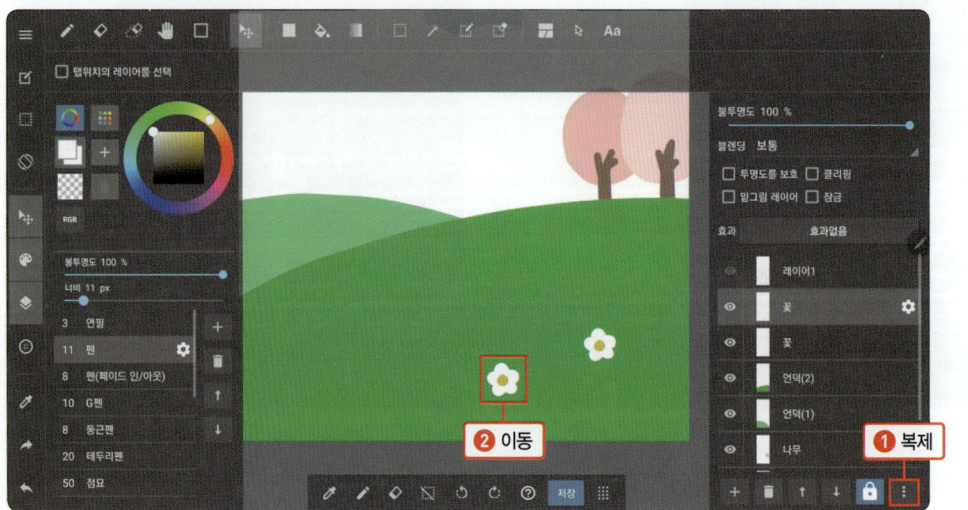

21 같은 방법으로 꽃을 복제하고 이동하는 과정을 반복합니다. 이때 캔버스의 아래 부분 위주로 꽃을 배치해 봅시다.

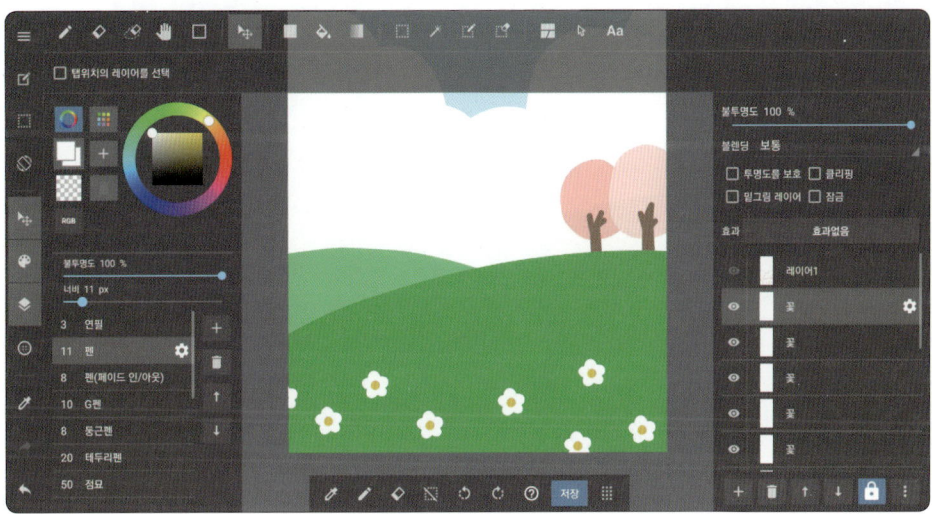

22 가장 위에 있는 '꽃' 레이어를 선택하고 레이어 메뉴에서 [아래로 통합]을 눌러서 레이어를 합칩니다.

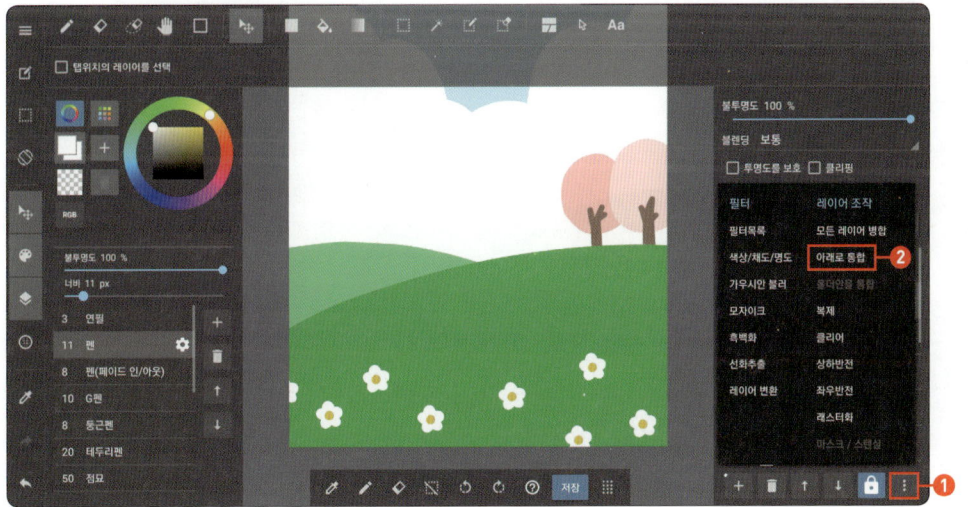

23 위와 같은 과정을 반복해서 '꽃' 레이어를 하나의 레이어로 통합합니다.

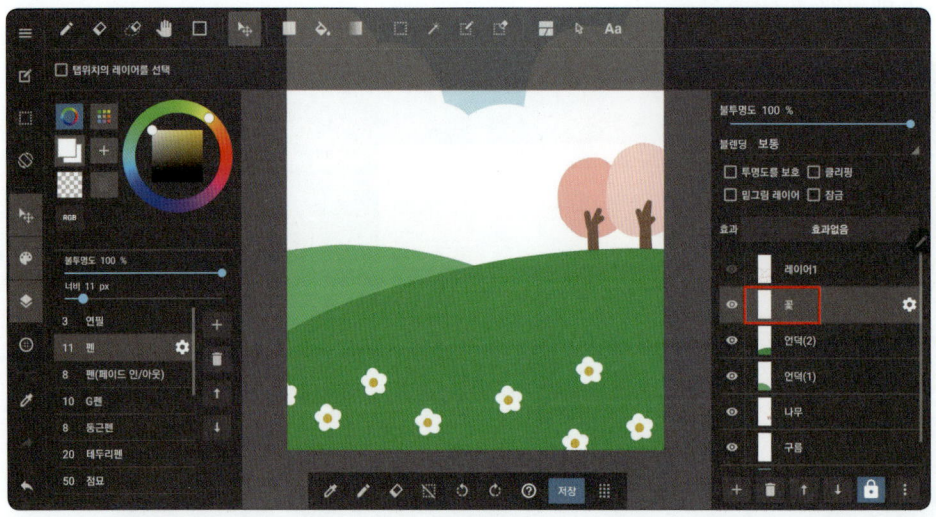

24 '꽃' 레이어의 레이어 조작 메뉴에서 [복제]를 선택하고 복제된 레이어의 이름을 '꽃(2)'라고 변경합니다.

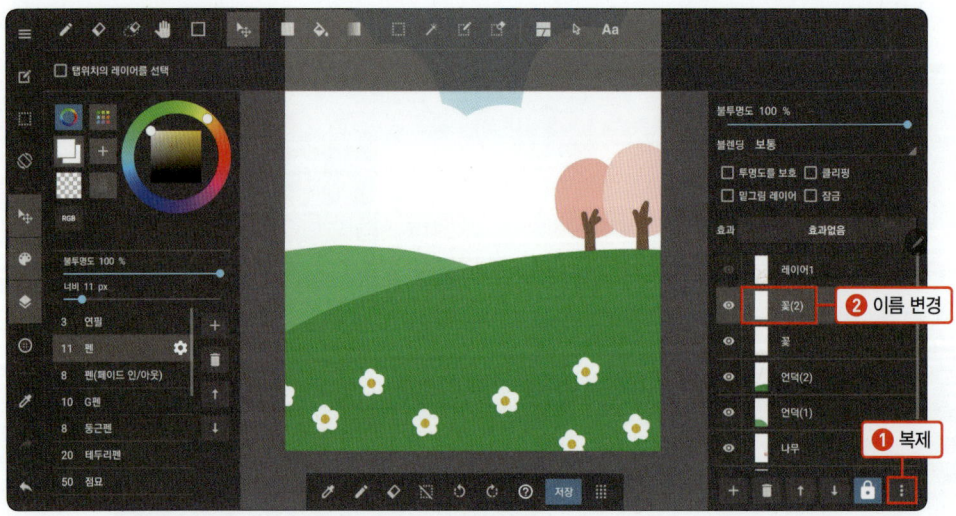

25 [선택 툴]을 선택하고 하위 메뉴에서 [확대/축소]를 선택합니다.

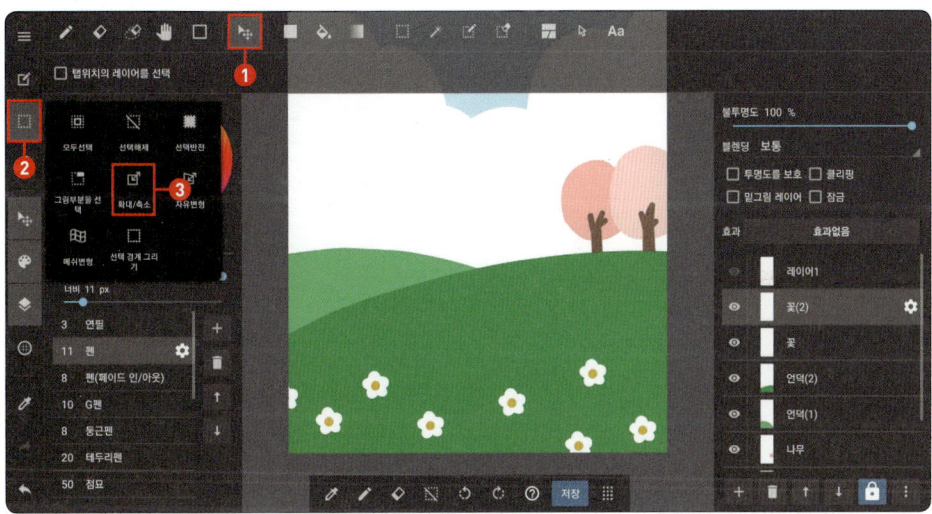

26 [확대/축소] 화면에서 꽃 이미지의 크기를 줄이고 위치를 위로 옮긴 후 [확정]을 누릅니다.

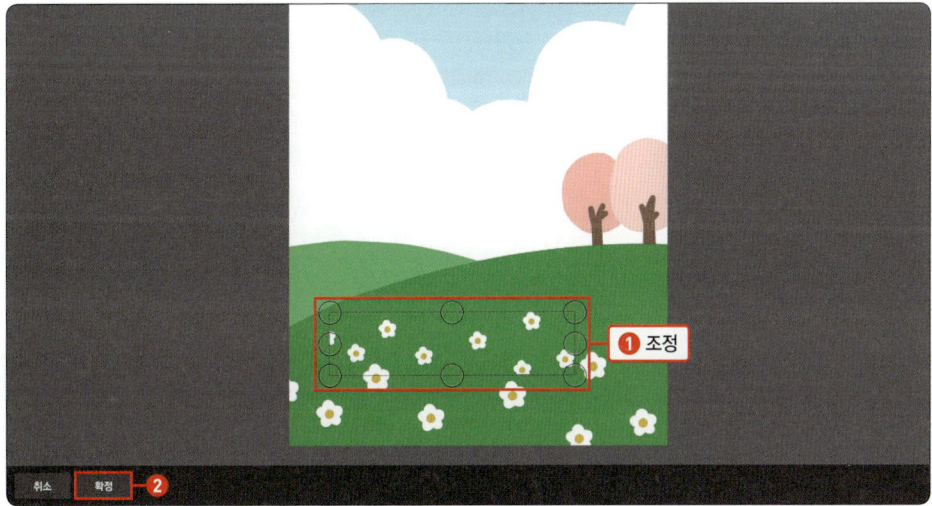

27 [지우개 툴]을 선택해 방금 축소한 '꽃(2)' 레이어의 그림에서 잘린 부분을 지웁니다.

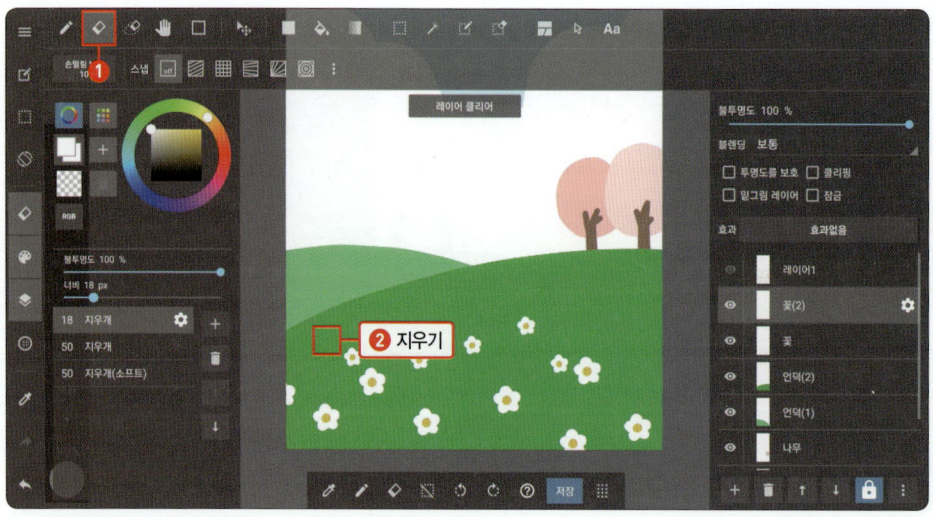

28 '꽃(2)' 레이어를 복제하고 [이동 툴]로 위치를 옮겨 줍니다. 이 과정을 여러 번 반복하여 '언덕(2)' 위에 꽃을 많이 배치합니다.

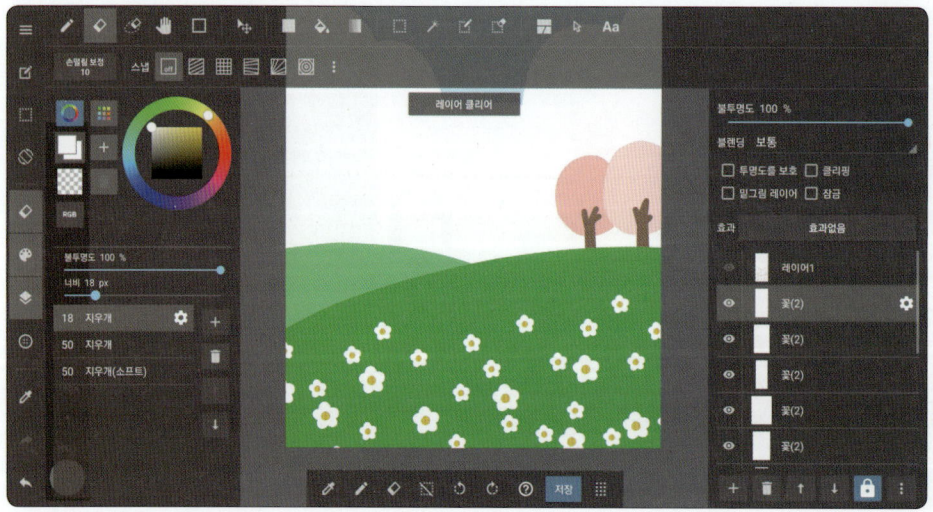

29 복제한 '꽃(2)' 레이어도 [아래로 통합]을 눌러 하나의 레이어로 통합합니다.

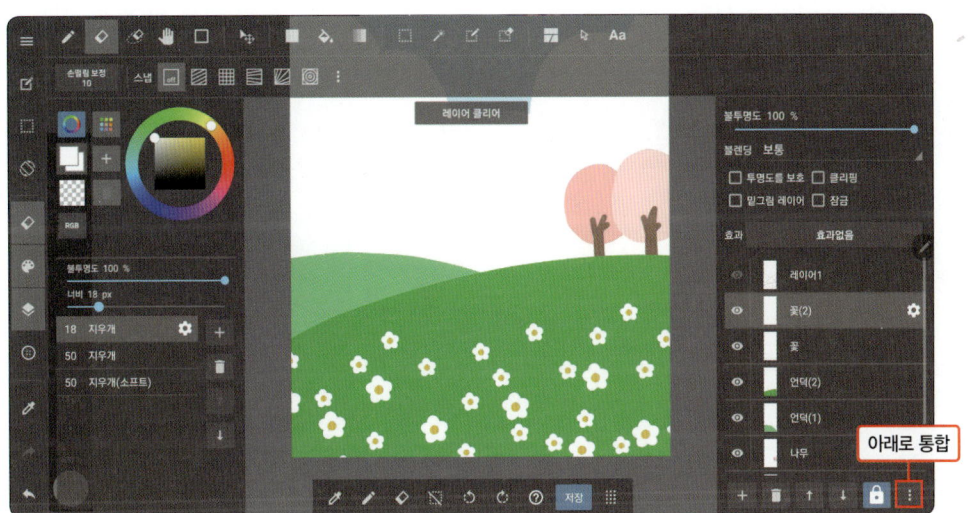

30 '꽃(2)' 레이어 위에 레이어를 추가하고 레이어의 이름을 '꽃(3)'으로 변경합니다.

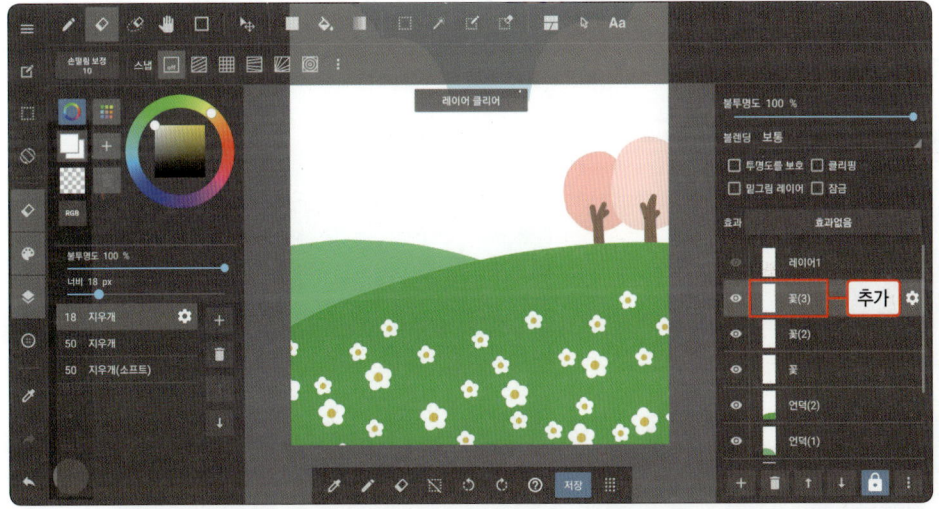

31 [브러시 툴]-[펜]을 선택하고 흰색, 노란색, 주황색을 활용해서 언덕(1)과 언덕(2)에 점을 찍어서 작은 꽃을 표현해 봅시다. 이때 멀리 있을수록 브러시 크기를 작게 해서 찍어 주세요.

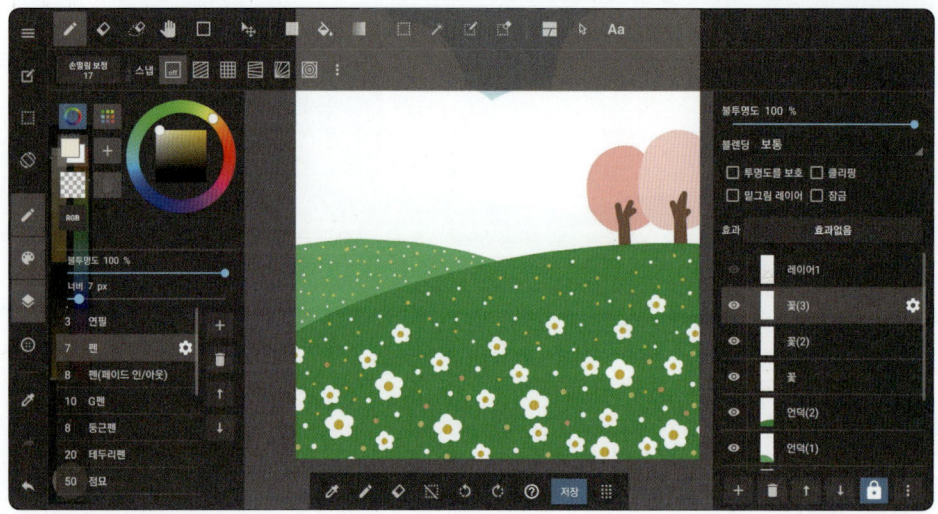

32 이어서 나무 그림에도 흰색과 분홍색 등을 활용해서 점을 찍어 봅시다.

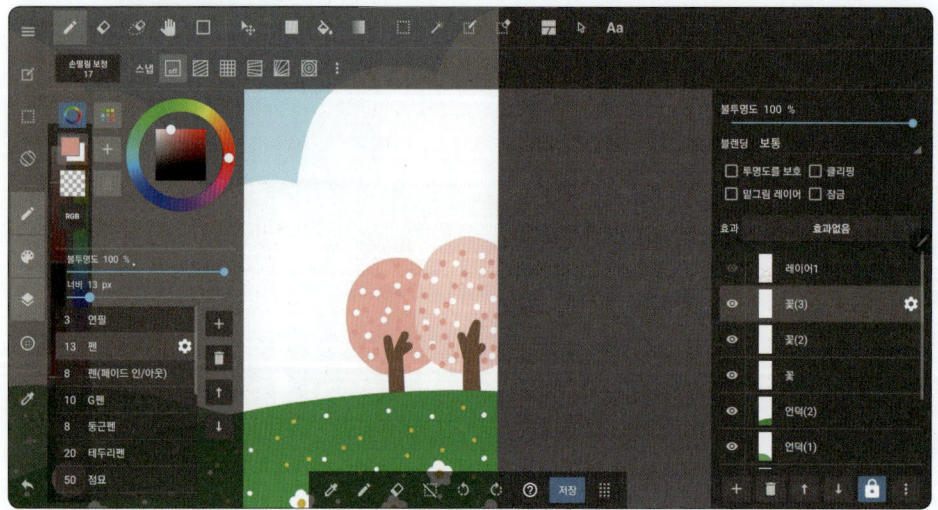

33 화면에 캔버스 전체가 보이도록 캔버스를 줄여 본 후 수정하거나 추가할 부분이 있는지 살펴봅니다. 그리고 메뉴에서 [png/jpg형식으로 엑스포트]를 선택합니다.

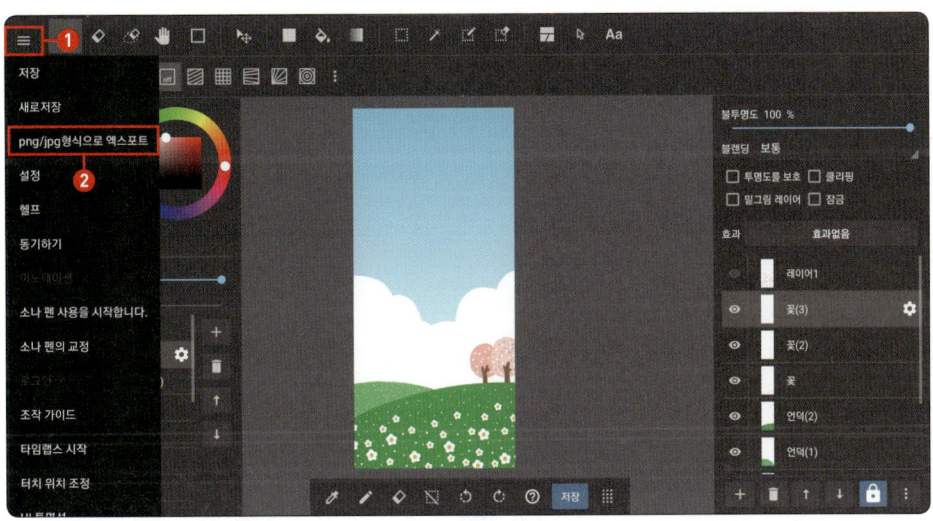

34 [PNG] 형식을 그대로 두고 [OK]를 눌러 갤러리 앱으로 이미지를 저장합니다.

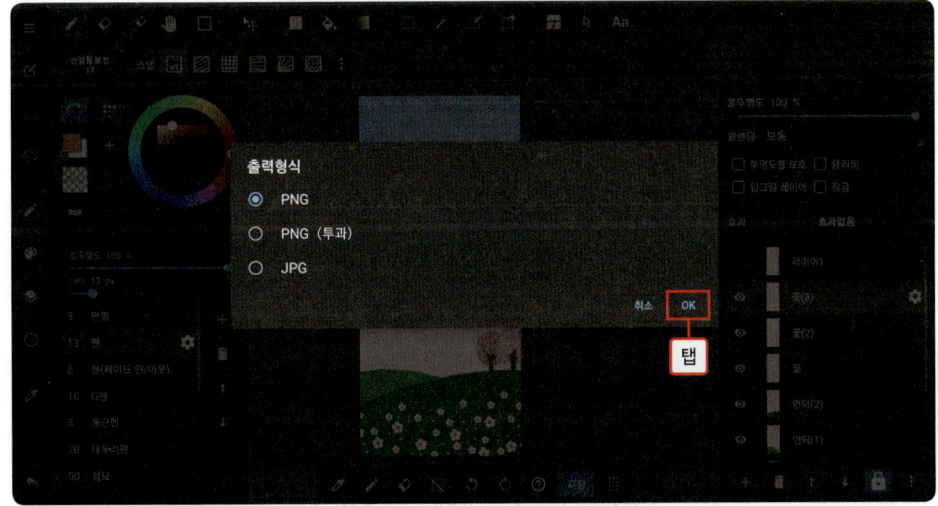

35 갤러리 앱에 저장된 이미지를 확인하고, [공유] 기능을 활용해 스마트폰으로 전송합니다. 이때 [Quick Share] 기능을 활용하면 스마트폰으로 쉽고 간편하게 보낼 수 있습니다.

36 스마트폰으로 전송된 이미지를 확인하고 배경화면으로 설정합니다.

STEP 02 내가 그린 캐릭터로 컴퓨터 배경화면 만들기

아직도 윈도우 기본 배경화면만 쓰고 있나요? 귀여운 동물 그림과 달력을 넣어서 나만의 배경화면을 만들어 봅시다.

- **캔버스 설정**
  너비: 3840px
  높이: 2160px
  dpi: 300

- **브러시 설정**
  [연필] 5px
  [펜] 26px, 45px, 175px

- **연습할 기능**
  - [폴더]를 만들고 레이어 넣기
  - [선택 툴]로 특정 부분 선택 후 [확대/축소]하기
  - [스냅-격자선]으로 직선 긋기

01 배경으로 체크무늬를 넣어 봅시다. [브러시 툴]-[펜]을 누르고 연한 분홍색을 선택한 후 [불투명도]를 35%로, 너비를 175px로 설정하세요. 일정한 간격으로 가로선을 그어 봅시다.

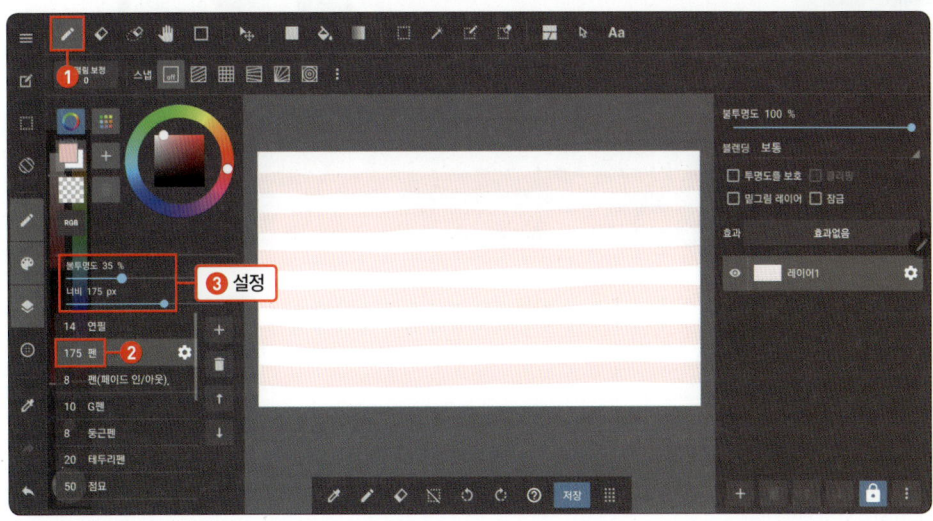

02 이번에는 같은 펜 속성으로 일정한 간격의 세로선을 그어 봅시다. 체크무늬가 완성됩니다.

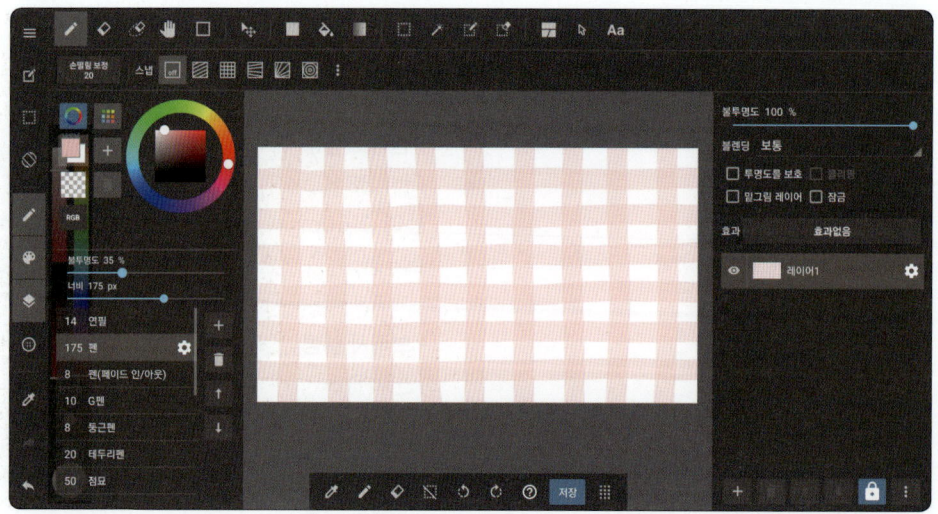

03 레이어의 이름을 '배경'으로 변경합니다.

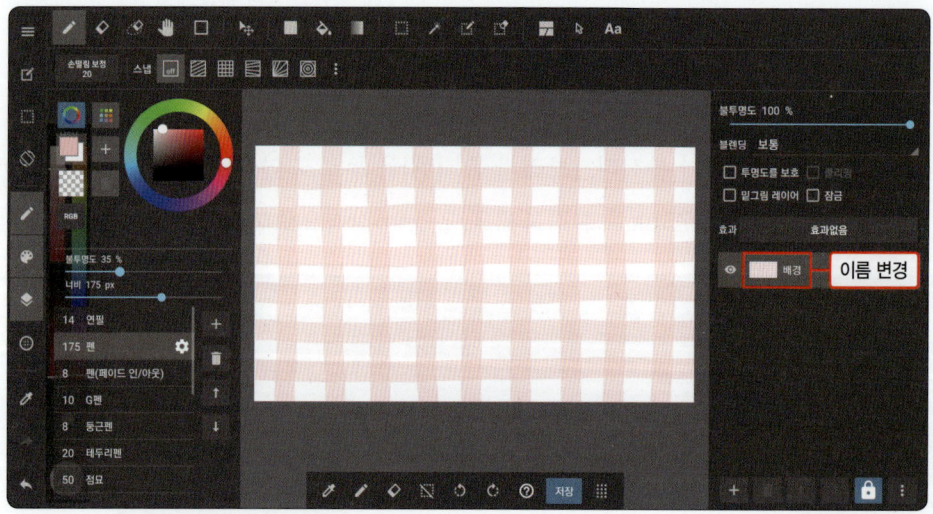

04 잠시 '배경' 레이어를 안 보이게 설정해 볼까요? 새로운 레이어를 추가하고 [브러시 툴]-[연필]로 고양이 캐릭터를 스케치합니다.

05 레이어의 [불투명도]를 30%로 변경합니다.

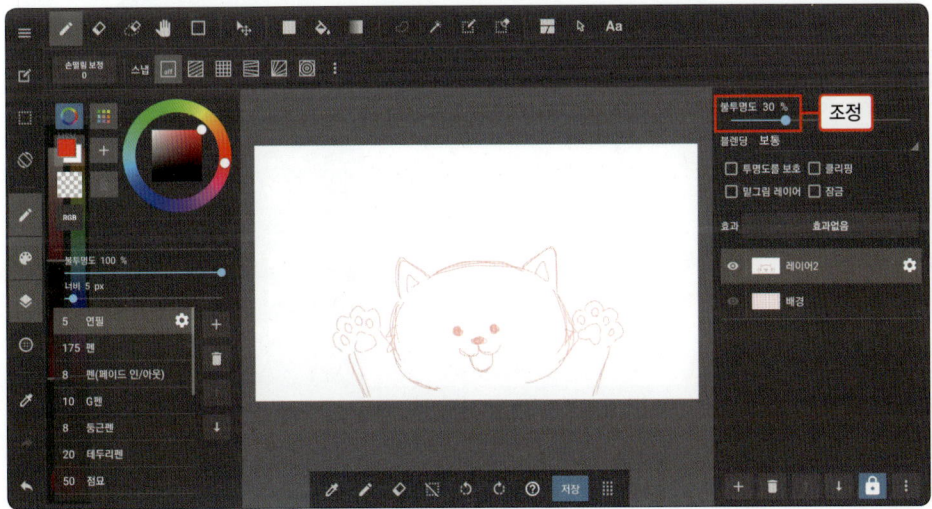

06 새로운 레이어를 추가하고 레이어의 이름을 '외곽선'으로 변경합니다.

07 [브러시 툴]-[펜]을 선택하고 러프스케치를 참고해서 고양이 캐릭터의 외곽선을 그려 봅시다.

08 '외곽선' 레이어 아래에 새 레이어를 추가하고 이름을 '채색'으로 변경합니다.

09 스케치 레이어는 잠시 안 보이게 설정하고 '채색' 레이어를 선택해요. [버킷 툴]을 이용해 고양이를 흰색으로 채색합니다.

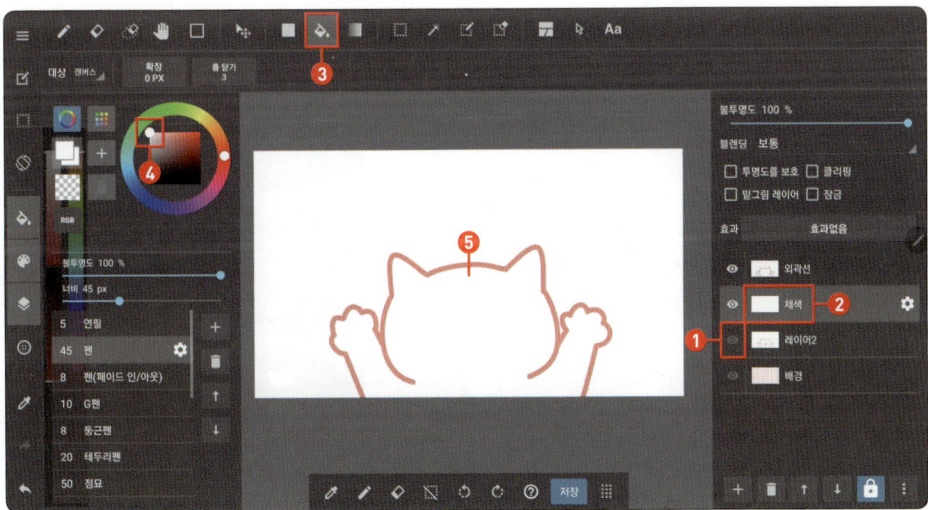

10 스케치 레이어를 가장 위로 올리고 다시 보이게 설정합니다. 그리고 배경 레이어도 보이게 설정합니다.

11 스케치 레이어 위에 새 레이어를 추가하고 이름을 '얼굴, 발바닥'으로 변경합니다.

12 스케치 레이어를 참고해서 [브러시 툴]-[펜]으로 고양이의 얼굴과 발바닥을 그립니다.

13 스케치 레이어를 다시 안 보이게 설정한 뒤 '채색' 레이어 위에 새로운 레이어를 추가하고 [클리핑]을 체크합니다.

14 '클리핑' 레이어에 고양이의 입을 색칠하고 머리 부분에 무늬를 그립니다.

15 가장 위에 있는 레이어를 선택한 뒤 [+] 버튼을 누르고 [폴더]를 선택합니다.

16 폴더의 이름을 '고양이 캐릭터'라고 변경하고, '배경' 레이어를 제외한 모든 레이어를 폴더로 드래그해서 넣어 줍니다. 이때 레이어의 순서는 그대로 유지합니다.

> **Tip** 드래그해서 넣는 것이 어렵다면 레이어 순서 이동 화살표를 클릭해서 폴더로 넣을 수도 있습니다.

17 '고양이 캐릭터' 레이어의 이름을 클릭해서 폴더 목록을 접고 [선택 툴]의 [확대/축소]를 선택합니다.

18 '고양이 캐릭터' 위에 달력을 넣기 위해 고양이의 크기를 축소해서 아래쪽에 배치하고 [확정]을 누릅니다.

19 가장 위에 새로운 레이어를 추가하고 레이어의 이름을 '달력 가이드선'으로 변경합니다.

20 [브러시 툴]-[펜]을 선택하고 [스냅]의 [격자무늬]를 켭니다.

21 [격자무늬] 스냅의 도움을 받아 가로 7칸, 세로 7칸의 달력 가이드선을 그려 주세요. 가이드 선은 나중에 안 보이게 설정할 예정입니다.

22 새로운 레이어를 추가하고 레이어의 이름을 '달력 요일, 날짜'로 변경합니다.

23 [격자무늬] 스냅 기능은 다시 [off]로 변경합니다. 그리고 [브러시 툴]-[펜]을 이용해 달력 가이드 칸 안에 날짜를 써 봅시다. 이때 캔버스를 확대해서 그려 주면 쉽겠죠?

24 '달력 가이드선' 레이어를 안 보이게 설정합니다. '달력 날짜, 요일' 레이어를 선택하고 [선택 툴]의 [확대/축소]를 선택합니다.

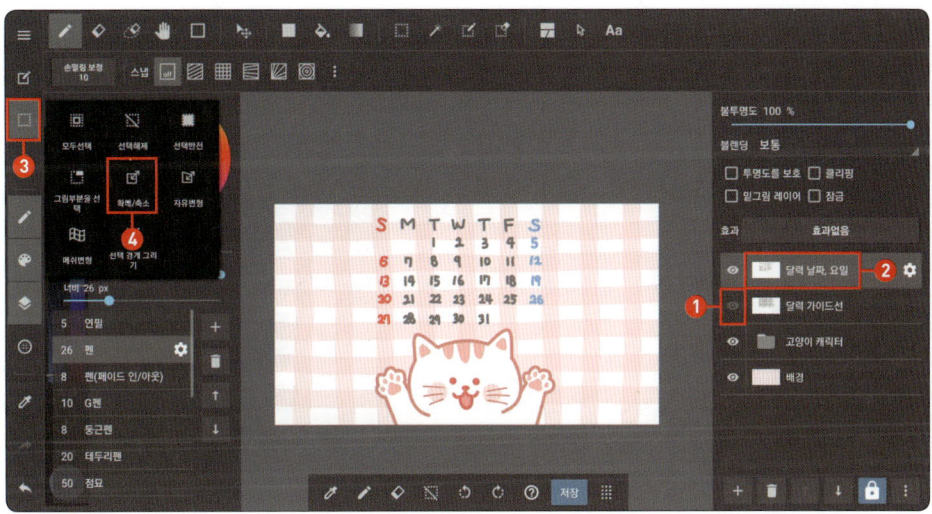

25 달력의 크기를 조절하고 위치를 정중앙에 배치한 후 [확정]을 누릅니다.

26 '달력 날짜, 요일' 레이어에 [브러시 툴]-[펜]을 이용해서 월을 써 봅시다. 펜의 [불투명도]를 20%로 조정하고 달력의 날짜 위에 겹쳐 써 볼까요?

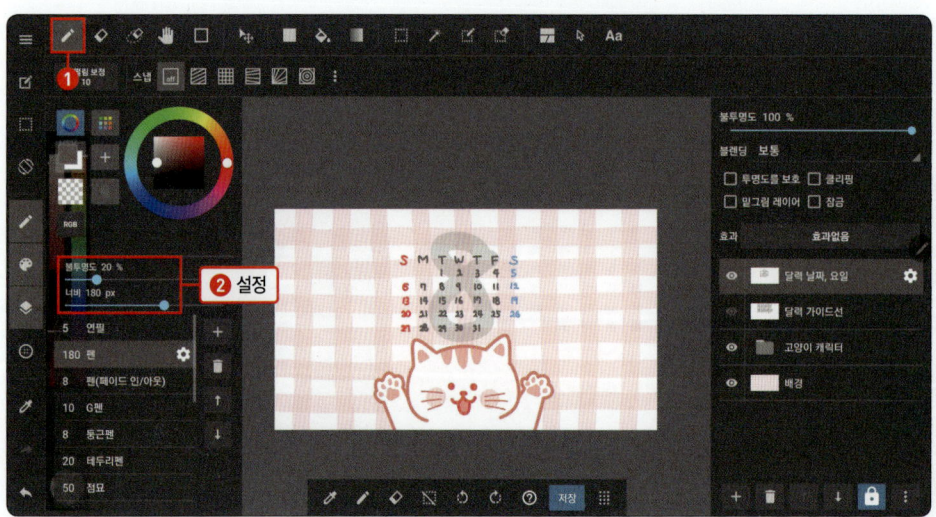

27 새로운 폴더를 만들고 폴더의 이름을 '달력'으로 변경합니다. '달력 날짜, 요일' 레이어와 '달력 가이드선' 레이어를 폴더에 넣어 봅시다.

28 만든 배경화면을 내보내기 위해 메뉴 버튼을 누르고 [png/jpg형식으로 엑스포트]를 선택합니다.

29 [PNG] 형식을 그대로 두고 [OK]를 눌러 갤러리 앱으로 이미지를 저장합니다.

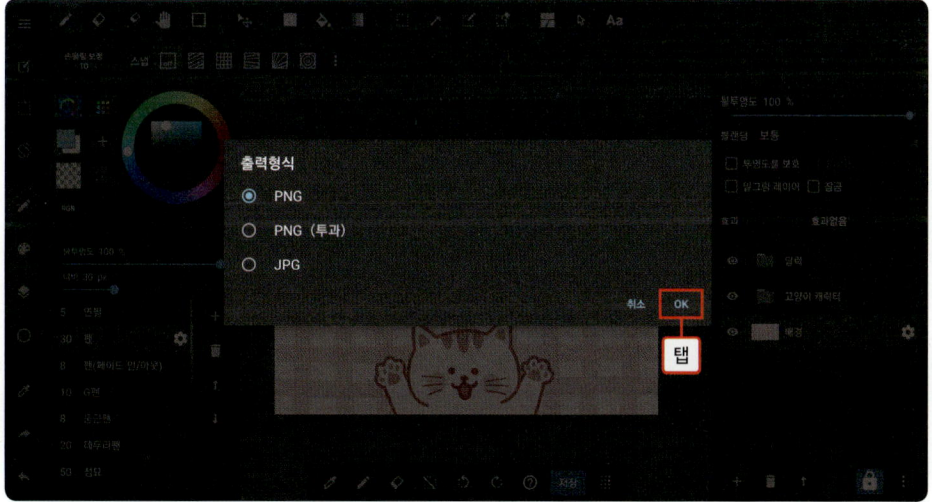

30 갤러리 앱에 저장된 이미지를 확인하고, [공유] 기능을 활용해 컴퓨터로 전송합니다.

✦ **잠깐만요!** 태블릿 PC의 그림을 컴퓨터로 옮기는 방법

여러분이 그린 그림을 컴퓨터로 옮기는 다양한 방법이 있어요. 이메일에 파일을 첨부하여 내게 보낼 수도 있고, 구글드라이브와 같은 드라이브에 파일 업로드할 수도 있어요. 카카오톡으로 파일을 전송하거나 USB 케이블을 연결한 후 파일을 복사하는 방법도 있습니다.

31 컴퓨터에서 이미지를 마우스 오른쪽 버튼으로 클릭해 [바탕화면 배경으로 설정]을 선택합니다.

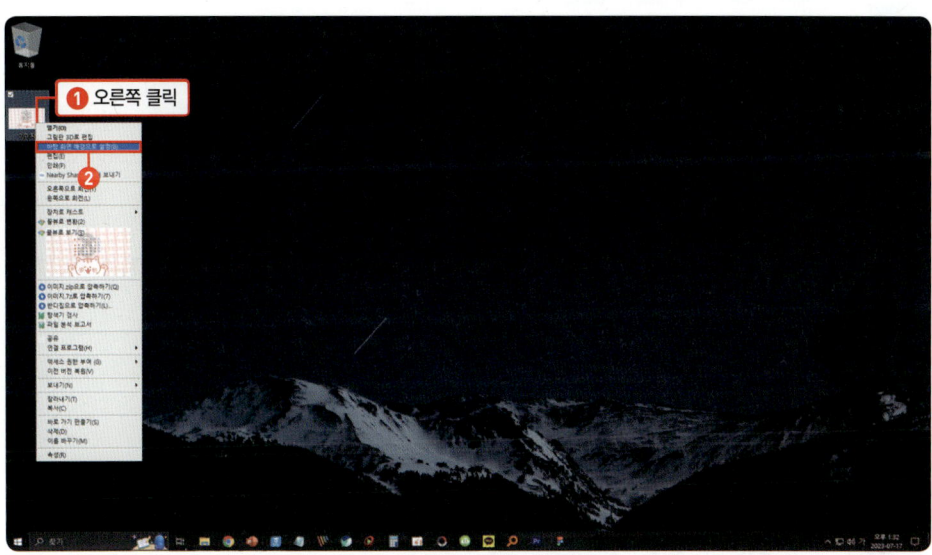

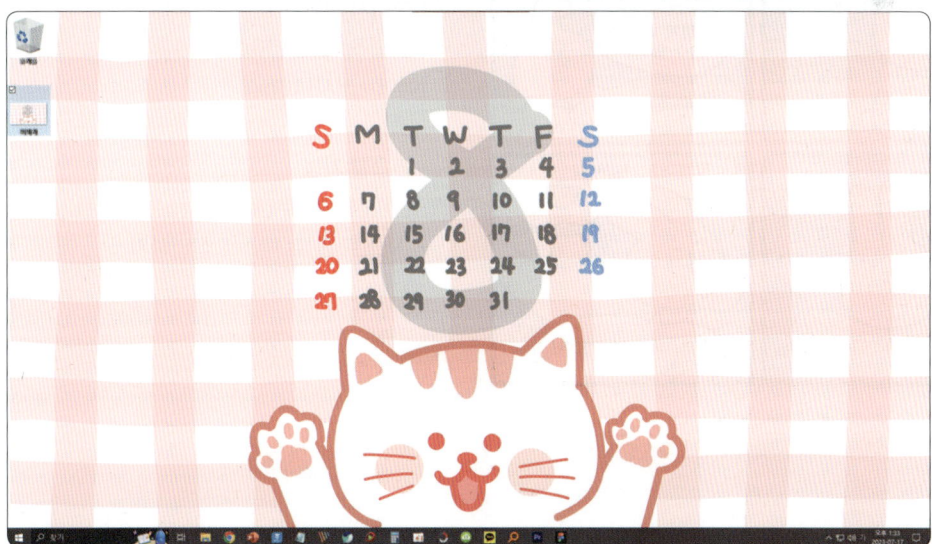

WEEK 13 상상력을 발휘해 웹툰 그리기

웹툰을 본 적 있나요? 몇 년 전부터 웹툰이 아주 인기이기도 하고, 웹툰이 원작인 영화나 드라마도 어렵지 않게 접할 수 있어요. 지금까지는 하나의 그림을 그렸다면 이제 칸을 구분하여 이야기가 있는 그림을 그려 보기로 해요. 여러분의 그림에 상상력을 더해서 멋진 웹툰을 그려 봅시다.

- **캔버스 설정**
  너비, 높이: 2000px
  dpi: 300

- **브러시 설정**
  [연필] 5px, [펜] 10px,
  [에어브러시] 10px

- **연습할 기능**
  - [칸 분할 툴]로 캔버스에 칸 분할 만들기
  - [텍스트 툴]로 텍스트 삽입하기

> **Tip** 이번에는 배경색을 [투명]이 아닌 [색 지정]으로 설정해야 합니다! 흰색으로 선택해 주세요.

STEP 01 칸 분할 만들기

웹툰을 만들려면 먼저 칸부터 만들어야 합니다. 칸이 있어야 그 안에 캐릭터의 이야기를 담을 수 있겠죠? 웹툰에서 칸은 이야기의 흐름을 구분하는 중요한 역할을 합니다. 여기에서는 간단하게 네 개의 칸을 만들어 이야기를 만들어 보겠습니다.

01 상단 메뉴에서 [칸 분할 툴]을 선택하고 [+ 칸소재의 추가]를 눌러요. 선폭은 10px, 선의 색은 검정으로 그대로 두고 [추가하기]를 누릅니다.

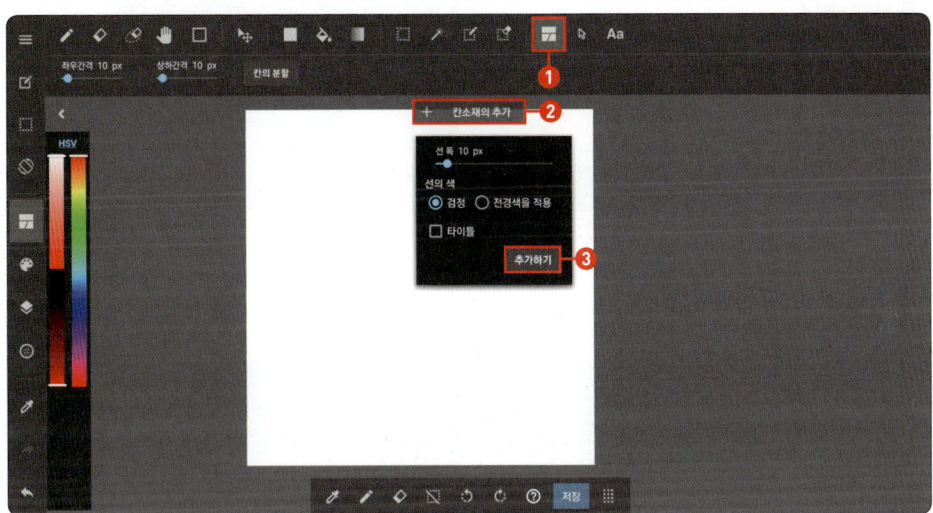

02 캔버스의 전체 크기보다 작은 사각형 한 칸이 나타납니다.

03 칸을 나누기 위해 가로 방향으로 선을 그어 봅시다. 두 칸으로 분할됩니다.

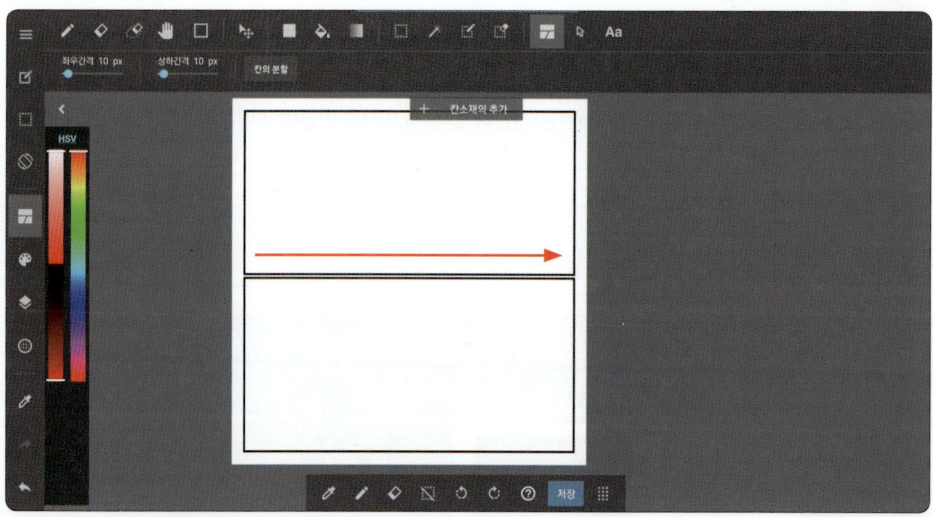

04 세로 방향으로도 한 번 더 선을 그어 네 칸으로 만듭니다.

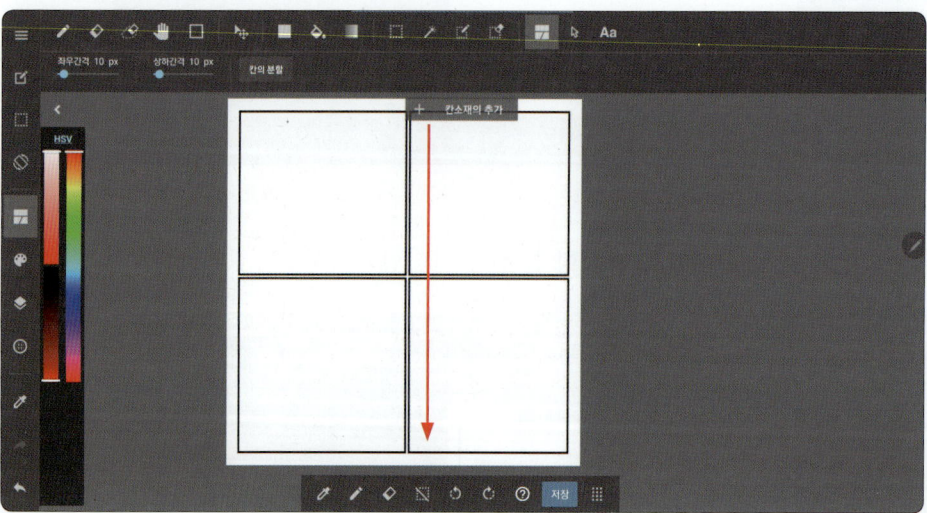

05 현재 레이어의 이름을 '칸분할 레이어'라고 수정한 뒤 안 보이도록 숨기고 새로운 레이어를 만듭니다.

06 이번에는 다른 방법으로 칸을 나눠 볼게요. [+ 칸소재의 추가]를 누른 후, 선 폭을 20px로 변경하고 [타이틀] 항목에 체크하여 [추가하기]를 누릅니다.

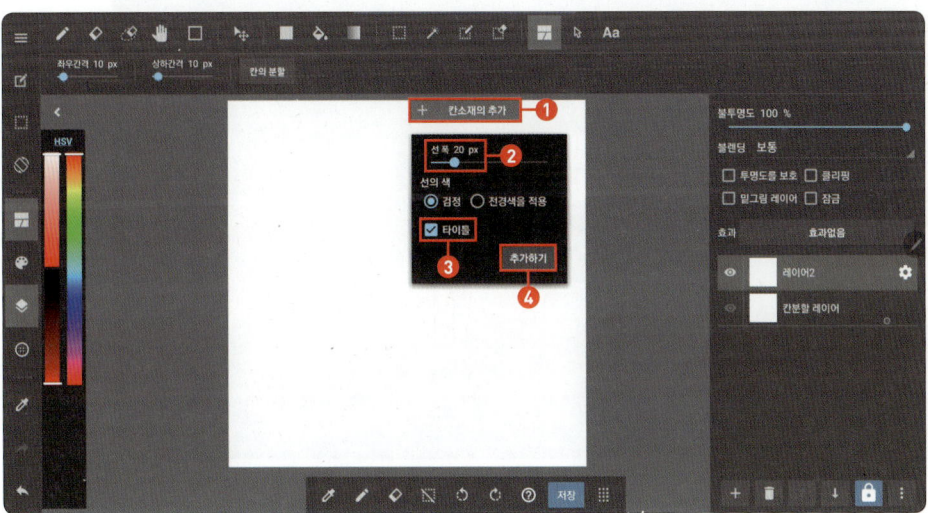

07 칸 분할 세부 메뉴에서 [좌우 간격]과 [상하 간격]을 모두 20px로 변경합니다.

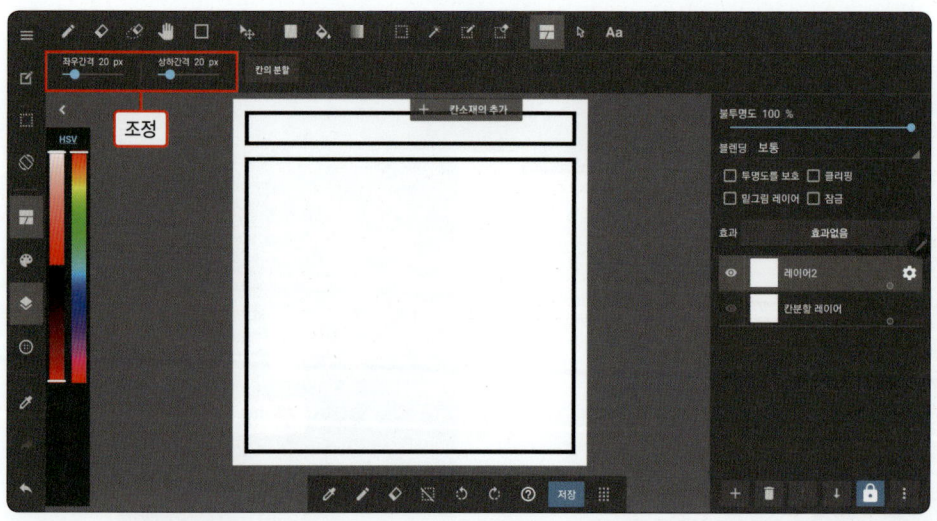

08 [칸의 분할]을 누르고, 네 개의 칸을 만들기 위해 가로와 세로를 각 '2'로 지정하여 [OK]를 누릅니다. 만약 아홉 개의 칸을 만들고 싶다면 가로와 세로에 '3'을 넣으면 되겠죠?

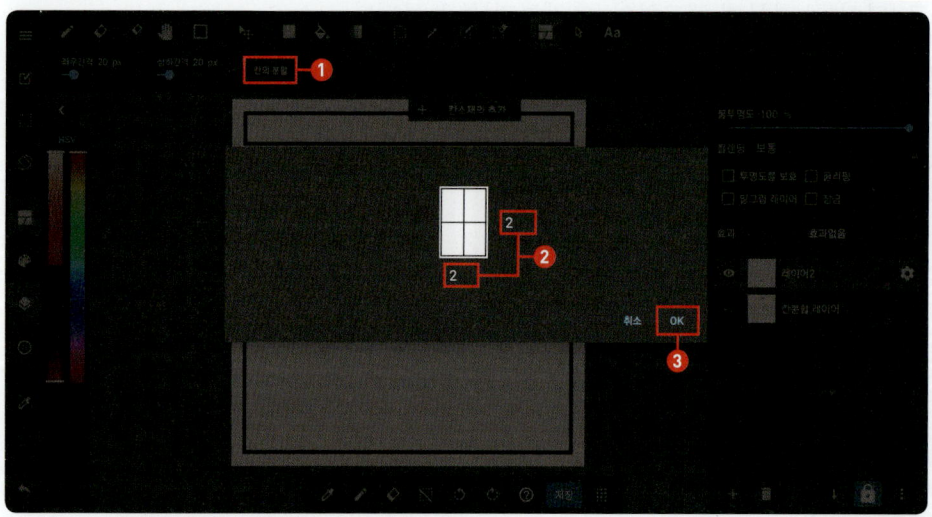

09 아까 만들었던 '칸분할 레이어'와 비교해 볼까요? 지금 만든 것은 칸의 윤곽선이 더 굵어졌고, 위에 제목을 입력하는 칸이 생겼습니다. 칸과 칸 사이의 간격이 더 늘어난 것도 보이죠? 또한, 아까는 칸을 직접 선으로 그어 분할했지만 지금은 간편하게 숫자만 입력해서 원하는 칸만큼 균등하게 분할했습니다.

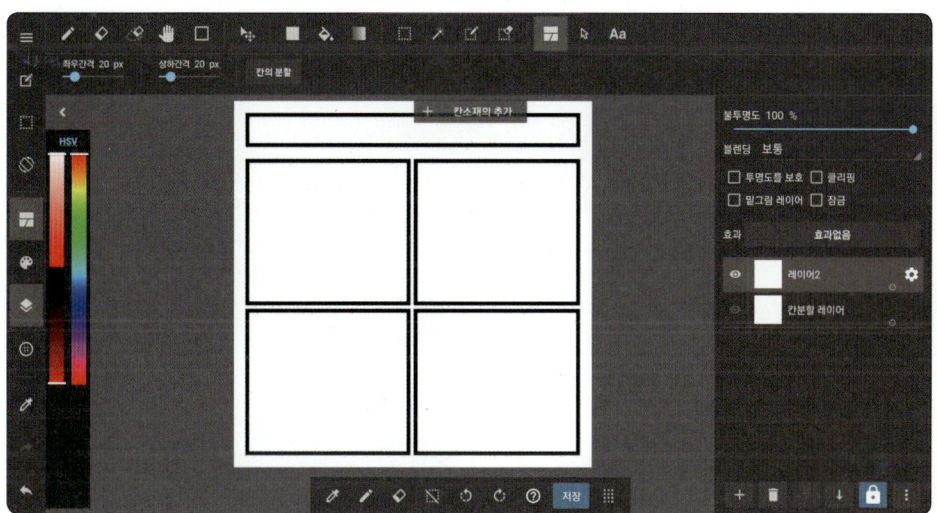

11 레이어 이름을 '제목 포함 칸분할 레이어'로 변경합니다.

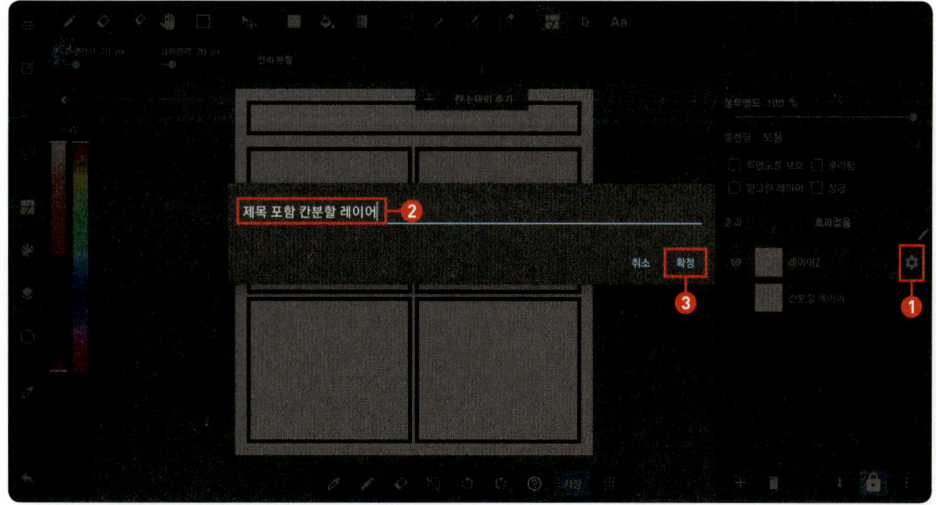

STEP 02 러프스케치하기

이야기의 흐름을 전달하기 위해 칸을 구분했으니 이제 그 안에 스케치를 해 볼까요? 정확하게 그리려고 하기보다는 인물의 대략적인 위치와 모습, 크기를 대략 스케치해 봅시다.

01 새로운 레이어를 추가하고 이름을 '스케치 레이어'라고 변경합니다.

02 [브러시 툴]-[연필]을 선택하고, 색상을 검은색, 너비를 5px로 변경합니다.

03 네 개의 칸에 이야기의 흐름에 맞게 대략 스케치합니다. 이때 각각의 칸을 확대해서 그리면 더 편하겠죠?

Tip 러프스케치 하기 전, 이야기의 흐름을 공책에 글로 써 본 후 그 내용을 바탕으로 스케치를 하는 것도 좋아요.

STEP 03 라인 작업하기

러프스케치를 따라 깔끔한 선을 그려 봅시다. 이때 러프스케치를 참고로 하면서 위치, 크기 등은 조금씩 변화를 주어도 좋아요.

01 '스케치 레이어'의 불투명도를 30%로 조정합니다.

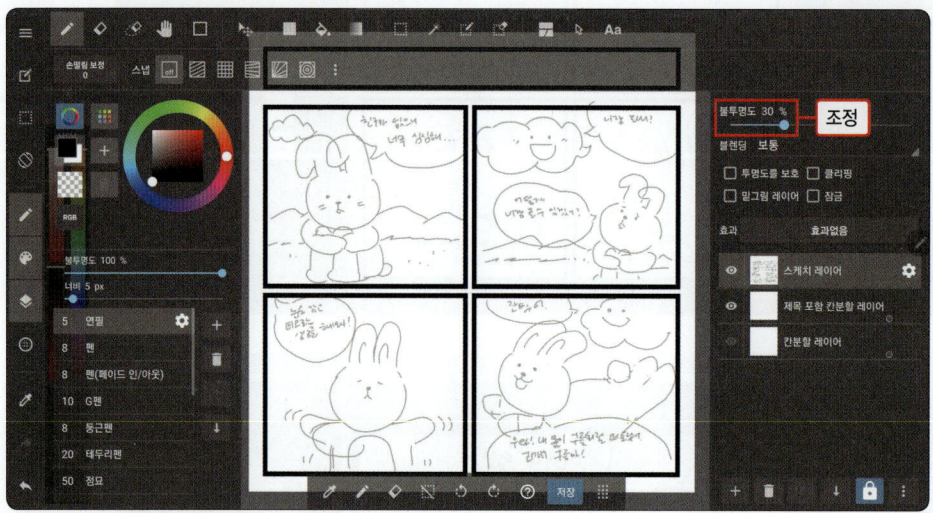

02 새로운 레이어를 만들고, 레이어의 이름을 '라인 레이어'로 변경합니다.

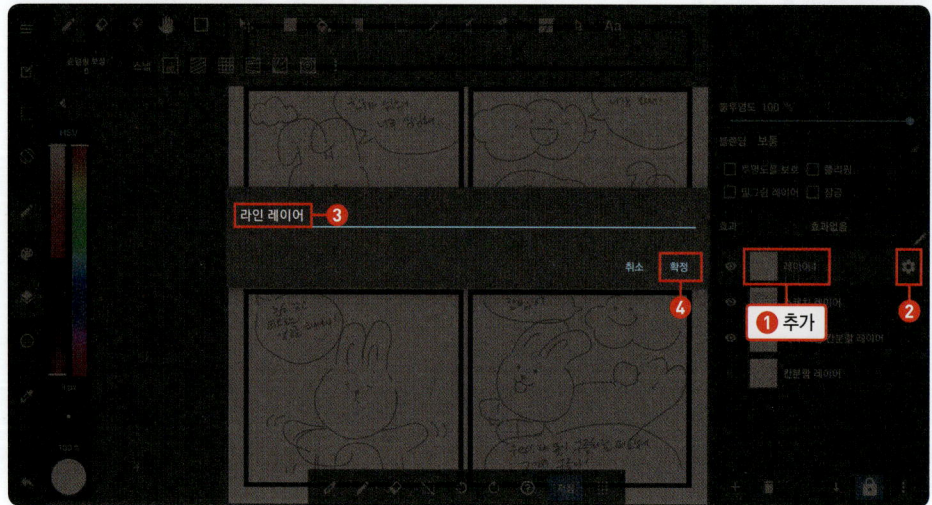

03 [브러시 툴]-[펜]을 선택하고, 너비는 10px, 색상은 검은색, 손떨림 보정은 10으로 정합니다.

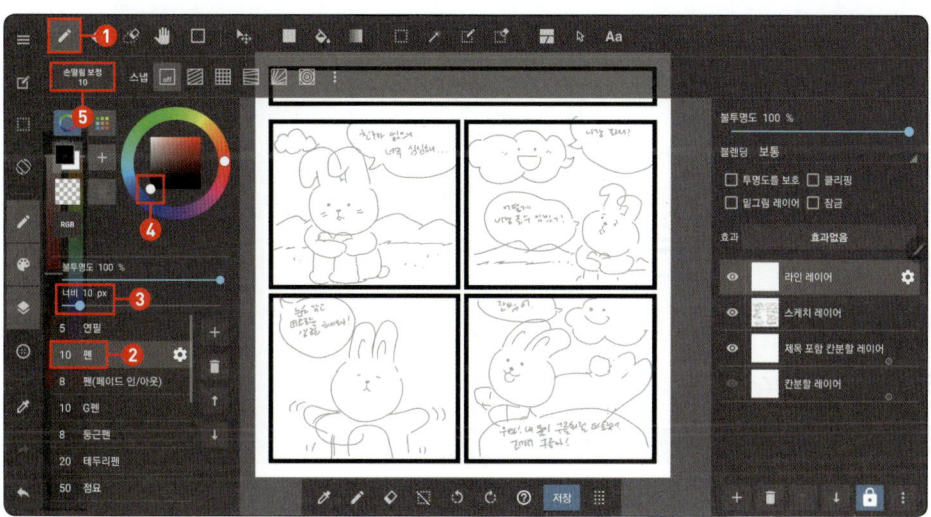

04 스케치 레이어의 선을 따라 라인 작업을 진행합니다. 이때 한 칸씩 확대해서 작업하면 편하겠죠?

> **Tip** 채색 작업을 고려하여 채색이 필요한 공간은 닫힌 라인으로 작업하는 것을 잊지 마세요.

05 라인 작업을 마쳤다면 '스케치 레이어'는 안 보이게 설정합니다.

STEP 04 채색하기

라인 작업 결과물에 색을 입혀 봅시다. 캐릭터와 배경이 어떤 색인지에 따라 웹툰의 분위기가 달라질 수 있답니다.

01 새로운 레이어를 만들고 레이어의 이름을 '배경 채색 레이어'라고 변경합니다.

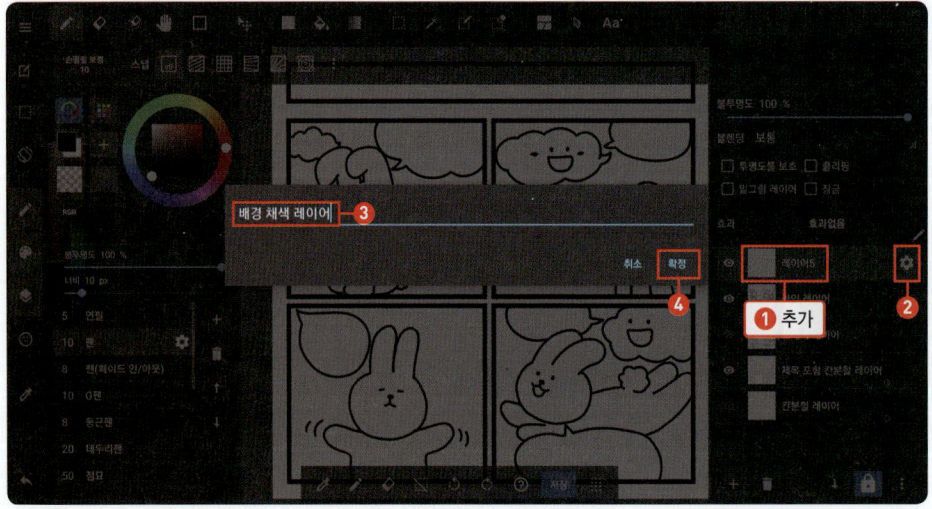

02 [버킷 툴]을 선택하고 배경에 어울리는 색상을 선택합니다.

03 선택한 색상으로 배경을 채색합니다. 선택한 색상이 다른 칸에도 똑같이 필요하다면 해당하는 부분을 선택하여 채색합니다.

04 똑같은 배경이라도 다른 색이라면 새로운 레이어에 칠하는 것을 추천해요. 레이어를 추가하고 다른 색상을 선택하여 채색합니다.

05 캐릭터를 칠할 때도 레이어를 추가한 후 채색 작업을 합니다.

06 이번에는 기타 특수 효과 채색을 해 보겠습니다. '중심 채색 레이어' 위에 새 레이어를 추가한 후, 레이어의 이름을 '효과 채색'이라고 변경합니다. [클리핑] 속성을 체크하고 [브러시 툴]로 효과를 추가합니다. 예를 들어 중심인물의 볼터치를 추가할 수 있겠죠? 볼터치는 [브러시 툴]-[에어브러시]를 활용해 봅시다.

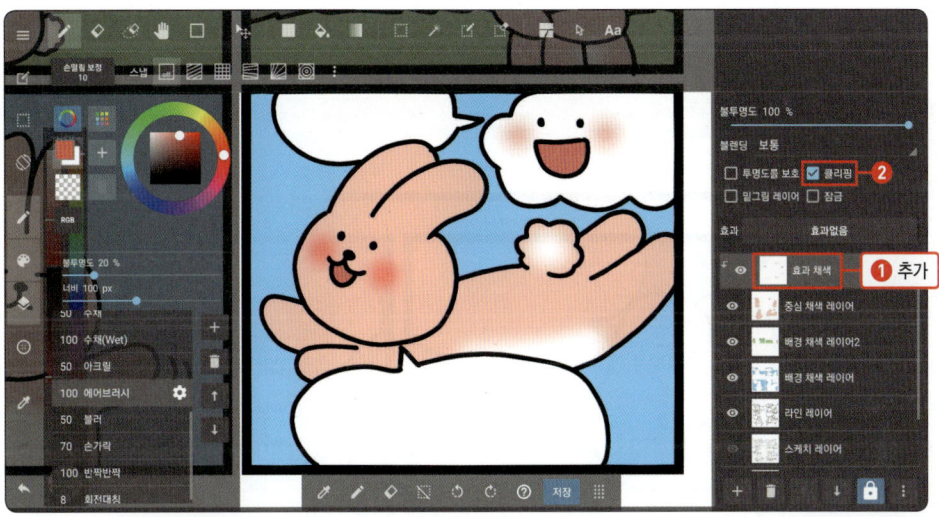

07 그밖에도 배경에 명암 효과나 동작 효과를 줄 때 '배경 채색 레이어' 위에도 레이어를 추가하고 [클리핑]을 체크해 채색할 수도 있어요.

STEP 05 텍스트 삽입하기

그림만 있다면 이야기의 모든 것을 전달하기는 매우 힘들어요. 그래서 말풍선 속에 필요한 텍스트를 넣어서 독자들의 이해를 돕는 것이 필요합니다.

01 글씨를 입력하기 위해 [텍스트 툴]을 선택합니다.

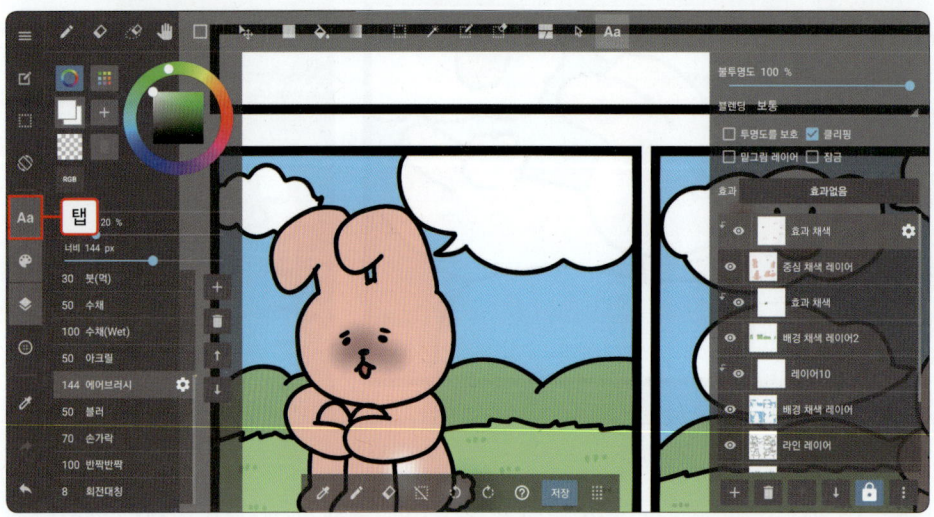

02 캔버스를 터치하면 창이 열립니다. 글꼴 크기를 16pt로 설정한 후 맨 위 텍스트 입력란에 말풍선에 들어갈 텍스트를 쓰고 [확정]을 누릅니다.

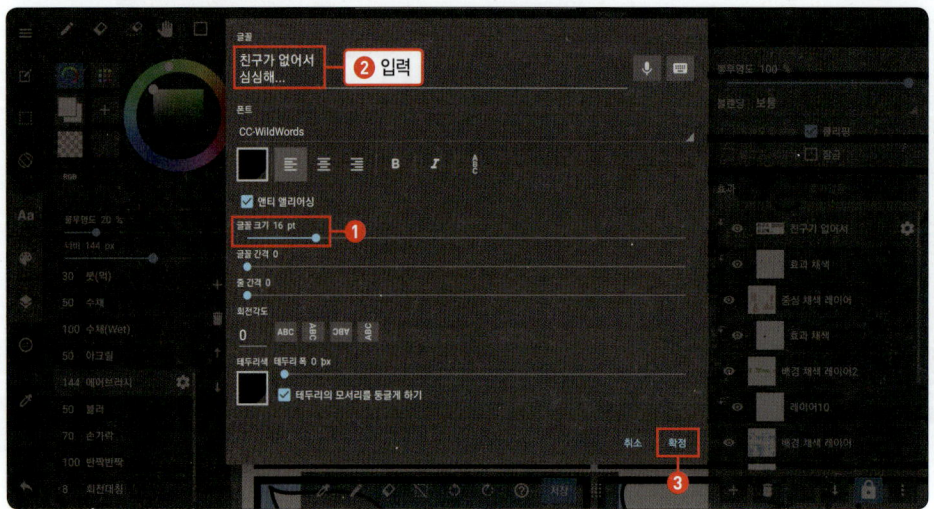

> **Tip** 말풍선에 들어갈 내용을 참고하려면 '스케치 레이어'를 다시 보이게 설정합니다.

03 입력된 텍스트를 선택하고 연필 모양 버튼을 누르면 텍스트를 수정할 수 있습니다.

> **Tip** 레이어의 설정 버튼을 눌러도 텍스트 내용과 설정을 바꿀 수 있습니다.

04 같은 방법으로 나머지 컷에 있는 말풍선에도 텍스트를 입력하고 제목에도 텍스트를 입력합니다.

STEP 06 파일로 내보내기

이제 이야기가 있는 그림을 다 그렸으니 파일로 내보내야겠죠? 그 전에 수정할 부분이 없는지 꼼꼼하게 살펴보는 습관을 가지도록 해요!

01 파일로 내보내기 전에 캔버스를 확대해서 수정할 부분은 없는지 살펴봅니다. 수정할 부분이 있다면 해당 레이어를 선택하여 수정합니다.

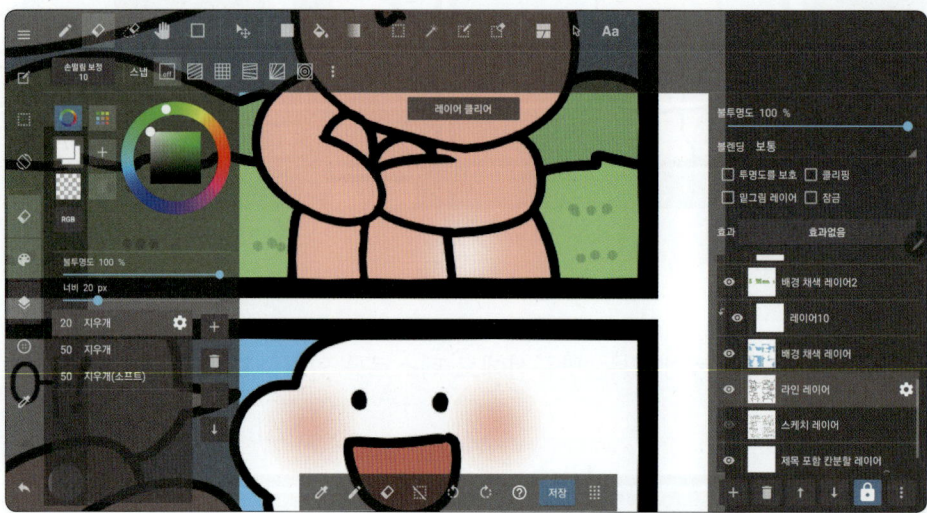

02 왼쪽 상단 메뉴 버튼을 누르고 [png/jpg형식으로 엑스포트]를 선택합니다.

03 출력형식을 [png]로 설정하고 [OK]를 누릅니다.

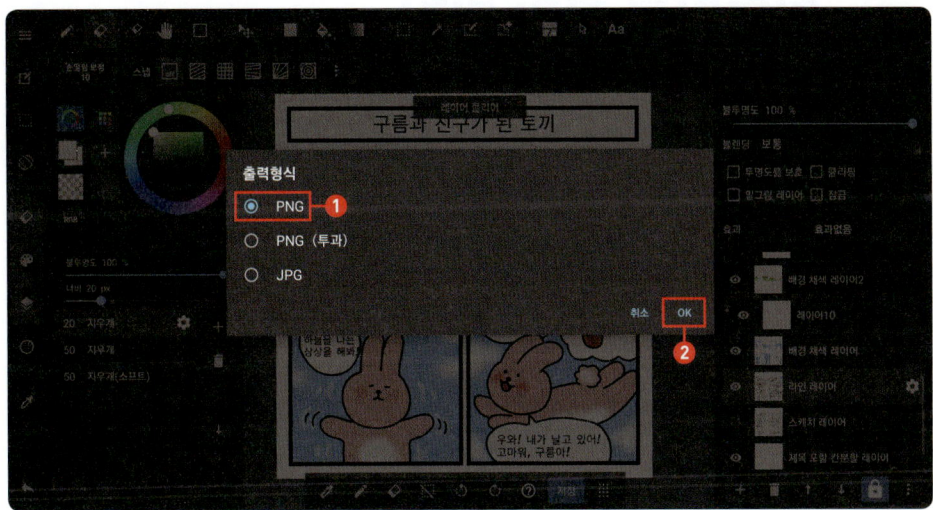

04 갤러리 앱에 저장된 파일을 확인합니다.

WEEK 14 이모티콘 작가 되기

이모티콘이란 감정을 뜻하는 '이모션(emotion)'과 '아이콘(icon)'이 합쳐진 말로 상황이나 감정을 전달하기 위한 그림 문자입니다. 스마트폰 메시지 사용이 일상화되며 이모티콘으로 소통하는 일도 늘어났어요. 이모티콘은 사용과 제작이 누구에게나 열려 있으므로 여러분도 직접 그린 캐릭터를 활용해 이모티콘 작가가 될 수 있어요!

STEP 01 이모티콘 캐릭터 구상하기

처음부터 이모티콘을 슥슥 그리면 좋겠지만, 막상 그리려고 하면 무엇부터 해야할지 막막할 거예요. 우선 이모티콘을 작업에 도움을 줄 수 있는 아이디어를 떠올려 봅시다. 아이디어는 많으면 많을수록 좋아요.

＞ 내가 좋아하는 것을 떠올리기 ＜

여러분이 좋아하는 대상을 떠올려 봅시다. 좋아하는 동물, 좋아하는 음식, 좋아하는 물건 등 무엇이든 좋아요.

고양이, 곰, 햄스터, 토끼, 강아지, 다람쥐, 딸기, 오렌지, 마카롱, 도넛, 우유, 스마트폰, 연필, 지우개 등……. 자유롭게 하나씩 적어 봅시다. 그리고 적은 것 중에서 캐릭터로 그리기에 좋은 것을 골라 볼까요? 이모티콘은 많은 사람들이 사용할 것을 목적으로 만드는 것이기 때문에 친숙한 모습이면 더 좋아요.

만약 여러분이 고양이를 좋아한다면 다음과 같이 고양이를 캐릭터로 그려 봅시다.

만약 오렌지를 좋아한다면 다음처럼 오렌지 캐릭터를 만들 수 있겠죠?

〉 캐릭터 형태 단순화하기 〈

여러분이 지금까지 사용했던 이모티콘 캐릭터를 떠올려 봅시다. 복잡하게 생긴 캐릭터는 거의 없을 거예요. 모든 캐릭터가 단순하게 생긴 것은 아니지만 친숙한 느낌을 주기 위해서는 최대한 간단한 모습으로 표현하는 것이 좋습니다.

곰 캐릭터를 예시로 들어 볼게요. 곰의 모습을 실제처럼 그리면 어떨까요?

어때요? 곰 캐릭터를 너무 사실적으로 그리니까 귀엽기보다는 무서워 보이지 않나요? 그래서 캐릭터를 만들 때는 대상을 단순화하는 작업이 필요해요.

이때 중요한 것은 생략할 부분은 과감하게 생략하고 필요한 부분만 남기는 거예요. 예를 들어 곰의 얼굴을 단순화한다면 곰의 얼굴 외곽선과 눈, 코, 입 부분만 남기면 됩니다.

〉 캐릭터 전체 모습 그리기 〈

곰 캐릭터의 얼굴을 완성했다면, 이제 몸까지 그려서 전체 모습을 완성해 봅시다. 얼굴 부분의 느낌과 어울리게 그리는 것이 좋고, 얼굴의 크기와 몸의 크기를 비슷하게 그리는 것을 추천해요.

캐릭터를 실제 모습 그대로 그리는 것보다 친숙하게 표현하는 것에 더 집중해야 해요! 따라서 귀여운 느낌을 주기 위해 오른쪽과 같이 팔과 다리를 짧고 통통하게 그려 보았어요.

〉 캐릭터 초안의 변형된 모습 그려보기 〈

앞에서 캐릭터의 모습을 그려 보았죠? 마음에 들었다면 바로 캐릭터 구체화 작업에 들어가도 되지만, 아쉬운 부분이 있다면 모양을 이것저것 변형해 보세요. 눈, 코, 입의 모양, 귀의 크기와 위치, 볼터치의 색깔과 크기를 바꿔 본다거나 머리와 몸의 크기를 조정하는 등 다양한 변화를 주면서 여러분만의 캐릭터를 만들어 봅시다.

〉 콘셉트와 타깃 정하기 〈

내 이모티콘만의 개성을 드러낼 수 있는 콘셉트를 정해 봅시다. 대표적으로 귀여운 콘셉트, 재밌는 콘셉트, 메시지형 콘셉트 등이 있어요. 그리고 귀여운 콘셉트 안에서도 '까불거리는', '애교 많은', '동글동글한', '샤방샤방한', '상냥한' 등 세부 콘셉트를 정할 수 있어요.

카카오 이모티콘샵에 접속하면 여러 이모티콘의 다양한 콘셉트를 살펴볼 수 있지요! 여러 콘셉트를 살펴보며 힌트를 얻는 것도 좋겠죠?

그리고 '타깃'이란, 여러분이 만든 이모티콘을 누가 사용할지 예상하고 정한 것을 말해요. 타깃을 명확하게 정할수록 캐릭터의 윤곽을 잡는 데 도움이 됩니다.

내 이모티콘을 주로 사용할 타깃의 직업, 연령, 취미, 성격, 상황 등을 선택해 봅시다. 타깃이 초등학생이라면 이모티콘의 내용도 초등학생이 자주 사용할 만한 메시지로 구성해야겠죠?

STEP 02 이모티콘 내용 구성하기

캐릭터에 대한 구상을 마쳤다면 이제부터 세부적인 내용을 구성해야 해요. 여러분이 사용해본 이모티콘에는 다양한 상황과 메시지를 표현하고 있을 거예요. 우리도 여러분의 캐릭터를 활용해서 다양한 내용으로 만들어 봅시다.

〉내가 자주 사용하는 메시지 살펴보기 〈

이모티콘은 메시지를 글 대신 그림으로 표현하는 거예요. 예를 들어, '뭐해?'라는 메시지를 글자로 직접 타이핑해 보낼 수도 있지만, 이모티콘 하나로 전달할 수도 있는 거죠.

그래서 여러분이 자주 사용하는 메시지의 내용을 살펴보는 것이 중요해요. 친구나 가족과 주고받은 스마트폰 메시지를 살펴봅시다. 아마 자주 쓰는 특정 메시지가 몇 가지 있을 거예요. 이렇게 자주 쓰는 메시지를 하나씩 메모해 봅시다. 그리고 그중 여러분이 이모티콘으로 나타내고 싶은 것을 선택해 보세요.

> 뭐해? / 심심해 / 배고파 / 밥 먹었어? / 놀자 / 숙제하는 중 / 집에 가는 중 / 보고싶어 / 잘가 / 안녕 / 뭐 먹을까? / 대단해 / 걱정이야 / 짜증나 / 행복해 / 슬퍼 / ....

〉마인드맵으로 구상하기 〈

마인드맵이란 핵심 단어를 중심으로 아이디어를 거미줄처럼 확장해 생산하는 기법을 말해요. 상상력을 마음껏 발휘해 새로운 아이디어를 떠올릴 수 있다는 장점이 있지요. 다음과 같이 '학생'이라는 말에서 마인드맵을 그려나갈 수 있어요.

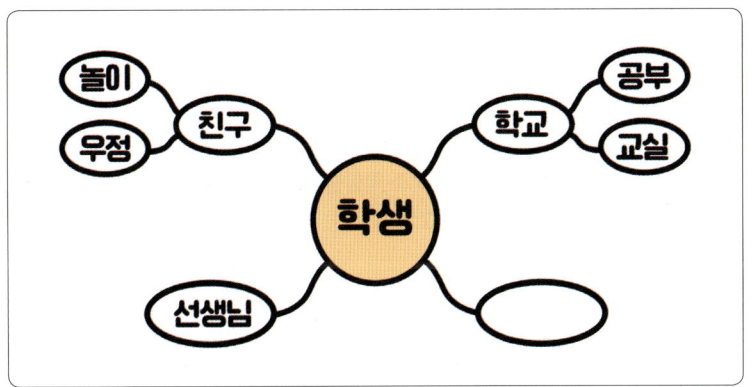

이렇게 마인드맵을 활용하면 원래 생각하지 못했던 다양한 아이디어를 떠올릴 수 있어요. 마인드맵을 통해 나온 아이디어를 전부 활용할 수 있는 것은 아니지만 이 중 여러분의 캐릭터를 잘 표현할 수 있는 것들을 선택하면 되겠죠?

〉 다양한 감정으로 구상하기 〈

사람은 다양한 감정을 가지고 있고, 매순간 그 감정을 드러내곤 해요. 여러분은 오늘 하루 동안 어떤 감정을 느끼고 표현했는지 떠올려 메모해 봅시다.

> 기쁨 / 슬픔 / 분노 / 짜증 / 답답함 / 사랑스러움 / 귀찮음 / 고마움 / 놀람 / 당황스러움 / 반가움 / 불편함 / 아픔 / 신기함 / 편안함 / 통쾌함 / 부끄러움 / 신남 / 안타까움 / 괴로움 / 억울함 / 뿌듯함 / 만족스러움 / 불만족스러움 / 허무함 / 창피함 / 불안함...

이 중에서 여러분이 이모티콘으로 표현하고 싶은 것들을 남겨 봅시다.

STEP 03 이모티콘 밑그림 그리기

아무리 그림 실력이 뛰어난 사람이라도 한번에 마음에 드는 그림을 그려내기는 힘들어요. 그래서 밑그림을 그리는 작업이 필요합니다. 이 작업은 여러분이 앞으로 제작하게 되는 이모티콘의 보조 역할을 해요. 따라서 부담 없이 슥슥 그려도 괜찮아요. 예를 들어 '안녕'이라고 인사하는 내용의 이모티콘을 그린다고 해 봅시다.

01 캔버스의 너비와 높이는 360px, dpi는 72로 정하고 배경은 투명으로 설정합니다. 밑그림을 그리기 위해 [브러시 툴]-[연필]을 선택해, 너비는 3px로 설정합니다.

> ✦ **잠깐만요!** 이모티콘 규격, 파일 형식, 이미지 개수를 알아볼까요?
>
> 이모티콘을 제작하기 전 이모티콘이 사용되는 환경을 살펴 봅시다. 스마트폰 메신저에서 요구하는 기준에 맞춰 캔버스 크기와 해상도를 설정해야겠죠? 여기에서는 우리나라의 대표적인 이모티콘 사용 플랫폼인 카카오 이모티콘을 기준으로 안내할게요.
>
> 멈춰있는 이모티콘의 사이즈 규격은 가로, 세로 360px이고, 파일의 형식은 배경이 투명한 PNG로 제작해야 합니다. 이미지는 총 32개가 필요합니다.
>
> 움직이는 이모티콘의 사이즈 규격은 멈춰있는 이모티콘과 동일합니다. 필요한 이모티콘의 개수는 배경이 투명한 PNG 파일 21개와 흰색 배경의 GIF 파일 3개입니다. 즉, 정지 이미지 21개와 움직이는 이미지 3개를 제출하면 됩니다.
>
> 마지막으로 큰 이모티콘의 경우 3가지 타입의 사이즈로 제작이 가능합니다. 가로세로 540px/가로 540px*세로 300px/가로 300px*세로 540px가 있습니다. 한 사이즈로 통일해서 모두 제작해도 되고, 사이즈를 교차 선택하여 제작해도 됩니다. 이미지는 투명배경 PNG 13개와 움직이는 GIF 파일이 3개가 필요합니다.

02 캔버스에 손을 들고 인사하는 모습을 그려 봅시다. 스케치는 실제의 모습을 그리기 위한 보조선의 역할이므로 정확하게 그리지 않아도 됩니다.

03 [이동 툴]을 이용해서 그린 스케치를 원하는 위치로 이동해 봅시다.

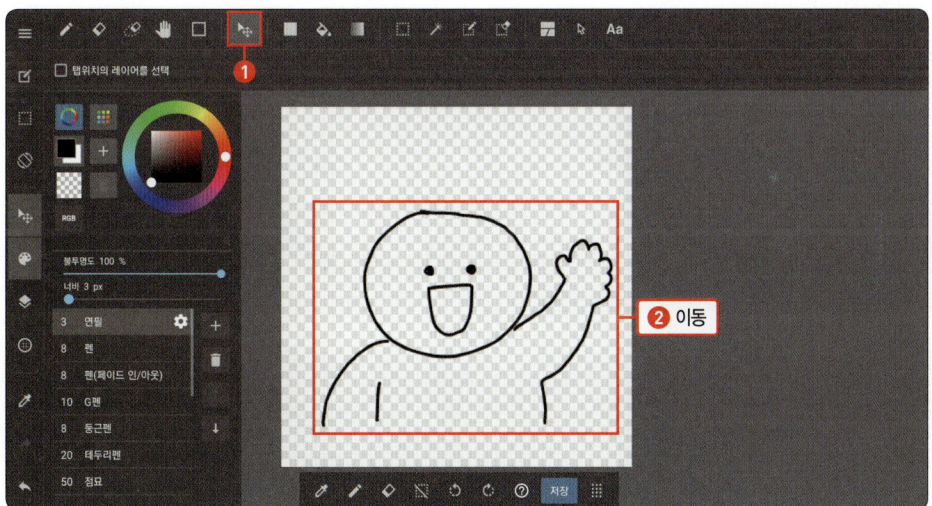

04 다시 [브러시 툴]를 선택하고 브러시로 대사를 써 봅시다.

05 레이어 창을 열고 레이어의 이름을 '밑그림'으로 수정한 뒤 불투명도를 35%로 조정합니다.

STEP 04 이모티콘 라인 완성하기

앞에서 작업한 스케치 레이어는 라인을 그리는 데 보조 역할을 합니다. 이모티콘의 라인은 채색 작업과도 연결되기 때문에 의도된 것이 아니라면 닫힌 선으로 그리는 것이 좋아요.

01 [+]-[컬러 레이어]를 선택해 밑그림 레이어 위에 새로운 레이어를 추가합니다.

02 [브러시 툴]를 누르고 이모티콘 라인을 그리기 위해 [펜]을 선택합니다.

03 [펜] 오른쪽 설정 버튼을 눌러 너비를 8px로 설정하고, 필압 사이즈 옵션은 해제한 후 [확정]을 누릅니다.

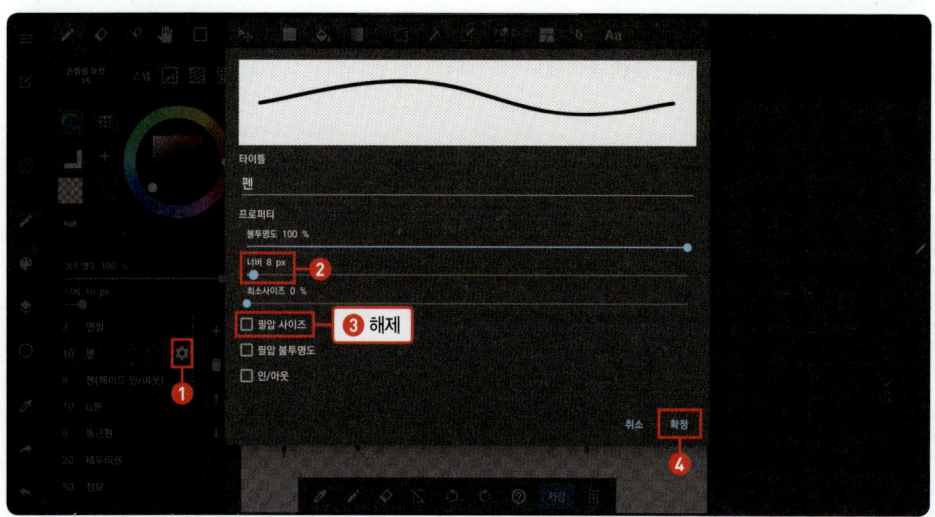

04 이모티콘 라인을 그릴 때는 정확한 선으로 그리는 것이 중요하기 때문에 손떨림 보정을 활용하는 것이 좋아요. 상단의 [손떨림 보정] 옵션 값을 15로 설정해 봅시다.

05 스케치 레이어의 선을 참고하여 이모티콘 라인을 그려 봅시다.

Tip → 선을 잘못 그렸을 때는 [실행 취소] 버튼을 누르거나 두 손가락으로 화면을 터치하여 되돌릴 수 있어요.

06 레이어의 이름을 '이모티콘 라인'으로 변경합니다. 눈 모양 버튼을 눌러 일시적으로 안 보이게 합니다.

STEP 05 이모티콘 채색하기

여러분이 입고 있거나 옷장에 걸려 있는 옷을 관찰해 봅시다. 다양한 디자인과 색상으로 이루어져 있죠? 마찬가지로 이모티콘에도 어울리는 색상을 입혀 주는 것이 필요해요. 무조건 특정 색상으로 채색해야 하는 것은 아니지만 두세 가지 색상으로만 색칠하는 것이 일반적이에요. 너무 화려하고 복잡하면 보는 사람도 피곤할 수 있으니까요.

01 채색하기 위해 새로운 레이어를 추가하고 '이모티콘 라인' 레이어의 아래로 내려서 레이어 순서를 변경합니다.

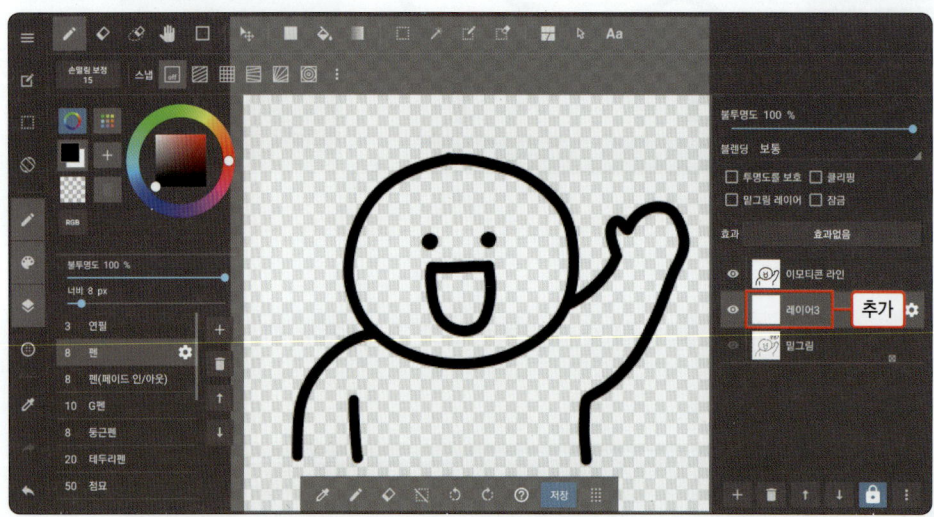

02 [버킷 툴]을 누른 뒤 색상 팔레트에서 노란색을 선택하고 얼굴을 터치합니다.

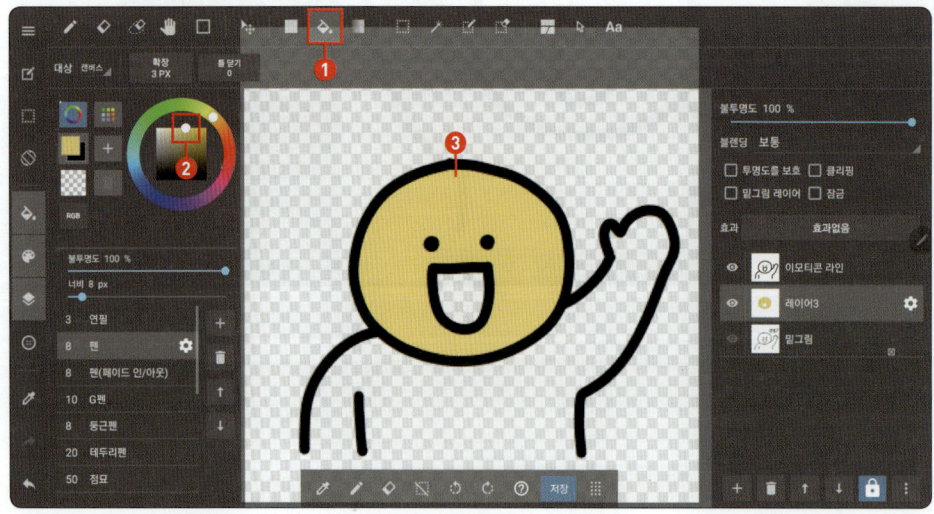

> **Tip** 만약 채색한 영역이 이모티콘 라인보다 덜 칠해졌다면, [실행 취소]를 누른 후 [버킷 툴] 속성의 [확장]을 3px 정도로 설정한 후 다시 칠해 보세요.

03 같은 방법으로 입의 안쪽을 다른 색으로 채색해 봅시다.

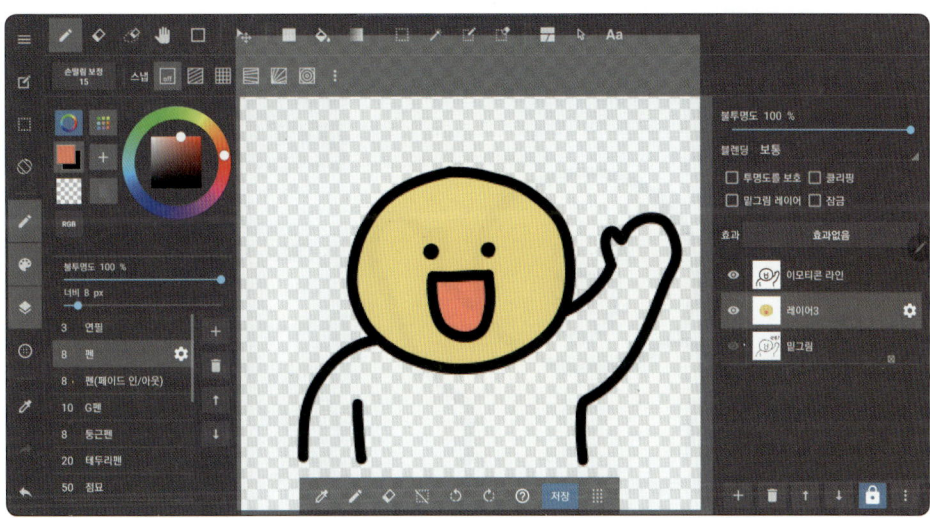

04 몸은 라인이 닫혀 있지 않기 때문에 펜 브러시로 몸의 아래쪽 부분을 선으로 그어 닫하게 만듭니다. [스포이트 툴]로 얼굴 색을 추출해 이용해요.

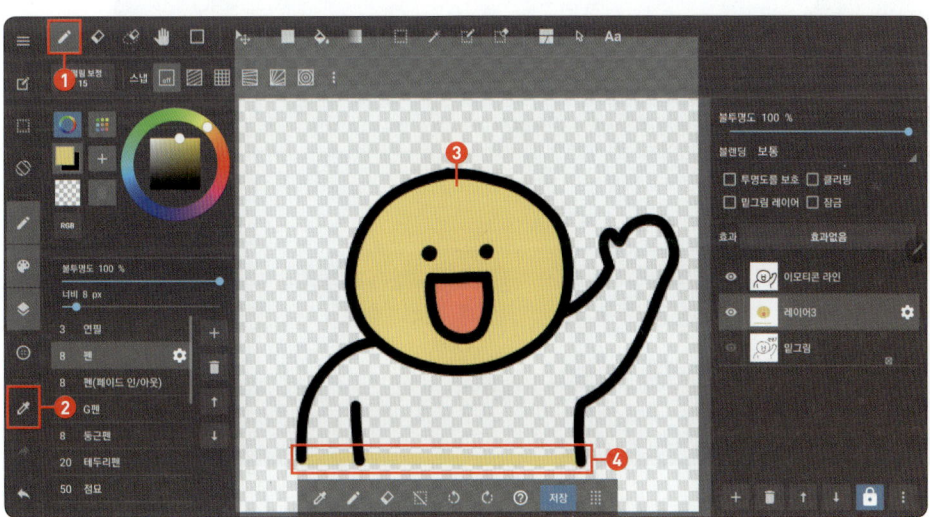

05 [버킷 툴]로 몸을 채색합니다.

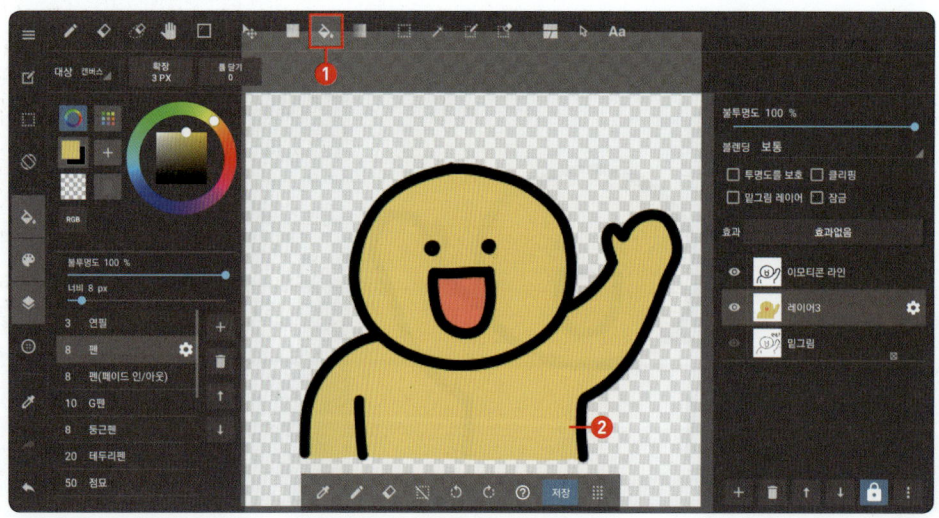

06 레이어의 이름을 '채색 레이어'라고 수정합니다.

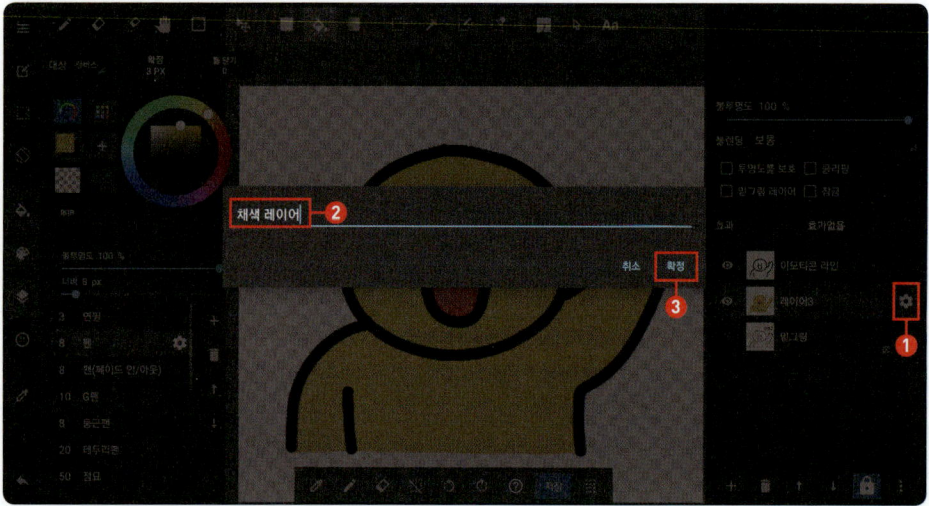

07 '채색 레이어' 위에 새 레이어를 추가하고 [클리핑] 속성을 체크합니다.

08 [브러시 툴]-[펜]을 선택하고 빨간색을 지정한 후 귀여운 느낌을 주기 위해 볼터치를 그려 봅시다.

09 레이어의 불투명도를 45%로 설정하고, 레이어의 이름을 '볼터치 채색'이라고 수정합니다.

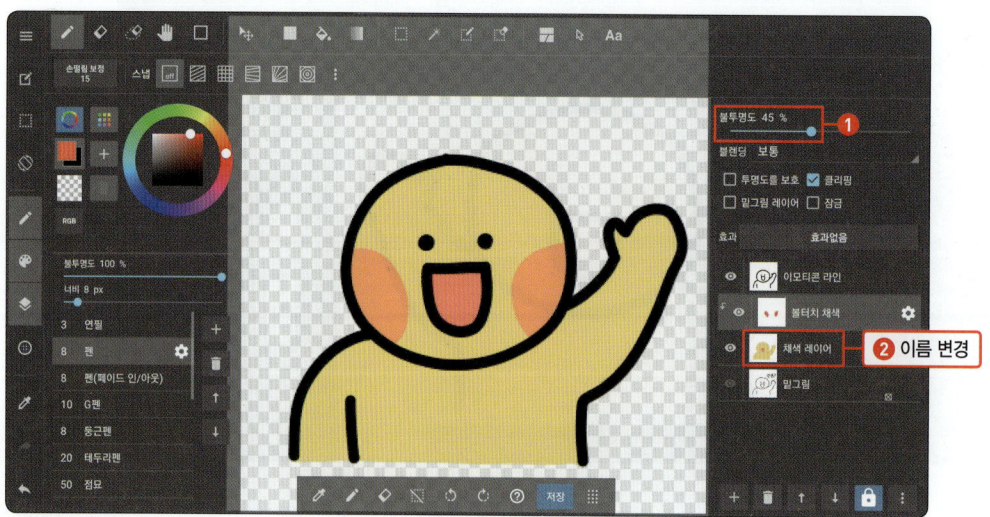

STEP 06 이모티콘에 텍스트 넣기

그림만으로 이모티콘의 메시지가 효과적으로 전달된다면 별도의 텍스트를 삽입하지 않아도 됩니다. 하지만 메시지를 전하기 위해 텍스트를 넣어야 하는 경우가 있어요. 이때 너무 많은 내용의 텍스트를 삽입하기보다 간단하게 줄여서 넣는 것이 중요해요!

01 [+]-[컬러 레이어]를 선택해 텍스트를 넣을 레이어를 추가합니다.

02 가장 아래쪽에 있는 밑그림 레이어의 보기를 활성화해 텍스트가 들어갈 위치를 확인합니다.

03 추가한 레이어에 [브러시 툴]-[펜]으로 메시지를 작성합니다. 그리고 다시 밑그림 레이어의 보기를 비활성화합니다.

04 텍스트를 넣은 레이어를 선택하고 레이어 창 메뉴의 [더 보기]를 눌러 [복제]를 선택합니다. 텍스트 레이어가 하나 더 생깁니다.

05 두 개의 텍스트 레이어 중에서 아래쪽 레이어를 선택하고 [선택 툴]에서 [올가미 도구]를 이용해 텍스트를 넣은 부분을 선택해 봅시다.

06 [버킷 툴]을 선택하고 색상 패널에서 흰색을 선택합니다.

07 [버킷 툴] 속성 창에서 [확장]을 2px로 지정하고, 텍스트의 자음과 모음을 하나씩 선택합니다. 그럼 텍스트 라인 바깥쪽으로 흰색 윤곽선이 추가됩니다. 윤곽선을 다 넣었다면 [선택 해제]를 눌러 선택 상태에서 벗어납니다.

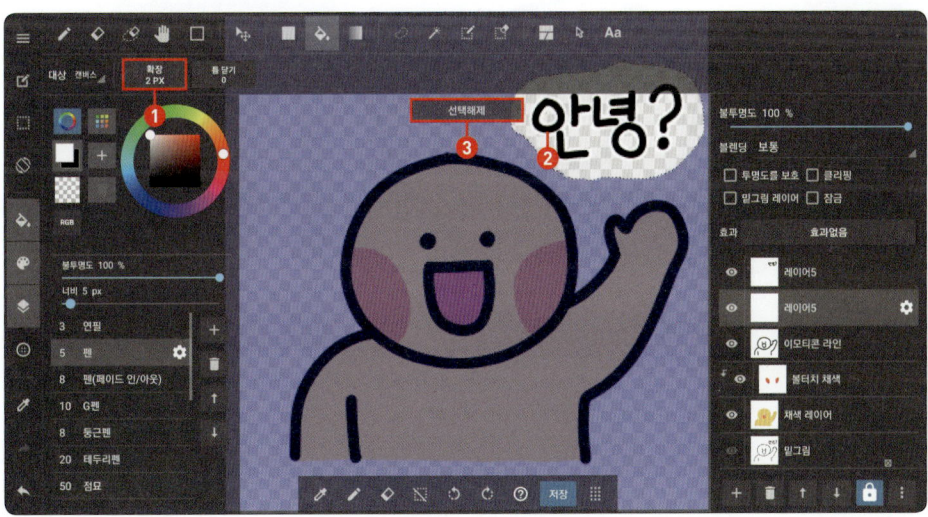

08 위에 있는 텍스트 레이어를 선택하고 레이어 창의 [더 보기]를 누른 후 [아래로 통합]을 선택합니다. 그럼 두 개의 텍스트 레이어가 하나로 병합됩니다.

09 텍스트 레이어의 이름을 '텍스트 레이어'라고 수정합니다.

> **Tip** 텍스트에 윤곽선이 필요한 이유는 스마트폰의 메신저 채팅창의 배경 색은 사용자가 설정한 상태에 따라 다르기 때문입니다. 예를 들어, 검은색 텍스트만 남긴다면 검은색 배경에서는 텍스트가 보이지 않는 문제가 생기겠죠?

STEP 07 이모티콘 내보내기 및 저장하기

이모티콘을 열심히 만들었다면 이제 파일로 내보내기를 해야 합니다. 이때는, 이모티콘을 열심히 만들었다면 이제 파일로 내보내기를 해야 합니다. 이때는 반드시 배경이 없는 PNG 파일로 내보내야 해요!

01 이모티콘을 내보내기 위해 메뉴 버튼을 누르고 [png/jpg 형식으로 엑스포트]를 선택합니다.

02 출력형식을 [PNG(투과)]로 선택하고 [OK]를 누릅니다.

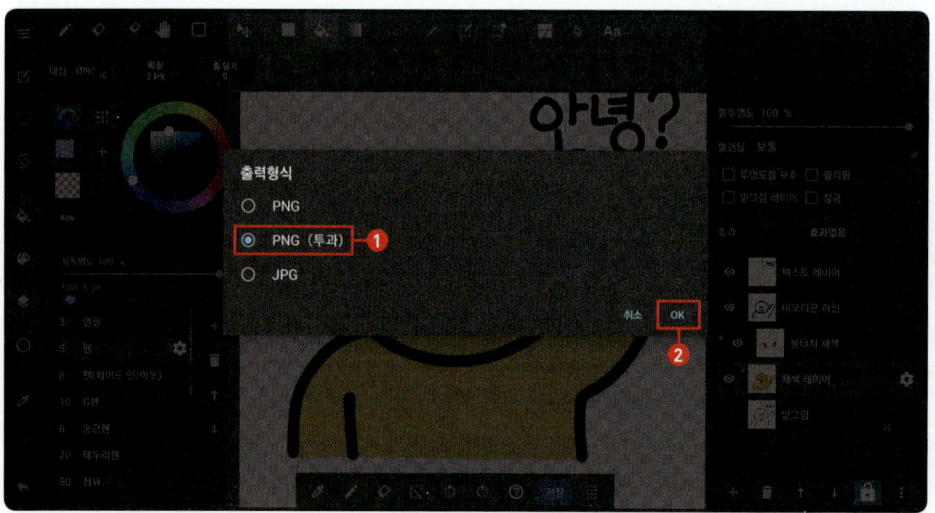

03 갤러리 앱에 저장된 이모티콘 작업 결과물을 확인합니다.

04 이미지가 완성되었더라도, 이후에 수정 작업을 해야 할 수도 있습니다. 작업 파일을 저장하기 위해 메뉴를 누르고 [새로 저장]을 선택합니다.

05 저장장소를 [단말기]로 선택하면 자동으로 여러분의 단말기에 파일이 저장됩니다. 저장한 작업 파일은 메디방 앱을 실행했을 때 나오는 첫 메뉴에서 [이전 편집작품]을 선택하면 확인할 수 있습니다.

STEP 08 이모티콘 제안하기

카카오 이모티콘 스튜디오에 '멈춰있는 이모티콘'을 제안하기 위해서는 총 32종의 이모티콘을 제작해야 합니다. 위에서 작업한 내용을 바탕으로 추가 제작을 해 봅시다. 모두 준비했다면 이제 남은 것은 이모티콘 제안뿐! 거의 다 왔으니까 조금만 더 힘내요!

01 컴퓨터에서 웹 브라우저를 실행하세요. 검색창에 [카카오 이모티콘 스튜디오]를 검색하고 사이트로 들어갑니다.

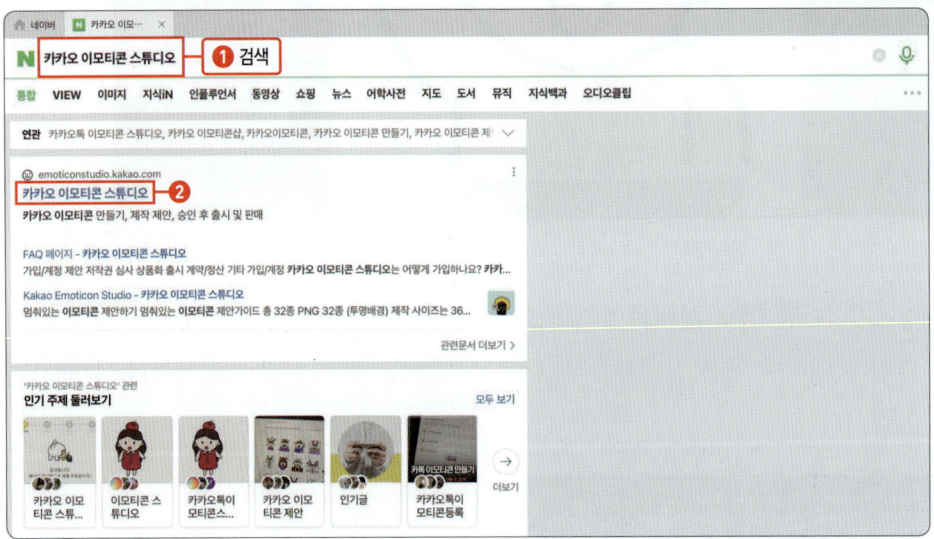

02 사이트에서 [제안 시작하기]를 클릭합니다.

03 여러분의 카카오 계정을 입력하여 들어갑니다.

04 멈춰있는 이모티콘 [제안하기]를 선택합니다.

05 [이모티콘 상품명]부터 [이모티콘 설명]까지는 필수 입력 사항입니다. 여러분이 제작한 이모티콘의 개성을 살릴 수 있는 내용으로 입력해 봅시다.

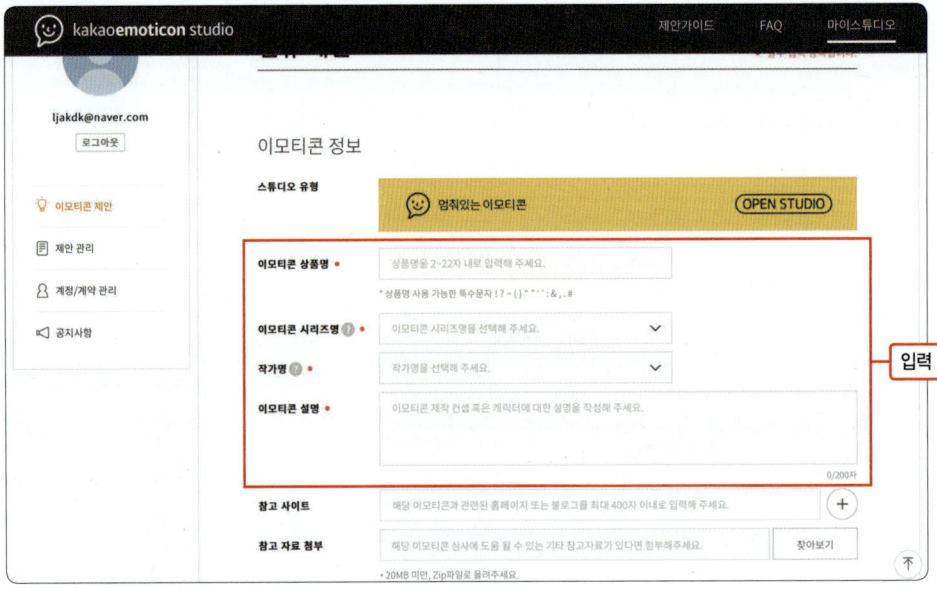

06 [이모티콘 시안] 항목에서 각 번호의 사진 아이콘을 클릭하면 [찾아보기] 버튼이 나옵니다. [찾아보기]를 클릭해 이모티콘 이미지를 하나씩 불러옵니다.

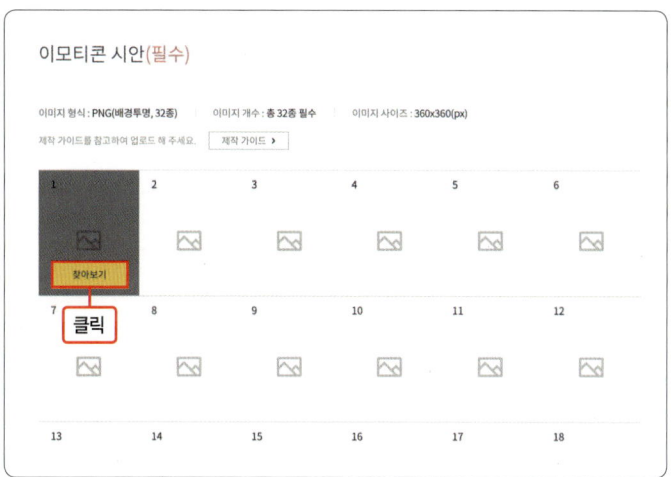

07 모든 시안을 업로드한 후 사이트의 가장 아래쪽에 있는 [제출하기]를 눌러 완료합니다.

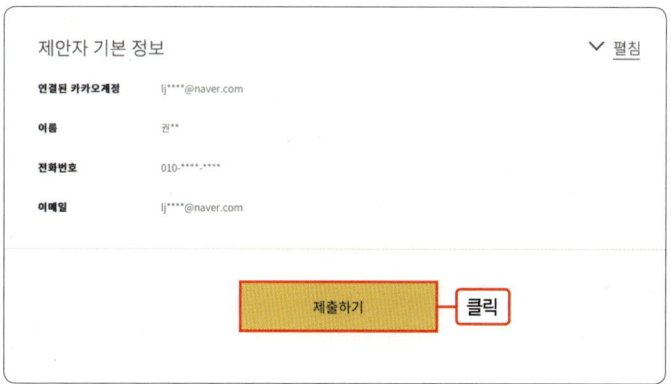

08 이모티콘을 제출하면 여러분이 입력한 이메일로 2~4주 후에 심사 결과가 발송됩니다. 승인되면 별도의 과정을 거쳐 상품화가 진행됩니다. 만약 미승인이 되면, 미승인된 사유에 대해서는 알 수 없어요. 다만 미승인된 이모티콘을 직접 수정해서 다시 제안하는 것은 가능해요. 그럼 모두 멋진 작품을 만들어서 이모티콘 작가에 도전해 보아요!

WEEK 15 움직이는 그림 만들기

애니메이션 영화를 떠올려 봅시다. 그림책이나 만화책 속의 캐릭터 멈춰 있는 반면 애니메이션 영화 속의 캐릭터는 말하거나 동작을 취할 때 자연스럽게 움직입니다. 움직이는 그림에는 어떤 비밀이 있을까요? 애니메이션의 원리를 알아보고 메디방 페인트로 움직이는 그림을 그려 봅시다.

STEP 01 움직이는 그림의 원리 이해하기

우리들은 움직이는 세상 속에서 생활하고 있어요. 지금 이 순간에도 여러분은 움직이고 있을 것입니다. 그런데 그림은 어떤 원리로 움직이는 것일까요?

여러분 주변에서 정지된 상태로 놓여 있는 사물을 찾아봅시다. 화분, 볼펜, 노트, 스마트폰은 움직이지 않고 멈춰 있습니다. 시간이 지나도 움직이지 않죠.

이번에는 움직이는 것을 찾아봅시다. 창밖에 바람이 불면 나뭇잎이 흔들리죠? 도로를 달리는 자동차도, 강아지를 데리고 산책하는 사람들도 모두 움직이고 있습니다. 그 밖에도 어떤 것들이 움직이고 있는지 찾아봅시다.

움직임이 나타나려면 어떤 조건이 필요할까요? 우선, 시간이 흐르고 있어야 합니다. 시간이 흐르지 않는다면 아무것도 움직이지 않겠죠? 시간이 멈춰 있다고 상상해 봅시다. 이 세상의 모든 것이 다 정지된 채 고요한 상태가 되겠네요.

그리고 시간의 흐름과 함께 위치의 변화가 필요합니다. 아래 그림을 살펴볼게요. (가) 위치에 있던 상자가 5초 후 (나) 위치에 있다면 이 상자는 움직였다고 할 수 있습니다. 반면에 시간이 흘러도 같은 위치에 그대로 있다면 움직임이 없는 것이죠.

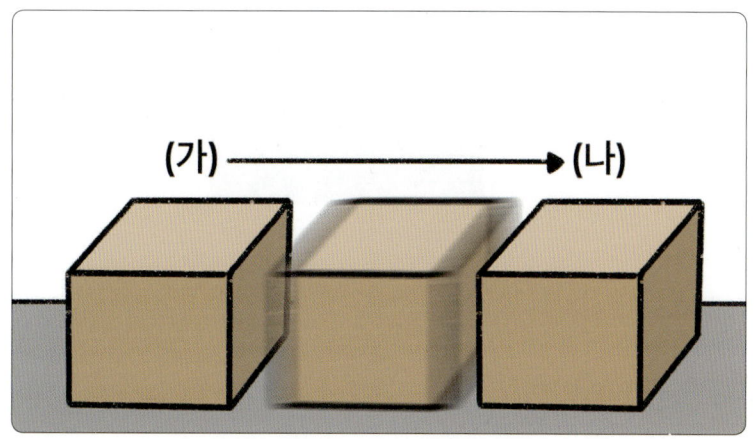

STEP 02 꼬리 흔드는 강아지 그리기

귀여운 강아지는 사람을 반길 때면 꼬리를 쉴 새 없이 흔듭니다. 그 모습을 상상하며 그림으로 표현해 봅시다.

- **캔버스 설정**
  너비, 높이: 2000px
  dpi: 300

- **브러시 설정**
  [연필] 3px, [펜] 26px

- **연습할 기능**
  [갤러리 앱]에서 GIF 파일 만들기

01 [브러시 툴]-[연필]을 선택하고 빨간색을 고릅니다. 캔버스에 귀여운 강아지의 모습을 러프 스케치 형태로 그립니다.

02 [레이어] 메뉴에서 현재 레이어의 [불투명도]를 30%로 변경합니다.

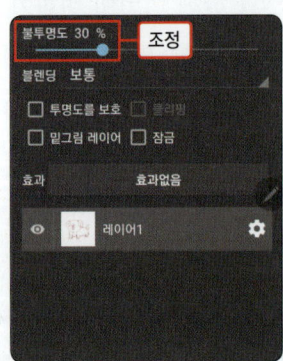

03 새로운 레이어를 추가하고 새로운 레이어의 이름을 '외곽선'으로 변경합니다.

04 [브러시 툴]-[펜]을 선택하고 검은색 색상을 골라 강아지의 얼굴 외곽선을 그립니다.

05 강아지의 몸, 다리, 꼬리를 그립니다.

06 강아지의 귀여운 얼굴을 그립니다.

07 러프 스케치를 그렸던 '레이어1'을 보이지 않게 설정합니다.

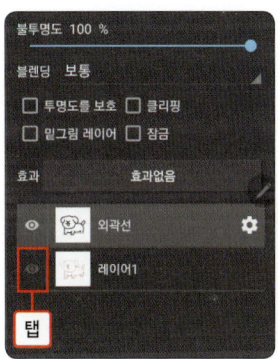

08 외곽선 레이어 아래쪽에 새로운 레이어를 추가하고 레이어의 이름을 '채색'이라고 변경합니다.

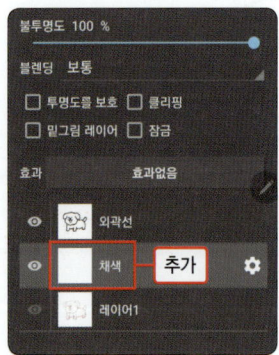

09 [버킷 툴]을 이용하여 어울리는 색상을 선택하고 강아지를 채색합니다.

10 메뉴를 누르고 [png/jpg형식으로 엑스포트]를 선택합니다.

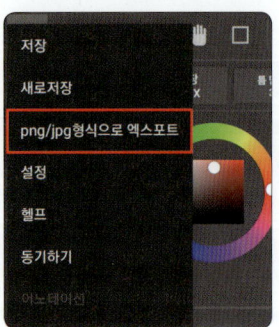

11 출력형식을 [PNG] 그대로 두고 [OK]를 눌러 이미지를 내보냅니다.

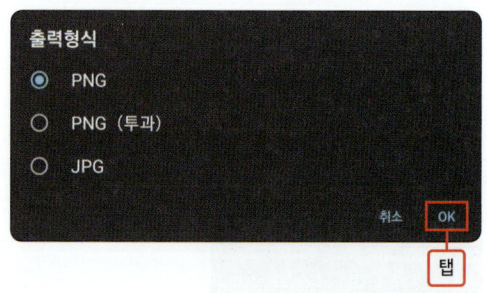

12 '채색' 레이어를 안 보이게 설정하고 '외곽선' 레이어의 불투명도를 30%로 변경합니다.

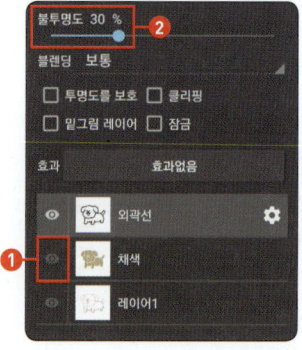

13 가장 위에 새로운 레이어를 추가하고 레이어의 이름을 '외곽선2'로 변경합니다.

14 [브러시 툴]-[펜]을 선택하고 아래쪽에 있는 '외곽선' 레이어의 선을 따라 그립니다. 이때 완벽하게 따라서 그리는 것보다 조금씩 어긋나게 그리는 것이 좋습니다. 그리고 꼬리는 완전히 다른 각도로 그려 주세요.

15 참고해서 그렸던 '외곽선' 레이어는 안 보이게 설정하고 '외곽선2' 레이어 아래쪽에 '채색2' 레이어를 추가합니다.

16 앞에서 채색했던 색을 활용하여 [채우기 툴]로 강아지를 색칠합니다.

17 다시 현재 작업한 강아지 그림을 PNG 형식으로 내보내기합니다.

18 태블릿의 갤러리 앱으로 들어가서 내보내기한 그림을 확인합니다.

19 갤러리 앱의 그림 두 개를 길게 눌러 선택하고, 아래의 [만들기]를 눌러 [GIF]를 선택합니다.

20 꼬리를 흔들며 움직이는 강아지의 그림이 재생됩니다. 오른쪽 메뉴에서 [방향 및 속도]를 눌러 속도를 8로 올리면 더 신나게 꼬리를 움직이는 강아지의 그림을 볼 수 있습니다.

21 오른쪽 위에 보이는 [저장]을 눌러 갤러리 앱에 GIF 파일로 저장합니다.

22 저장한 GIF 파일은 갤러리 앱의 GIF 폴더에서 확인할 수 있습니다.

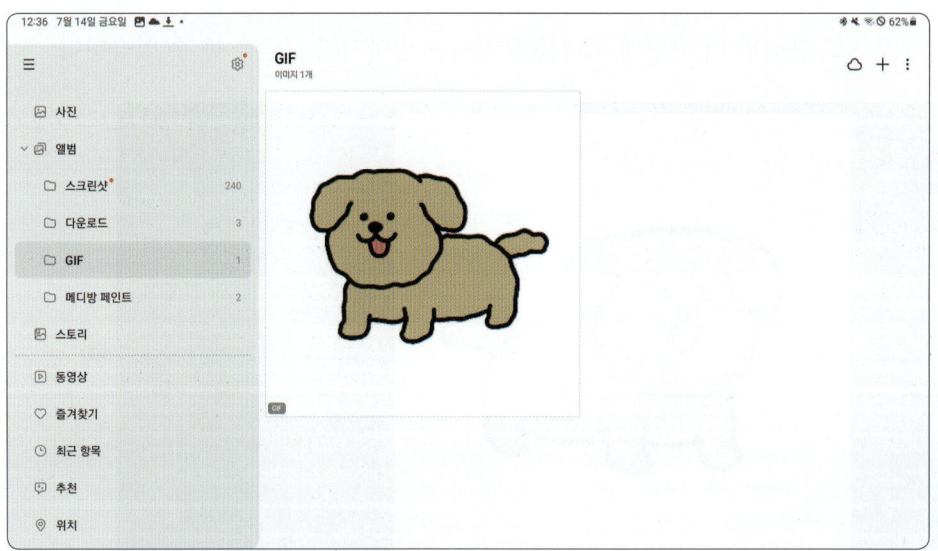

STEP 03 눈을 빛내는 캐릭터 그리기

그림에서는 실제로는 불가능한 모습을 묘사할 수 있어요. 반짝이는 눈은 어떻게 표현할 수 있을까요?

- **캔버스 설정**
  너비, 높이: 2000px
  dpi: 300

- **브러시 설정**
  [연필] 3px, [펜] 16px

- **연습할 기능**
  [갤러리 앱]에서 GIF 파일 만들기

01 색상을 빨간색을 선택하고 [브러시 툴]-[연필]을 선택합니다. 캔버스에 꼬마 아이를 러프하게 스케치합니다.

02 현재 레이어의 불투명도를 30%로 변경합니다.

03 새로운 레이어를 추가하고 새로운 레이어의 이름을 '외곽선'으로 변경합니다.

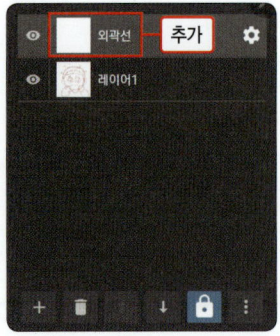

04 [브러시]-[펜]을 누르고 검은색 색상을 선택해 아이의 머리 부분을 그립니다.

05 이어서 꼬마의 손을 포함한 몸 부분을 그립니다. [지우개 툴]을 이용해 손과 얼굴이 겹친 부분을 지워줍니다.

06 꼬마의 얼굴을 그립니다. 눈을 그릴 때는 눈망울을 강조하기 위해 큰 동그라미로 표현해 주세요.

07 머리 주변에 반짝이는 효과를 그립니다.

08 러프 스케치를 그렸던 '레이어1'을 보이지 않게 설정합니다.

09 '외곽선' 레이어 아래쪽에 새로운 레이어를 추가하고 레이어의 이름을 '채색'이라고 변경합니다.

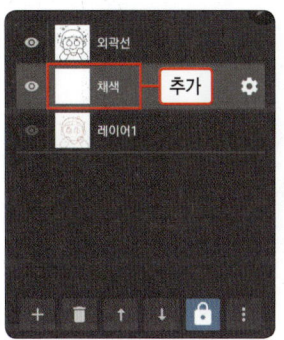

10 [버킷 툴]을 이용하여 어울리는 색상을 선택하여 채색합니다. 이때 아이의 눈은 커다란 눈망울을 강조해서 표현합니다.

11 '채색' 레이어 위에 레이어를 추가하고 레이어 메뉴에서 [클리핑]을 체크합니다. 불투명도는 40%로 설정해요.

12 볼터치와 명암 등을 칠해 줍니다.

13 메뉴 버튼을 누르고 [png/jpg형식으로 엑스포트]를 선택합니다. 출력형식을 PNG 그대로 두고 [OK]를 눌러 이미지를 내보냅니다.

14 '외곽선' 레이어를 선택하고 레이어 조작 메뉴에서 [복제]를 눌러 복제합니다.

15 '외곽선' 레이어는 안 보이도록 하고 복제한 레이어의 이름을 '외곽선2'로 변경합니다.

16 '채색' 레이어를 복제한 후 '채색 2' 레이어로 이름을 변경하고 '외곽선2' 레이어 밑으로 옮깁니다. 그리고 '채색' 레이어는 안 보이게 설정합니다.

17 '클리핑' 레이어도 복제한 후 '클리핑2' 레이어로 이름을 변경하고 '채색' 레이어 위로 옮깁니다. 그리고 레이어 메뉴에서 [클리핑]을 체크합니다.

18 '채색2' 레이어를 선택하고, 눈망울의 크기와 모양을 '채색1' 레이어와 조금 다르게 그려 주세요.

19 '외곽선2' 레이어를 선택하고 머리 위의 반짝이는 효과를 지웁니다.

20 '채색2' 레이어를 선택하고 머리 위의 반짝이는 효과의 채색 부분도 지웁니다.

21 '외곽선' 레이어를 다시 보이게 설정하고 불투명도를 30%로 변경합니다.

22 '외곽선2' 레이어를 선택하고 '외곽선' 레이어에 있는 반짝이 효과를 참고하여 위치와 크기를 다르게 그립니다.

23 '외곽선' 레이어를 안 보이게 설정하고 '채색' 레이어의 색깔을 참고하기 위해 다시 보이게 설정합니다.

24 '채색2' 레이어에 반짝이는 효과를 채색합니다.

25 '채색' 레이어를 다시 안 보이게 설정합니다.

26 다시 지금까지 작업한 그림을 PNG 형식으로 내보내기합니다.

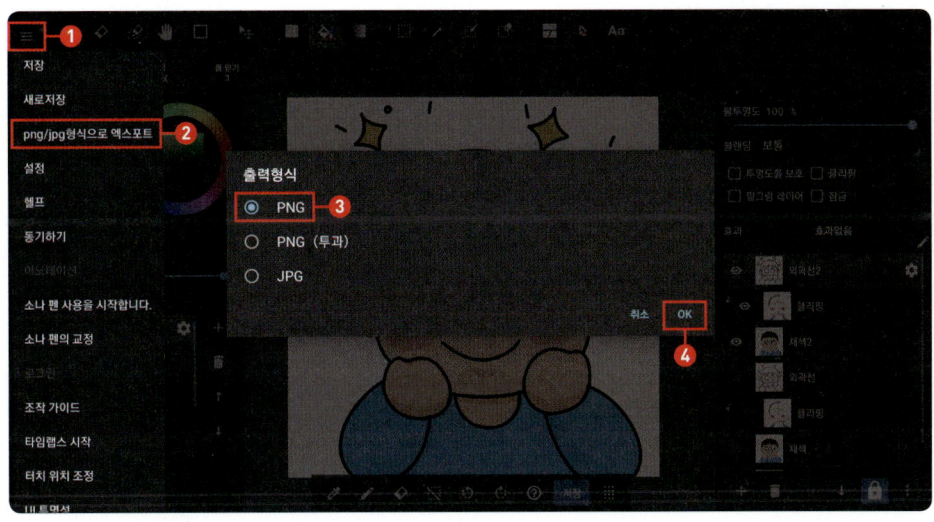

27 태블릿의 갤러리 앱으로 들어가서 내보내기한 그림을 확인합니다.

28 두 개의 그림을 길게 눌러 선택하고 아래의 [만들기]를 눌러 [GIF]를 선택합니다.

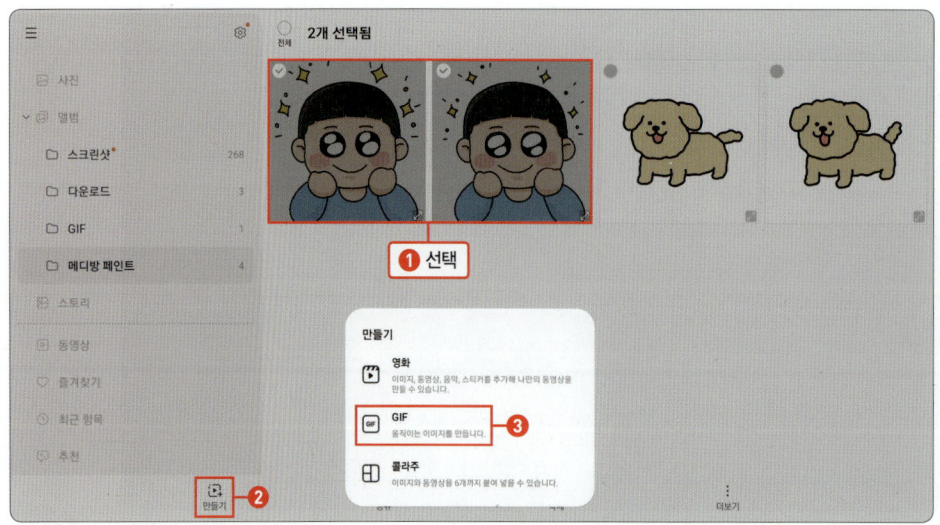

29 눈망울이 반짝반짝하는 꼬마의 그림이 반복 재생됩니다. 오른쪽 메뉴에서 [방향 및 속도]를 눌러 속도를 조절해 봅시다.

30 오른쪽 위에 보이는 [저장]을 눌러 갤러리 앱에 GIF 파일로 저장합니다. 저장한 GIF 파일은 갤러리 앱의 GIF 폴더에서 확인할 수 있습니다.

초등학생을 위한 길벗 IT 무작정 따라하기 시리즈

〉 코딩 공부의 힘! 〈
코딩, 어렵지 않아요. 혼자 할 수 있어요!

곽혜미, 에이럭스 미래교육연구소 지음
280쪽 | 18,000원

전현희, 주희정, 최민희 지음
328쪽 | 19,000원

주희정, 최민희, 강희숙, 전현희 지음
320쪽 | 18,000원

〉 재미 팡팡! 실력 쑥쑥! 〈
초등학교 선생님과 함께 수행평가 완벽 대비!

이상권, 권동균 지음
208쪽 | 18,000원

이상권, 권동균 지음
240쪽 | 20,000원

이상권, 정일용 지음
236쪽 | 18,000원

디지털 드로잉
무작정 따라하기
완독 인증서

_____ 초등학교 ____ 반 ____ 번

이름 _____

위 학생은 <초등학생을 위한 디지털 드로잉 무작정 따라하기>를 성실하게 이수하였기에 이 인증서를 수여합니다.

년   월   일

(주)도서출판 길벗